HISTÓRIAS DE SUCESSO 1

Série
HISTÓRIAS EXTRAORDINÁRIAS DO MUNDO CORPORATIVO

HISTÓRIAS DE SUCESSO 1

Organizadora
FABIANA MONTEIRO

editora global partners

1ª edição
São Paulo, SP
2016

Editora Global Partners

Rua Haddock Lobo, 684, 1º andar – Cerqueira César
São Paulo-SP – CEP: 01414-000

Organizadora	*Fabiana Monteiro*
Produção editorial	*Equipe Editora Global Partners*
Foto de capa	*IM_photo/Shutterstock.com*
Fotos dos autores	*Fabio Tieri*
Foto página 13	*Equipe Editora Global Partners*
Fotos páginas 115, 163, 170	*Cedidas pelos autores*
Diagramação	*Marcos Jundurian*
Capa	*Equipe Editora Global Partners*
Revisão	*Magdalena Bertola* *Renato Barreto*

Dados Internacionais de Catalogação na Publicação (CIP)
(Câmara Brasileira do Livro, SP, Brasil)

Histórias de Sucesso 1 / Organizadora: Fabiana Monteiro. – 1 ed. – São Paulo: Editora Global Partners, 2016. – (Série Histórias Extraordinárias do Mundo Corporativo; v. 1)

Vários autores.

ISBN: 978-85-92817-00-8

1. Administração de empresas 2. Carreira profissional – Desenvolvimento 3. Sucesso nos negócios 4. Vida profissional – Relatos I. Monteiro, Fabiana. II. Série.

16-04636 CDD-650.1

Índice para Catálogo Sistemático:

1. Sucesso nos negócios: Administração 650.1

AGRADECIMENTOS

Quando começo a pensar em todas as pessoas às quais gostaria de expressar minha gratidão pela ajuda, sugestões e trabalho árduo para tornar este livro possível, a lista não para de crescer.

Primeiro, gostaria de agradecer a Deus por estar comigo todos os dias da minha vida; à minha mãe, Eliane, que sempre acreditou em mim, e ao meu filho, Victor Fernando, por criarem um ambiente onde pude deixar o fluxo criativo correr a qualquer hora do dia ou da noite. Claro, houve depois esforços conjuntos importantes da equipe que acreditou e me ajudou a fazer acontecer. O livro nunca teria sido feito sem os esforços de Alisson Carneiro, um ser especial que Deus colocou em meu caminho; ficamos juntos nas mudanças de último minuto.

Meus agradecimentos também ao pessoal da produção editorial em especial, Marcos Jundurian, diagramador; Renato Barreto, revisor e Caio Camillo, meu assessor. Agradeço também a Renata Vieira, minha personal stylist, pela consultoria de imagem e claro, ao meu querido Bispo Daniel Tenuta, da Renascer, que sempre orou por mim e também acreditou no meu projeto.

Sem pormenores, nosso coautor Marcelo Weber, que acreditou, apoiou e contribuiu abrindo sua casa, Traffô.

Também agradeço a todos os coautores por suas contribuições e por acreditarem no compartilhamento de conhecimento...

Fabiana Monteiro

SUMÁRIO

APRESENTAÇÃO

O primeiro volume da série *Histórias Extraordinárias do Mundo Corporativo*, que tem como título *Histórias de Sucesso 1*, proporcionará aos leitores uma oportunidade única de entrar em contato com o incrível universo de executivos, empresários e empreendedores do mais alto gabarito em suas respectivas áreas de atuação profissional. O livro, organizado por Fabiana Monteiro, é um verdadeiro deleite para os apreciadores deste nicho editorial, haja vista os notáveis acontecimentos que são retratados nos capítulos que se seguem.

O intuito desta obra é abordar relatos diversos de *cases* bem-sucedidos, e como as suas consequências impactaram e ainda trazem benefícios ao mundo corporativo. Trata-se não apenas de proporcionar Histórias de pessoas extremamente preparadas para lidar com a estrutura do mundo dos negócios, mas também de como elas gerenciaram com rara eficácia suas carreiras ao longo dos anos.

Ao dissecar o histórico de cada autor presente neste livro, podemos compreender o grau de relevância e competência de cada um deles e, portanto, o *status* adquirido para levar ensinamentos e conhecimentos adiante. Ou seja, tanto o início da vida profissional dessas pessoas, como o legado deixado por muitos. E os que ainda estão neste processo – na batalha para que seus nomes se perpetuem pelas décadas vindouras e inspirem as futuras gerações.

Obviamente, esta não é uma obra de ficção e muito menos traz receitas prontas para que o leitor venha a se tornar um vencedor dentro de um universo tão concorrido como o dos negócios. Em diferentes etapas, todos os profissionais que se dispuseram a narrar suas histórias de sucesso neste livro o fizeram de maneira bastante ordenada. As dificuldades, os enfrentamentos, as barreiras para conter momentos de crise estão presentes aqui. Tais contratempos foram superados a partir de planos de ação competentes, elaborados por profissionais devidamente capacitados para dar a famosa "volta por cima".

Contudo, neste primeiro volume, o foco recai sobre o mais bem-sucedido de cada autor. São relatos fabulosos, edificados por conta das habilidades pontuais destes profissionais. Indubitavelmente, é de suma importância se ater aos depoimentos aqui registrados, pois, tenho a plena convicção de que utilizar uma estratégia diferenciada, ou mesmo se inspirar nos perfis que compõem este livro, poderá fazer toda a diferença para constituir uma guinada profissional definitiva em sua vida, se este for o seu anseio, é claro!

Outra certeza, cujo resultado posso sacramentar, é de que este desejo se manifestará depois da leitura deste exemplar trabalho de criação literária, pautada em muitas observações do comportamento humano, seja ele no universo corporativo ou em outro âmbito. Atento também para a importância de se colocar em contato com as experiências aqui compartilhadas, levando-se em conta o enorme prestígio de todos os autores participantes.

Como organizadora deste livro, só posso desejar uma excelente leitura, repleta de reflexões frutíferas provenientes dessas histórias, e que elas sirvam de exemplo e conduzam os leitores ao sucesso almejado!

Fabiana Monteiro

MARCOS AMUD

Operations Integrity Manager – Schlumberger Land Rigs

Desafios: Utilizando-os Efetivamente Como Impulso para o Crescimento

Perseverança, pensamento positivo e um desejo forte de vencer sempre me moveram desde a adolescência – um reflexo do exemplo de meus pais, em especial o de minha mãe. Nasci em Manaus, onde, aos 17 anos, concluí o curso de Técnico em Eletrônica na Fundação Matias Machiline, na época filiada à Sharp do Brasil. Meu pai insistia para que eu fizesse um curso técnico, dizia que era como um seguro; ao menos, já teria uma profissão. Não me conformei e parti para o Sudeste do País a fim de fazer um preparatório e entrar em uma universidade pública, com o intuito de aliviar o peso financeiro para meus pais.

Graduei-me aos 23 anos na UNIFEI – Universidade Federal de Itajubá (antiga EFEI), ao Sul de Minas Gerais, no curso de Engenharia Mecânica, com ênfase em Produção. Sou grato pela oportunidade que tive de estudar em uma cidade tranquila, além de lá ter conhecido minha esposa, que me acompanhou durante toda essa jornada. Com muito esforço, consegui me formar em cinco anos, em uma turma na qual menos de dez alunos haviam completado o curso sem repetir ao menos um semestre.

No ano final, realizei dois estágios: um na Alpargatas, sediada em Pouso Alegre, e outro no Delphi Pa-

- **Carreira**

Desde 2016: Operations Integrity Manager – Schlumberger Land Rigs – Schlumberger – USA.

2016: Integrated Service Manager – Schlumberger – Venezuela.

2014-2015: General Manager SouthEast – Schlumberger – Brazil.

2012-2013: Director of Operations – Schlumberger – Angola.

2009-2012: Geomarket Manager Wireline – Schlumberger – Venezuela and Caribbean.

- **Formação**

MBA – Universidade de Manchester / Fundação Getúlio Vargas, 2016.

Graduação – Engenharia Mecânica – UNIFEI, 1997.

- **Família**

Esposa: Eliziana Amud. Filhos: Lucas Amud, Gabriela Amud e Gabriel Amud.

- **Nascimento**

Manaus/MA, em 28 de outubro de 1973.

ckard (a GM era a controladora na época), em Paraisópolis. Nesta última empresa, já havia uma proposta pronta para que eu seguisse trabalhando. Porém, fui à apresentação de uma companhia, sabendo somente que era algo relacionado ao ramo de petróleo. Durante o evento, não entendi muito bem o que poderia acontecer, mas a possibilidade de engrenar em uma carreira internacional e ganhar em dólar chamou demais a minha atenção. Decidi me dedicar a conquistar a vaga; após duas etapas, fui chamado. Foram somente cinco escolhidos de um total de quase noventa concorrentes. Por isso, posso afirmar que aquele foi meu primeiro momento de "nirvana".

Após um mês de inglês intensivo preparatório no Rio de Janeiro, embarquei para a longínqua Dubai, já em agosto de 1997, para apresentar-me aos meus superiores. Logo em seguida, já fui deslocado para a Arábia Saudita. Nunca imaginei como seria difícil a adaptação forçada ao inglês. Creio que às vezes pensamos que estudar vários anos no Brasil seja o suficiente, mas descobri a realidade ao me defrontar com esse desafio bem complicado. **Somente praticando se aprende.** Tratando-se de comunicação, isso ganha uma proporção ainda maior, é a base de tudo.

Pensei que ficaria em Al-Khobar, cidade petrolífera onde vivem famílias de expatriados, uma região fantástica, com o melhor que o mundo pode oferecer. Não sabia que minha resiliência seria testada: fui alocado para uma cidade chamada Al-Khafji, na fronteira com o Kuwait, a aproximadamente quatro horas de carro da cidade mais desenvolvida do local.

Em Al-Khafji, cumpri meu programa de treinamento, sendo que a escola de dez semanas foi em Alexandria, no Egito. Posteriormente, retornei à minha base designada, onde fui promovido em três níveis e permaneci por três anos e meio. Nesse período, minha esposa foi morar comigo e lá permaneceu por quase um ano. Porém, quando ela engravidou de nosso primeiro filho, resolvemos que ela retornaria a São Paulo para o pré-natal.

No início de 2001, fui transferido para Abu-Dhabi, como engenheiro geral de campo, e, após seis meses, novamente fui promovido; dessa vez, como engenheiro de cargo em Dubai, meu primeiro contato gerencial. Estive alguns meses no Iêmen, lugar cuja geografia é fascinante e que, não fosse pelos encargos da profissão, provavelmente nunca teria tido a honra de visitar.

Em 2002, fui promovido a gerente de campo e transferido a Las Morochas, no Oeste da Venezuela. Lá, um clima de conflito entre os que apoiavam o governo e os que não o apoiavam se formava, o que culminou em uma greve geral que paralisou as operações por vários meses no país. Gerenciar crises é um aprendizado que se dá por conta dos imprevistos. Pensar rápido e sempre demonstrar confiança no time foi muito importante para contornar aquela situação delicada. No ano de 2004, já havia uma operação considerável e de bom crescimento para toda a indústria venezuelana.

Em 2005, fui transferido para o Rio de Janeiro, onde trabalhava na área de Marketing, por conta da confiança profissional desenvolvida junto aos clientes. Com uma estrutura bem arraigada, fomos capazes de agregar tecnologias de ponta ao segmento em que trabalhava no Brasil – o que foi fundamental para um ganho de mercado acima de 15%. Aprendi que fazer um bom trabalho é imprescindível, mas se ele não tiver visibilidade para alguns níveis superiores, de nada esse esforço valerá para o seu desenvolvimento profissional dentro da empresa.

Logo em seguida, no Rio de Janeiro, nasceu meu segundo filho. Apesar de eu ter morado em diversos países, em continentes distantes, o destino quis que ambos os meninos fossem brasileiros.

Em 2007, fui a Villahermosa, ao Sul do México, como gerente de operações de segmento, responsável pelas operações deste setor também na Nicarágua e em Belize. Atravessei um período muito bom de crescimento, especialmente por conta de alguns projetos que a empresa havia conseguido. O maior desafio era gerenciar os recursos de equipamento e principalmente de pessoal, que não aumentavam na mesma proporção que gostaríamos por vários motivos; entre eles, os processos de seleção e treinamento.

Algo bastante interessante foi perceber que a equipe sofria com uma certa angústia, assim como aquela que eu havia vivido no período da crise na Venezuela. A sensibilidade de entender as pessoas para saber como agir nessa fase foi extremamente importante. Busquei a ajuda de um psicólogo comportamental que havia desenvolvido uma metodologia para melhoria da interação da equipe, primeiramente fazendo com que cada indivíduo enfrentasse seus fantasmas e medos.

Os resultados foram excepcionais. Gostei muito da metodologia adotada, e a equipe, de 140 pessoas, teve um desempenho fantástico. De fato, pude perceber como elas passaram a se sentir parte de algo maior. A cada semana, eu explicava como se dava a evolução do negócio, de forma que todos pudessem entender. Ao explanarmos nosso ponto de vista de maneira assertiva para as pessoas, elas passam a compreender a importância e contribuição de cada indivíduo para a organização.

Conseguimos atingir 50% de crescimento nessa empreitada, assim como fomos a primeira base na América Latina a atingir o nível máximo nos sistemas de Gerenciamento de Qualidade. Ainda me lembro nitidamente do momento em que foram anunciados os resultados para a equipe: uma explosão de felicidade que traduziu todo aquele esforço em uma recompensa tremenda.

No início de 2009, retornei para a Venezuela e fiquei alocado na capital, Caracas, para ser o gerente de operações do segmento no país e no Caribe. Nos anos seguintes, operamos em território venezuelano, Trinidad e Tobago, Guiana, Guiana Francesa, Suriname e Barbados. Trabalhar na Venezuela sempre foi desafiador, ainda mais após a crise mundial, porque as operações reduziram muito. Nos anos de 2009 e 2010, ocorreram muitas licitações de pouco volume no país; tínhamos excesso de capacidade e, por conta disso, o time de vendas tinha a tendência de sempre manter preços baixos com medo de perder mercado. Havia também muito equipamento parado.

Após seis meses com essa problemática, resolvi reduzir consideravelmente os recursos, transferindo e dispersando o equipamento obsoleto e reduzindo a equipe de vendas. Foi um choque para todos. No princípio, começamos perdendo licitações, já que eu buscava recuperar preços de mercado; após alguns meses, os competidores, atolados de serviços a preços baixos, não mais podiam entregar. Começamos a virada incrementando preços e "surfando essa onda" até o ponto de conseguir selecionar onde queríamos trabalhar, melhorando todo o sistema de logística para tal fim. **Com menos, fomos capazes de fazer muito mais: a receita duplicou em dois anos.**

Em outubro de 2012, recebi uma chamada em um domingo pela manhã. Era o COO (Executivo Chefe de Operações, na sigla em inglês), que pedia que eu fosse para a Angola como diretor de operações. Neste momento, havia um crescimento muito grande dos negócios, as expectativas eram enormes, ao mesmo tempo em que existia uma preocupação de como íamos suportar tal crescimento. Os principais problemas eram a restrição no número de estrangeiros no país e o espaço para trabalhar.

Iniciei vários projetos, sendo que o mais marcante foi reestruturar o departamento de importação e exportação, responsável por causar um custo astronômico por conta das multas, cargos de armazenagem, atrasos etc. A redução dos custos de importação chegou a algumas dezenas de milhões de dólares, o processo se tornou mais eficaz e fizemos parcerias com as empresas envolvidas, a fim de distinguir os problemas. Com essa estratégia, pudemos identificar, resolver e antecipar muitos outros reveses que poderiam atrapalhar os projetos futuros. **Uma boa parceria é fundamental**, mas, para desenvolvê-la, antes de tudo é necessário que haja dedicação e esforço de ambas as partes; não se trata de uma terceirização.

Em 2014, retornei ao Brasil, sendo incumbido das operações no Sudeste do País, na base de Macaé, que é uma das maiores que a empresa possui em todo o mundo. A primeira metade do ano foi um período de preparo para um crescimento que viria a partir de 2015 em diante.

Na segunda metade do ano, o "castelo de areia" desmoronou, deixando um rastro bastante árduo que nos obrigou a reorganizar o negócio. Imediatamente começamos a trabalhar em um programa de transformação que visava melhorar a eficiência de toda a cadeia como tal. A indústria de petróleo sempre foi uma indústria um pouco acomodada com relação à melhora da eficiência, talvez pela abundância de recursos em anos anteriores.

Esse cenário mudava muito rapidamente, e o programa de transformação que ajudaria a empresa em um crescimento sustentável passou a ser fundamental para enfrentar a crise. Muitas iniciativas se cumpriram com uma melhora da eficácia e redução de custo em todo o processo, o que foi reconhecido no primeiro trimestre de 2015 como o melhor resultado da empresa a nível global.

Ainda em 2015, no Brasil, resolvi fazer um MBA e escolhi o programa da Universidade de Manchester, pela flexibilidade oferecida e a facilidade de ter sete centros no mundo, o que facilitaria seguir com o curso independentemente de minhas possíveis transferências para o exterior.

Atualmente, em 2016, estou em um projeto que representa um segmento novo para a companhia, com foco na integração de vários dos segmentos da organização em função das necessidades dos clientes. Foco, inclusive, no aprimoramento de serviços como o da organização em Projeto Formal. Mudei-me novamente para a Venezuela, onde estou encarregado dos projetos locais, bem como os que estão em desenvolvimento no Caribe.

Todos esses anos de experiência multicultural me ajudaram a entender muito bem cada vez mais o aspecto humano de cada funcionário e o impacto de um bom gerenciamento de pessoas no resultado final de um projeto. Estou certo de que fiz bons amigos de todas as partes do mundo durante todos esses anos em que estive viajando a trabalho. Creio que a exposição para a família foi bastante positiva também, pois auxiliou no desenvolvimento da flexibilidade e resiliência de todos. Flexibilidade e resiliência foram ingredientes fundamentais em todos esses anos de interação com outras culturas, situações positivas e negativas, ou seja, contrastes de todos os âmbitos. Aprendi a ser tolerante, sem deixar de ser exigente, buscando o quanto antes as pessoas ideais para determinado serviço ou projeto.

A indústria de petróleo e gás está passando por uma de suas crises mais profundas, não somente pela intensidade da redução, mas por sua extensa duração. A retomada está mais próxima, afinal, o sonho de substituir o petróleo ainda vai levar algum tempo, simplesmente pelo tanto que a vida moderna exige. A retomada implicará cada vez mais esforços das empresas que atuam no setor de energia; isso significa melhores serviços e mais eficácia por parte delas no futuro. A indústria passará por transformações; após a mola ficar muito comprimida, não será possível retornar ao estado anterior sem modificações.

Perante a atual crise que assola a indústria de petróleo, acredito em duas afirmações. A primeira é que o preço do petróleo subirá a níveis próximos aos vistos nos últimos anos, pelo simples fato de que é uma fonte de energia não renovável e limitada. As novas descobertas necessitam de investimentos massivos, comparados às décadas anteriores, o que representará o fim do petróleo fácil ou de baixo custo. Alguns números como referência: por volta de 60% da matriz energética ainda dependem de petróleo e gás. Outros 30% dependem de carvão, isso mesmo, carvão! As outras fontes energéticas são (em ordem decrescente de contribuição):

hidrelétricas, nucleares e renováveis. As fontes renováveis (solar, eólica) representam um ínfimo percentual de 6%.

O consumo de petróleo no mundo gira em torno de 95 milhões de barris diários, dependendo da quantidade e do fator regulador do preço; pela simples lei de oferta e demanda, hoje em dia o excedente significa aproximadamente quase 2 milhões de barris. Essa oferta adicional faz com que os preços despenquem. Não há dúvida de que o potencial para crescimento de energias renováveis é imenso; no entanto, estaremos longe de poder substituir as fontes não renováveis ainda por algumas décadas.

A segunda afirmação é que a indústria do petróleo não será a mesma após essa crise. Algumas empresas operadoras (donas dos campos petroleiros) simplesmente deixarão de existir, pelo *cash-crunch*, ou problemas de fluxo de caixa para manter as operações. Vale observar possíveis efeitos colaterais no sistema bancário de alguns países por conta da insolvência. Já vimos algumas fusões completadas, algumas em andamento e, sem dúvida, veremos anúncios de outras mais. O "remédio" utilizado em outras crises anteriores (cortar custos) não está funcionando, por conta do tempo prolongado de recessão nunca visto anteriormente.

É muito certo que a crise afeta todas as indústrias, com diferentes níveis de intensidade, e por isso mesmo muito poucos são os ramos que podemos dizer que estão em pleno crescimento. A economia mundial não atinge as taxas de crescimento esperadas, e, em consequência, a diminuição do consumo faz com que as empresas ajustem sua capacidade de geração de serviços e produtos.

Tenho convicção de que as perspectivas futuras são muito positivas para a economia como um todo. Acredito que o consumo e a demanda de produtos chegarão a um equilíbrio adequado aos hábitos e às crenças das novas gerações.

Certamente, as situações que as empresas enfrentam hoje em dia exigem bastante de seus líderes. Lidar com reestruturação demanda bastante tempo, não somente de planejamento, mas também de desenvolvimento de *soft skills* capazes de manter o foco da equipe durante as adversidades.

Sempre considerei que revisar planos de curto, médio e longo prazo é fundamental, assim como pensar no ciclo seguinte da indústria, seja buscando crescimento quando se está em uma crise, ou preparando-se para reduções quando se está na bonança. Somente assim a empresa pode tomar uma posição de modo a não tornar-se vítima das circunstâncias.

Acredito na liderança conquistada com confiança na equipe, alocando tempo para entender os indivíduos que fazem parte do time e fazendo com que entendam a missão e os objetivos da empresa. É essencial assegurar que ocorra progresso sempre; essa é a chama que mantém o time unido. Por isso, alguns objetivos fáceis devem fazer parte do plano. Eles são os degraus necessários para a construção de objetivos mais difíceis e mudanças permanentes.

JAMILE AUN

Vice-Presidente de Finanças da América Latina na Alstom Grid Energia

Adaptação, Mudança, Crescimento e Renovação

Desde criança, no meio das brincadeiras no interior de São Paulo, a que eu mais gostava era brincar de escritório. Era um pouco difícil achar alguém que compartilhasse desse passatempo. Todos queriam as bonecas, os jogos, brincar de bola ou ir ao parque; ninguém queria me acompanhar no "faz de conta do escritório". Eu só ouvia: "é chato, muito parado, nada acontece"... Mas não desistia e, então, só me restava negociar: "eu vou ao parque, mas depois vamos brincar de escritório".

Acompanhada ou não, tinha fascínio por preencher fichas, cheques, controlar estoques imaginários e tudo o mais, até onde a imaginação de uma menina do interior, com oito anos, conseguia chegar. Na escola, nunca fui muito afeita ao chamado "mundo das artes", este entendido como as aulas de Educação Artística. Só me cabia, então, praticar o escambo e fazer exercícios e mais exercícios de matemática, português e interpretação de texto de outros colegas para que estes pintassem meus desenhos ou fizessem os trabalhos manuais que me eram exigidos.

Não tenho arrependimentos de minhas trocas, pois eu estava fazendo aquilo de que gostava. O tempo passou e, na época de escolher a faculdade que cursaria, não tive dúvida: desde cedo sabia que queria fazer Ciências Contábeis. Em minha visão simplista, imaginava que nessa car-

- **Carreira**

2012-2016: Vice-Presidente de Finanças da América Latina – Alstom Grid Energia.
2011-2012: Controller da América Latina – Alstom Grid Energia.
2006-2011: Gerente Financeira de Projetos e Ofertas – Alstom Brasil.
2001-2006: Controller – Alstom Brasil.
1995-2000: Analista Financeira – Alstom Brasil.

- **Formação**

Pós-graduação – Gerenciamento de Projetos – FIA-USP, 2008.
MBA – Finanças em Controladoria – Universidade de Taubaté, 2000.
Graduação – Ciências Contábeis – Universidade de Taubaté, 1995.

- **Família**

Esposo: Sergio Ramos.
Filha: Sophia.

- **Nascimento**

Taubaté/SP, em 27 de novembro de 1974.

reira encontraria espaço para desenvolver habilidades para as quais tinha aptidão e ainda teria espaço para "administrar"; não sabia bem o que estava por trás disso, porém parecia algo muito interessante. Para não errar na escolha, recorri ao "Guia do Estudante", não só para ler sobre aquele curso, mas também para conhecer todos os outros. E não houve dúvida, era exatamente o que eu queria. A frase "fornecer informação para a tomada de decisão" me encantava.

Entre o "Guia do Estudante", minhas expectativas e o primeiro ano do curso havia uma distância considerável. Contudo, à medida que o tempo passava, tudo parecia se encaixar mais. A cada dia, a necessidade de praticar e participar do mundo de uma empresa se tornava mais presente. Meu foco, com certeza, seria uma indústria na minha cidade, Taubaté, para que fosse possível conciliar faculdade e estágio sem conflitos. Aos 19 anos, cursando o terceiro ano de faculdade, comecei a busca por estágio. As ofertas locais eram restritas e experiência era exatamente o que eu não tinha; oferecia pura energia e disposição, com algum conhecimento teórico.

Notas altas não eram suficientes para convencer os empregadores e me diferenciar dos concorrentes; eu precisava de mais. Importante citar também que sobre cultura corporativa eu não tinha nenhum conhecimento; em minha família não existiam pessoas envolvidas com ambientes industriais. Isso me motivou e instigou ainda mais.

A primeira tentativa na Ford foi frustrada, mas, posteriormente, em uma empresa chamada "Mecânica Pesada" (de origem francesa e estabelecida na cidade desde os anos de 1950), fui admitida. Um mundo novo começava ali, onde realmente aprendi Finanças, bem como a trabalhar e estudar simultaneamente, mantendo desempenho em ambos. Foi preciso muito esforço e muito foco. Tive de aprender a também me relacionar em ambientes diversos, o que ninguém ensina de fato, só a prática. Você deve observar, às vezes arriscar, mas sempre medir as consequências e ir em frente. A empresa também estava em processo de "aprendizado", pois em 1994 o País começava o Plano Real, o que acarretou mudanças significativas nos monopólios governamentais e na inflação.

Para uma indústria de base, não poderia haver cenário mais profícuo no que diz respeito a explorar oportunidades. Porém, tudo teve de ser repensado e realinhado, uma vez que a empresa havia sido de grande porte nos anos de 1960 e 70 e sofreu adversidades nos anos 80. Havia uma aparente estabilidade no negócio nos anos 90, quando entrei, mas a organização havia encolhido, o que a fazia nutrir um propósito tremendo de crescer, assim como eu pensava sobre minha própria carreira. Minha visão era de que conseguiria fazer progressos significativos ali, e isso ocorreu.

Nessa companhia e em suas sucessoras, trabalhei por 22 anos, desde o período de estágio iniciado na área de Contabilidade. Isso, por si só, foi a realização de um sonho. Ser admitida aos 19 anos em uma fábrica relevante na minha cidade, no interior, era uma felicidade tremenda. Curiosa como era (e ainda sou), tive sorte com as primeiras tarefas que recebi: comecei cuidando do registro das notas fiscais de fornecedores para liberação de pagamento, da checagem e da classificação. Ainda na universidade, fui efetivada como analista contábil júnior e, além das tarefas diárias, fui levada a ter participação nos processos de fechamento. Um mundo novo. O que realmente ensina é o calor vivido nos dias e noites sob pressão. Academicamente, fui reconhecida como a melhor aluna do curso; contudo, em termos de experiência, meus colegas ainda estavam à minha frente.

Com a formatura, fui convidada para fazer parte do time de Planejamento Financeiro e Custos; essa área, na época, era um misto de contabilidade industrial, planejamento de fábrica e controladoria. Obtive uma grande expansão de conhecimento técnico nessa fase – administração industrial, mapas de carga, controle de horas produtivas e estoques me foram apresentados ali. O mais significativo, inclusive, foi o desenvolvimento de competências referentes a relacionamentos. Eu era ainda muito nova, o trabalho era diferente, em um time só de homens e muito experientes no que faziam, porém, infelizmente, muitos deles saturados com a rotina predominante. Vários deles contavam os dias para se aposentar, enquanto eu queria inovar, mudar processos, evoluir. Eu não sabia nada e queria fazer tudo, eles sabiam muito e não queriam mudar. Contudo, havia urgência em mudar, pois a concorrência ficava mais acirrada. Ajustar o foco, reduzir desperdícios e aumentar a produtividade eram as palavras de ordem.

Com muito trabalho, paciência, resiliência e reconhecimento, por minha parte, das potencialidades de cada elemento do grupo, consegui passar por aquela primeira má impressão. Criamos um ambiente de colaboração e houve resultado; isso foi gratificante. Claro que houve também frustração, porque eu estava aprendendo a ver e entender problemas causados, ou não tratados, pela média gerência; no fundo, eu pensava "não posso ficar assim, não posso agir assim". Importante ressaltar que ter paciência em Finanças é perigoso, uma vez que muitas coisas têm prazos e eles são sagrados. Com atenção especial, cada prazo que me foi dado foi considerado sagrado e cumprido.

Gosto de citar o início de minha carreira, que hoje é passado, mas que me trouxe saberes que continuam sendo úteis nos dias atuais. Nós temos de engajar as pessoas no trabalho, reconhecer valores, liderar ações, tomar a responsabilidade pelo nosso crescimento. Se você consegue isso dentro de um grupo sem ser o chefe, sem ter o dito "poder legitimado", hierárquico, o reconhecimento do time faz com que ele trabalhe com e para você. Reconhecer no outro as capacidades e limitações dele e trabalhar junto é um fator preponderante para o sucesso. Mais que isso: compor soluções com o que cada um tem de melhor e aceitar o conflito faz você crescer e melhorar.

Também tive a oportunidade de trabalhar com a reportagem dos resultados. Os interlocutores já não eram só os colegas locais; tornou-se uma comunicação em nível internacional, outra dimensão de negócios. A credibilidade interna já estava consolidada e precisava ser conservada no dia a dia, porém era chegada a hora de expandi-la para fora do Brasil, na matriz. Explicações e prognósticos eram cada vez mais necessários e uma visão mais ampla do futuro passava a ser cobrada.

Em 2001, com 27 anos de idade, assumi a gerência de controladoria do negócio de Water, onde fiquei também por três anos. Experiência gratificante e completa, pois tive de criar a área financeira e montar um time novo em uma redivisão da empresa existente. Muitas pessoas já trabalhavam na organização, mas diversas tiveram de ser contratadas em todas as áreas.

Com o mercado cada vez mais exigente, os altos e baixos eram constantes. Essa foi minha primeira experiência fora da empresa. Lidava não mais apenas com o cliente interno, havia também o externo, público, privado e em grande número. O mercado de irrigação e saneamento era bastante pulverizado. Conhecer melhor o cenário não era somente desejável, era necessário para nortear as ações dentro da empresa, especialmente nas áreas de financiamento e gestão da carteira de clientes.

Foi a minha primeira experiência com contratações e demissões, formar e reter pessoas. Foi-me dado o poder hierárquico e agradeço por ele ter chegado quando o reconhecimento já existia, poupando-me das crises de vaidade. Em alguns momentos, até houve sim arrogância em minhas ações, e enormes expectativas não realistas em relação às pessoas me fizeram em alguns momentos ser bastante dura, mas algumas reações hoje seriam diferentes do que foram naquela época.

A mesma empresa que se separou depois decidiu juntar novamente os negócios e vender outra parte de suas ações. Com isso, consolidei a mudança e assumi essa nova controladoria, englobando todos os negócios. Normalmente, quem tem o trabalho de separar um negócio consegue uni-lo mais facilmente; isso seria verdade, se não fosse o fato de que o Brasil mudava rapidamente naqueles tempos, rumo ao crescimento. Com a crise do apagão que assolou o País nos anos 2000, investimentos em grandes projetos começaram a ser planejados e, como fabricantes eletromecânicos, tivemos a oportunidade de fazer parte desses empreendimentos. O negócio mudou de patamar. Era necessário reformular a maneira de trabalhar, o mercado era outro, o cliente tinha mudado totalmente de perfil (de público para privado, de técnico para financista) e a pressão por caixa, margem e gestão de risco eram prementes.

O desafio era montar um time multidisciplinar competente para administrar essas grandes obras. Em 2006, assumi a área de gestão financeira de projetos e ofertas para a América Latina. Fui convidada a montar um departamento novo dentro da área financeira da empresa, que seria hierarquicamente ligado à ela, porém com total interação com a área de operações e gerenciamento de projeto. Consistia em uma área fundamental para as bases do PMO (Project Management Office), que estava na ocasião começando dentro da empresa. O Financeiro tinha de estar mais focado no negócio, ser parte do processo, um elemento integrante da gestão dos projetos, sem perder sua neutralidade e principalmente a sagacidade na manutenção das regras da empresa e do País. Não havia um profissional único, com tudo que era exigido tecnicamente; surgiu então a modelagem desse novo profissional, o *controller* de projeto, pouquíssimo difundido na época, menos ainda no Brasil. Externamente, também não havia o recurso pronto. Como modelo, havia o que a empresa havia começado a implantar na Europa. Porém, ao tentar fazer um *benchmarking* mais completo, era fácil verificar que existia um discurso, não uma real implantação, e que também faziam muita diferença as características locais. Os maiores contratos estavam situados no Brasil e sujeitos às fórmulas de reajuste, aos impostos brasileiros, às cláusulas contratuais especiais, ou seja, a solução teria de ser desenhada e implementada aqui. Também passaram a ser relevantes os contratos na Venezuela, não tanto pelo volume, mas sim pelos riscos que ensejavam.

A formação desse time se deu de forma gradual. Muitas pessoas eram oriundas de parte da área de Administração de Contratos; entendiam da receita, conheciam cláusulas contratuais, impostos, mas não entendiam do custo. Outras vieram da área de Controladoria; estas entendiam o custo, especialmente o interno, dominavam a parte de mão de obra, porém não sabiam a parte da receita, muitos nunca tinham lido um contrato na vida, muito menos nossos contratos para projetos de longo prazo. A grande maioria tinha interface baixa com os clientes internos e externos e, principalmente, não tinha empoderamento nem conhecimento de suas responsabilidades e potencialidades.

O time foi formado com as pessoas existentes e outras contratações. Na sequência, fui a cada pessoa, com a ajuda dos coordenadores mais experientes do time e especialmente escolhidos para me apoiar nesse trabalho, verificando os pontos de desenvolvimento individuais e do grupo, criando mecanismos caso a caso ou em grupo para cobrir os pontos de desenvolvimento. Na parte técnica, mesmo com altos e baixos, as coisas avançavam. Mais complicadas eram as ações de comportamento, porque você pode treinar, falar, mas o determinante é o exemplo, e ele tem de ser incansável, diário e consistente.

Avaliações de risco são um capítulo à parte, não só em Finanças, mas no geral. A gestão de risco e suas considerações em termos financeiros tiveram atenção especial. Além de treinar e desafiar, eu acompanhava de perto caso a caso, um aprendizado de valor imensurável, tanto tecnicamente como em termos de negociação e relacionamento. Novamente, reconhecer na diversidade das pessoas a riqueza que cada elemento pode trazer para a discussão foi o diferencial. Essa experiência durou cinco anos. Depois, segui para a área de subestações de transmissão de energia, primeiramente como *controller* regional e depois como *chief financial officer*. Minha maior preocupação era integrar uma empresa recém-adquirida ao nosso mundo corporativo. Integrar era a palavra de ordem. Era um recomeço também para mim, em outro time, onde encontrei gente boa e de valor. Contudo, alguns integrantes tiveram de ser trocados, o que implicou alguma reconstrução do grupo, com a dificuldade de muitas vezes ter de fazê-lo remotamente, pois o negócio era bastante dividido pela América Latina e mesmo dentro do Brasil. A diversidade de produtos também era muito maior, então não havia um modelo único de finanças a ser seguido. Tive de estabelecer o melhor modelo para cada localidade, com suas especificidades, indo de negócios essencialmente industriais a outros totalmente ligados à inovação tecnológica. Atender a área de serviços e projetos com a mesma qualidade, respeitando suas diferenças e necessidades e mantendo a convergência para uma mesma comunidade em termos de valores e instruções, era a complexidade.

Minha principal sugestão para um profissional que deseja construir sua carreira na área financeira é sempre estar pronto para mudar, inovar, repensar o que faz. Estudar também é uma constante. Nessa minha trajetória, além da universidade, foram três pós-graduações em diferentes áreas de domínio: Controladoria e Finanças, Administração Industrial e Gerenciamento de Projetos – nesta última, inclusive, tirei a certificação do PMI (Project Management Institute), que na época era rara na empresa. Também senti a necessidade de conhecer o mercado de energia e seus aspectos regulatórios; isso veio principalmente do anseio de entender o racional das concessionárias, da ANEEL, do governo e principalmente dos investidores.

Outra dica é estar preparado técnica e gerencialmente, fazer mais e melhor a cada dia, sem sofrer. Se há sofrimento, algo não está certo, ou com você ou com a empresa, ou com ambos. O sentimento de pertencer, de enxergar o negócio, de ter a oportunidade de trabalhar com pessoas das mais diversas áreas sempre tem de fazer parte da nossa vida de forma natural. Fazer parcerias criativas e construtivas com outras áreas também é fundamental, pois ninguém é uma ilha. Muito do que aprendi e fiz foi por inspiração, seja para agir de determinada maneira ou para evitar uma atitude que vi em outrem. O poder da observação atenta é uma dádiva que não pode ser menosprezada.

Quando digo que permaneci durante 22 anos na mesma organização, algumas pessoas têm a impressão de que os desafios foram sempre os mesmos, que a cultura foi sempre a mesma, mas isso não é verdade. Os ambientes internos e externos mudaram muito e tive a felicidade de me adaptar e me encontrar em cada um deles. Oportunidades apareceram e meu crescimento profissional foi reconhecido.

Agora, chegou a hora da mudança. Se, em um primeiro momento, surge insegurança pela busca do novo, em outro sinto uma motivação enorme de conhecer novos ambientes, novas pessoas e novos problemas, afinal, por que não? Tenho em mim o sentimento de responsabilidade e engajamento, a vontade de construir e desenvolver. Procuro o lugar onde aplicar isso, onde um novo ciclo vai começar e que espero que seja tão produtivo e feliz como foram os outros até agora. Energia e vontade não me faltam. Sinto-me novamente como no começo da carreira, porém com muito mais a oferecer.

ROMILDO DE ANDRADE BARROS

CEO – TheBox Sandwich

Acelerar a Carreira das Pessoas

Nasci em Campina Grande, na Paraíba, e comecei minha carreira profissional em uma instituição financeira – já extinta –, ainda bastante garoto, com somente 14 anos de idade. E por lá permaneci por um longo período, aproximadamente 18 anos. Como trabalhava na área de auditoria, eu aproveitei para me graduar na faculdade de Ciências Contábeis. Na sequência, sem perder muito tempo, especializei-me no que já vinha realizando – auditoria de sistemas computadorizados na IBM. Posso dizer que fui um pioneiro ao montar dentro da companhia esse modelo informatizado, quando ainda estava no Nordeste.

Toda a minha carreira no banco aconteceu dessa forma: iniciei como office-boy e acabei ganhando destaque na liderança. Com a venda da instituição, precisei buscar um novo desafio e entrei em uma empresa do varejo; lá, fui convidado para fazer parte da equipe de tecnologia, na área de produção e planejamento. Com o tempo, fui ganhando espaço, isso por volta de 1986. Tive a oportunidade de fazer uma série de modificações para otimizar a performance da área. Minha capacidade de organização e de planejamento me transformou em um gestor de sucesso. Por conseguinte, conquistei seguidas promoções durante esses quase 18 anos.

▪ Carreira

Desde 2016: CEO – TheBox Sandwich.

2004-2014: Vice-Presidente Sênior, CIO e Membro do Board de Administração – Walmart Brasil.

1986-2004: CIO – Bompreço S/A – Supermercados do NE. Gerente da área de Produção na área de Tecnologia da Informação.

1968-1986: Gerente da área de Auditoria de Sistemas – Banorte S/A. Gerente da Contabilidade da Administração – Banorte S/A.

▪ Formação

USP-FIA – Programa de Administração de Varejo, 1997.

UNICAP-PE – Bacharel em Ciências Contábeis, 1993.

IBM – Formação em Auditoria de Sistemas, 1982.

Escola de Marketing – Curso de formação em Marketing, 1981.

▪ Família

Esposa: Yara Barros. Filhos: Gabriela, Felipe, Ulisses e Alane. Neta: Maria Luiza.

A empresa Bompreço estava sendo adquirida pelo Walmart e havia uma grande preocupação sobre como esse processo se daria. Acredito que minha força como um gestor de perfil conciliador e assertivo, além de ser um profissional com bons conhecimentos técnicos, permitiu-me participar desse processo de aquisição de forma mais tranquila. Obtive êxito ao minimizar possíveis danos durante o processo de venda, e a direção do Walmart, já conhecendo o trabalho que eu realizava até então, convidou-me para ocupar um cargo de alta confiança em São Paulo. Eu acredito em desenvolvimento de talentos, trabalho em grupo, e é assim que faço as coisas funcionarem.

Foi um longo caminho, com acertos e também muitos erros que serviram como aprendizado e que me ajudaram a evoluir como pessoa e principalmente como executivo. Posso citar como exemplo a dificuldade de atuar dentro de uma empresa multinacional, onde, no início, fracassei na defesa de alguns projetos relevantes por não entender a nova governança. Apenas após aprender e utilizar as novas regras é que pude defender com sucesso os interesses locais das subsidiárias brasileiras. A grande lição foi primeiro identificar sempre as regras do jogo e ser capaz de me adaptar a elas, para que pudesse alcançar os objetivos definidos.

Nos casos reais relatados a seguir, por uma questão legal, omitirei o nome de algumas empresas. Entretanto, alguns desses projetos tiveram relevância nacional e serão identificados de alguma forma.

O primeiro caso recebeu o nome de Varejo Livre e aconteceu em 2004, quando uma grande empresa varejista do Nordeste – até então controlada por uma empresa holandesa – recebeu um comunicado de que haveria um processo de desinvestimento e que ela seria colocada à venda. Todos na companhia foram comunicados que não haveria a liberação de qualquer investimento para elaboração de projetos tecnológicos ou de negócios. Com esse quadro, rapidamente me dei conta da gravidade da situação, que implicava:

1. Tornar a empresa mais atrativa tecnologicamente, para facilitar um bom processo de aquisição;
2. Manter o emprego de quase 200 associados até o processo de aquisição ser concluído;
3. Dar visibilidade aos talentos existentes no time de tecnologia, o que permitiria sua manutenção na companhia após o processo de aquisição ser concluído.

O desafio era criar um ambiente com um desempenho tão eficiente quanto o propiciado pelo *mainframe*. O projeto consistiu em migrar do modelo *host-bases* para vários servidores que passariam a rodar em Intel e Linux, suportando de forma inovadora todas as aplicações *core* da empresa.

Um projeto de apenas seis meses trouxe inúmeros benefícios de redução de custos em Tecnologia da Informação (até R$ 17 milhões); melhoria de desempenho na casa dos 80%, com a passagem de um banco transicional para um relacional; redução de custos operacionais, o que permitiu o retorno do investimento em apenas oito meses; além do ganho de conhecimento e de habilidades em arquitetura aberta, o que tornou os profissionais mais valorizados e ampliou o espaço deles no mercado de TI. O componente de risco nesse projeto foi a decisão de utilizar uma ferramenta até então desconhecida para um processo de migração de sistemas do *core business* de uma empresa de grande porte. Essa solução, felizmente, amparou o negócio da empresa pelos 12 anos seguintes, com muito sucesso.

Outro caso, mais recente, foi implementar, em defesa da operação brasileira, em uma empresa multinacional, uma ferramenta de ERP (Enterprise Resource Planning) contra um projeto global de finanças estimado em dezenas de milhões de dólares, mas que não atendia às necessidades do negócio e, principalmente, aos importantes aspectos da legislação brasileira. Foi uma batalha difícil, mas a necessidade de repassar *updates* semanais à matriz não tirou a confiança que tínhamos no que estávamos defendendo. Conhecíamos os recursos, tínhamos os parceiros corretos e principalmente superamos o receio de correr riscos. A capacidade de vender ideias foi fundamental para o sucesso do nosso projeto.

O último caso que gostaria de compartilhar exigiu muito mais do líder do que realizações tangíveis: exigiu a credibilidade necessária para capacitar-se a liderar um projeto que abarca toda a empresa. Tratava-se de um projeto de reestruturação com o objetivo de reduzir custos que passava pela revisão da estrutura funcional em todos os níveis hierárquicos, quantidade de associados e recálculo de todas as despesas e custos. Além de requerer um grande conhecimento do negócio, a situação requisitou equilíbrio e inteligência emocional, fatores de sucesso que permitiram tornar a empresa mais *slim* sem impactar sua capacidade de crescimento – e, principalmente, atingindo os resultados planejados.

Como contribuição na formação e sucesso dos novos executivos, gostaria de enfatizar que tudo depende de pessoas. De você, inicialmente, depois de seus associados, seus parceiros e, o mais importante, da sua vontade de fazer diferente, correndo os riscos dessa decisão. Sem dúvida nenhuma, o fator humano é a pedra fundamental para uma sólida base rumo ao sucesso na carreira. Ser conservador é sinônimo de decisões lentas. É preciso haver um bom relacionamento entre o líder do projeto e o restante da equipe; isso é ser um gestor eficaz. Senão, você perde poder de competição de mercado; com a concorrência que temos no mercado atualmente, se você não contar com pessoas com iniciativa e conhecimento do negócio, ele vai encolher até parar. Não é uma questão de correr riscos por vaidade, mas sim uma iniciativa para colocar a empresa que você defende em outro patamar. A consequência toda são os resultados, como as promoções, a empolgação dos associados... Sou adepto de uma política arrojada para que a companhia não fique estagnada, vendo seus rivais se modernizarem.

Não posso me furtar a comentar as atribuições de um líder dentro da instituição. Com tanto tempo de vivência na área, aprendi que diferentes perfis colidem por questão de interesses conflitantes, e isso é um processo disfuncional. Liderança por imposição não funciona; ela tem de ser técnica ou agregadora. As pessoas que liderei vinham até mim; elas confiavam em mim porque eu confiava nelas. Você quer ser seguido ou ser um seguidor? Esse sentimento gera produtividade. E você não pode ser arrogante, considerar-se acima dos demais. Mantive essa postura de humildade, não como algo artificial, mas pelo simples motivo de que eu sentia a importância de ser um funcionário atuante dentro de todas as áreas. Não sabe algo? Aprenda, corra atrás. Minha criatividade e minha capacidade de influenciar pessoas me levaram a ganhar dois prêmios ligados ao segmento. Isso gera credibilidade.

Quando vim para o Walmart, assumir o meu cargo em São Paulo, a empresa pretendia implementar o modelo norte-americano no Brasil. Consegui demovê-la dessa ideia, amparado por fortes argumentos de que precisávamos alinhar as questões culturais dos países – mesmo que a empresa atue no ramo de varejo. Fui atendido em minhas solicitações. O Walmart, um gigante global, ouviu minhas explicações sobre as necessidades da companhia aqui no Brasil. E fizemos o trabalho acontecer – fui o gestor e o *sponsor* do projeto. Sou bastante observador e detalhista. Tem de haver sensibilidade ao esmiuçar detalhes que agreguem motivação para todos os funcionários; dessa forma, você também ganha o respeito do cliente.

Em qualquer posição que você assumir em uma empresa, você tem trinta dias para dizer como a área funciona, como ela existe dentro da instituição. Se você não tiver a capacidade de realizar este diagnóstico neste prazo, você faz parte do problema. Portanto, em todos os lugares que trabalhei, a primeira coisa que fiz foi elaborar um plano de ação com os aspectos que necessitavam de mudanças, desde a parte estrutural, passando pela equipe e pela logística como um todo. São trinta dias mágicos na sua vida.

Graças a Deus, eu tive muito mais colheitas positivas do que negativas ao longo dessa longa jornada profissional. E, mesmo quando algo me derrubou, foi de grande valia, pois provocou uma mudança para melhor. Mesmo com uma personalidade ousada, fiz escolhas que na maioria das vezes foram corretas. Acredito piamente na coragem como fonte motivadora para todo um grupo e o reconhecimento é natural na vida de quem age corretamente e se doa em busca de aperfeiçoamento. Caso contrário, o profissional fica estagnado, jamais terá oportunidades melhores: ele será mais uma página em branco no universo corporativo.

Claro que nem sempre você se verá envolto em um ambiente totalmente favorável, pois a individualidade de cada um prevalece em determinadas circunstâncias, podendo causar um cenário "conspiratório". Dentro do ambiente corporativo, será estranho se em algum momento você não passar por uma situação constrangedora, com alguém tentando "puxar o seu tapete". Mas isso faz parte da estrutura, do jogo... Basta ter parcimônia para estancar essa espécie de "rebelião" e deixar claro que todos estão unidos por um propósito comum. Quem quer subir na vida por meio do fracasso alheio não está pronto para ser um líder, não tem competência para ser um gestor e tampouco pode se considerar um ser humano dotado de valores que devam ser levados em consideração, como exemplo para as futuras gerações.

Creio que deixei um legado, não somente com os prêmios recebidos e todo o reconhecimento da empresa, mas também pelo fato de ser uma pessoa e um profissional muito bem relacionado. Deixei minha marca, especialmente no Walmart, atuando com muita integridade e dedicação, sabendo agregar o fator humano às necessidades da companhia. Acredito que, quando me aposentei na empresa, em setembro de 2014, saí com o sentimento de dever cumprido, sem nada pendente ou arrependimentos. Sei também que dei orgulho para a minha família. Nesse ínterim, ouvi muitas críticas que me fizeram evoluir como pessoa, outras que buscavam dificultar a conquista dos meus objetivos, mas estas vinham de indivíduos despreparados. Esses comentários só me ajudam a lembrar de onde vim e como cheguei.

Chegou o momento certo de encerrar um processo de anos e de repensar. Quando falei sobre o legado, isso estava incluso na questão: é preciso entregar-se para realizar um compromisso, apresentando o que você tem de melhor a oferecer para quem está em seu entorno, seja para a empresa ou para o cliente. Meu pai era de origem humilde – não deixou nada de valor material, mas sim uma série de ensinamentos. E valores não são negociáveis. É inegável que o indivíduo que caminha com retidão será recompensado mais adiante. De agora em diante, pretendo executar uma missão que me propus há bastante tempo: investir no meu lado empreendedor. Depois de abandonar o varejo, vou me aventurar nessa missão. Felizmente, consegui unir um grupo de amigos e sócios de confiança e vamos tentar algo diferente. Afinal de contas, considero-me jovem para encerrar meu "expediente" por aqui. A ideia é retribuir um pouco tudo aquilo que a vida me deu. E enxergo que posso realizar esse sonho de duas formas: dando aulas ou gerando empregos. Portanto, sinto que estou em condições de executar um projeto no qual possa transmitir minha experiência adiante.

Decidimos montar uma empresa na área de alimentos e já temos duas lojas no segmento de *fast-food* numa rede que batizamos de The Box Sandwich. As lojas estão localizadas em Jundiaí e Alphaville. Já temos cerca de quinze pessoas empregadas. Isso me dá um prazer enorme, ver profissionais se desenvolvendo. A intenção é fazer franquias no futuro. O lado do desafio pesou – partir do zero, desde o processo administrativo até o fardamento dos empregados. Contudo, a vontade de estar em atividade é maravilhosa. Só tomei essa decisão depois de tirar um ano sabático para ficar com a minha família.

Eu me considero uma pessoa ponderada, justa, transparente e serena, predicados indispensáveis para que eu possa exercer em minhas atividades, ao montar uma equipe, um processo movido pela inteligência emocional. Não sou apenas um profissional responsável, com uma experiência consolidada na área de *business*; eu gosto de respeitar o trabalho do próximo. Para tal, tento ajudar, orientar e, se for necessário, repreender de uma maneira sutil. Não vou mandar um subordinado embora por um erro que poderia ter sido evitado, mas tratarei de mostrar como o problema poderia ter sido solucionado sob outra ótica.

Atuando em momentos de crise

Tive a chance de trabalhar em duas empresas bem distintas, mas de proporções similares. Porém, durante um período de crise política, isso invariavelmente se reflete na economia do País, e existe uma diferença bem acentuada entre os cenários pelos quais passei. Quando estava em um banco, o clima conturbado não influenciava tanto assim, afinal, era uma instituição robusta e preparada para enfrentar crises sazonais. No mundo do varejo, a situação é um pouco mais delicada. Obviamente, as pessoas não deixam de consumir produtos básicos – é questão de sobrevivência. Mas, enquanto no banco você consegue conforto e estabilidade, no varejo não há margem para erros – o impacto bate forte. É necessário realizar mudanças dentro da empresa para que a companhia seja a primeira opção do consumidor. Os produtos precisam de reajustes para caber no bolso de quem está em dificuldades, os varejistas precisam se adaptar com a oscilação econômica; portanto, o setor é muito mais suscetível aos momentos de tormenta da economia que os bancos, onde impera o aspecto quase indelével da estagnação profissional.

Finalmente, gostaria de ressaltar que, ao descrever minhas atividades, não tenho como objetivo dar lições técnicas para solucionar os diversos desafios que um executivo da área de tecnologia tem de enfrentar para apoiar o negócio em momentos de muita volatilidade da economia, nem discorrer sobre a alta velocidade no modo como a informação impacta e transforma as empresas. Meu foco é compartilhar algumas situações reais sobre decisões tomadas e indicar como o resultado pode determinar o futuro de companhias, e, principalmente, das pessoas. Procurei explorar as variáveis com as quais qualquer líder tem de lidar antes de tomar qualquer decisão, a qual será sempre solitária, assim como as suas consequências serão sempre de sua própria responsabilidade.

As variáveis a serem observadas no processo decisório e que funcionam como pilares para reduzir a margem de erro são:

- Conhecer profundamente o problema e seus impactos no negócio;
- Conhecer muito bem sua equipe, de forma que possa identificar nela aqueles com as competências corretas para ajudar a solucionar o problema;
- Construir uma relação com parceiros tecnológicos baseada na transparência e na inovação;
- E a mais importante variável é aquela na qual o líder reconhece que nunca dominará todas as variáveis necessárias para obter o tão esperado sucesso. Ele assume riscos. Essa característica é aquela que separa o profissional mediano do profissional que atrai seguidores e se notabiliza por sua liderança inovadora.

LADISLAU ÁLVARES BATALHA

VICE PRESIDENT DIRECTOR OF OPERATIONS (CUSTOMER CARE AND LOGISTICS)

Mais com Menos (ou Como Melhorar Resultados em Tempos Difíceis)

Minha carreira profissional tem sido na área de *customer care*, ou seja, trata do relacionamento com os clientes. Tive a oportunidade de trabalhar em várias operadoras de *telecom* de referência no mercado, por meio de provedores de *call center* e de consultorias, mas sempre em *customer care*.

A ponta mais visível da área são os *call centers* – as linhas de atendimento telefônico para as quais ligamos quando temos alguma dúvida sobre um determinado serviço. O *customer care* também engloba os *back-offices*, as lojas e os serviços automatizados, como aplicativos, sites e outras interfaces; é um segmento essencial para a relação de uma organização com os seus clientes. Um bom serviço ao cliente gera consumidores satisfeitos, que são mais fiéis a marcas, produtos e serviços. Todos os leitores dessas linhas, enquanto clientes, estão bem cientes das decisivas oportunidades de melhoria e otimização que existem nessa área da empresa.

Em determinado momento da minha carreira, eu exercia a função de diretor de operações de *customer care* da principal operadora de telecomunicações portuguesa e uma das principais da Europa (atendia TV, internet, telefonia fixa e móvel). E ama-

- **CARREIRA**

2015-2016: Vice President Director of Operations (Customer Care and Logistics) – Nextel Telecomunicações.

2014-2015: Director of Operations (Contact Center) – Contax.

2010-2014: Telemarketing & Web Director – ZON Multimédia.

2004-2010: Customer Care and Web Director – ZON Multimédia.

2003-2004: Senior Consultant (Contact Center/ CitizenRM/Customer Care) – Câmara Municipal de Lisboa.

2004: Senior Consultant (CRM/Customer Care/Selfcare/Web) – T-Mobile.

2002-2003: Senior Consultant (Contact Center/ CRM/Customer Care) – Detecon International GmbH.

- **FORMAÇÃO**

Universidade Católica Portuguesa – Programa Geral de Gestão, Management.

Universidade Nova de Lisboa – Faculdade de Ciências e Tecnologia, Industrial Engineering.

- **NASCIMENTO**

Portugal, em 8 de fevereiro de 1970.

va! Mas, devo dizer: nunca recusei desafios. Aliás, sempre os procurei, não só com o propósito de adicionar valor à minha carreira, mas, acima de tudo, de contribuir com as empresas por onde passei. Por isso, em plena crise na Europa, e quando tudo parecia se tornar incerto, recebi dessa operadora o desafio de assumir a posição de diretor de *telemarketing*.

O setor, numa operadora de *telecom*, assim como na maioria das empresas, é um *call center* que trata quase exclusivamente de processos de vendas. Ligamos para o setor de *telemarketing* quando queremos comprar algo e somos contatados por eles quando querem vender algo. Neste tipo de marketing também são geradas oportunidades de venda por meio da internet, principalmente por conta das visitas aos sites; é compartilhada a mesma base de infraestrutura física e tecnológica do *customer care*, o que muda é apenas a natureza do serviço.

Fui tomado por sentimentos bem diferentes. Eu estava simultaneamente excitado e assustado. Excitado porque era um novo desafio. Assustado porque estaria fora da minha zona de conforto. Comecei ouvindo comentários antagônicos. Os colegas de vendas diziam: "Tome cuidado! Vender é uma realidade totalmente diferente! Pessoas como você, do *customer care*, são orientadas para os processos e não entendem a verdadeira essência da venda". Os colegas de *customer care* falavam: "Tome cuidado! O pessoal lá nas vendas é muito criativo no que oferece aos clientes. Muitas vezes parece que vale tudo, não há regras. O lado positivo é que você vai trabalhar menos e ganhar mais dinheiro".

Consultei também a família e amigos mais chegados. As reações foram cautelosas: "Acha mesmo que é boa ideia mudar de área agora? Você tem família e despesas para pagar". A essa altura, a crise fazia-se sentir por toda a Europa e Portugal estava no grupo de países mais impactados. Eu aceitei o desafio. Graças a isso, o caso que quero partilhar neste livro não é de *customer care*, mas sim de *telemarketing*. Algo de novo que surgiu na minha carreira.

E o que me esperava? A diretoria do setor era bastante sólida, dinâmica e muito orientada para as vendas. Para a dimensão portuguesa, era bastante grande: cerca de 1.000 agentes de *telemarketing*, 11 prestadores de serviço e sete sites. Cada um destes 11 prestadores tinha o seu próprio time de gestão e sua estrutura de controle dos negócios.

Na mesma diretoria, coexistiam três canais de venda distintos: receptivo (*inbound*), ativo (*outbound*) e web. Todos com objetivos, orientações e culturas diferentes. Não havia nenhum contato, sinergia ou sequer pontos em comum entre estes três canais de vendas. Perante o cenário descrito, havia várias oportunidades para melhorar. A mais evidente passava por fundir os três canais. As vantagens eram óbvias e não parecia haver impedimentos tecnológicos. Os três recorriam à mesma tecnologia de atendimento telefônico e utilizavam os mesmos sistemas. Quando questionei o meu time acerca da mudança e do potencial de melhoria, as respostas foram: "Já funciona muito bem assim como está!", "Sempre foi assim, por que mudar? Estamos vendendo muito e, além do mais, somos líderes de mercado".

Definitivamente, meu time não sentia necessidade de mudança. Entendi o que se passava: no momento de crise que o país atravessava, as otimizações eram inevitáveis, mas, por outro lado, todos tinham medo de ficar sem emprego. Expliquei a eles que as melhores mudanças são as que nós fazemos por nossa iniciativa. Que essa imobilidade por conta da crise ia, mais cedo ou mais tarde, obrigar todos nós a mudar, e que, quanto mais tarde iniciássemos esse movimento, menor seria a nossa capacidade de contorná-lo.

Conseguimos chegar a um acordo e decidimos realizar um piloto. Uma prova de conceito: "Vamos ver se funciona!". Pilotos funcionam bem porque mudanças e novas soluções são testadas em um ambiente real, mas controlado. A missão era implementar, medir e tirar conclusões se a fusão dos três canais de vendas em um só time acarretaria melhorias significativas nos resultados. E assim fizemos. Escolhemos 20 operadores de *call center*, dois supervisores e iniciamos o processo.

Identificamos dois desafios principais:

- Um deles era o nivelamento desse time. Tínhamos profissionais com *skills* bastante diferentes, pois eram provenientes de canais de vendas diferentes. A essência da venda era a mesma, eram os mesmos produtos, os mesmos preços, mas cada canal tinha suas especificidades.
- O outro desafio era o *reporting*. Tínhamos um *reporting* avançado e poderoso. Mas a questão é que ele estava orientado para três canais de vendas diferentes. Agora, havia a necessidade de desenvolver e disponibilizar apenas um para essa operação.

Sabíamos que teríamos de resolver com treinamento e com um novo *reporting*, mas consideramos que avançar com o piloto iria nos ajudar a encontrar as melhores soluções. Após dois dias, encontramos os nossos agentes desmotivados. Por quê? Porque aqueles que vieram do canal receptivo estavam sentindo muitas dificuldades em vender. Eles eram bem treinados, mas se sentiam bloqueados em situações muito específicas, como: "Você está ligando para o meu marido? Ele já morreu!". Imagine ligar para um nome do seu *mailing* de contatos para clientes ativos e receber uma resposta dessas de uma viúva. Diante disso, os agentes de canal receptivo ficavam emotivos e desligavam. Os agentes de ativo, por outro lado, aproveitariam essas oportunidades para ajudar os clientes e oferecer um serviço melhor.

Com os agentes, identificamos situações concretas que os bloqueavam e impediam de vender. Escolhemos as gravações das chamadas mais significativas de cada situação e as agrupamos em um repositório on-line, o qual chamamos de "audioteca". A audioteca ajudava os agentes a encontrar exemplos para situações específicas e passou a inspirá-los.

Passadas duas semanas do início do piloto, medimos os principais indicadores de performance e utilizamos o novo *reporting* que tínhamos desenvolvido. Os resultados foram fantásticos e optamos por alargar o conceito a todo o *telemarketing*. Passar de 20 para 1.000 agentes. Mas, como fazer?

Decidimos usar como base a audioteca. Afinal, ela reunia as respostas encontradas pelos próprios agentes para ultrapassar as suas principais dificuldades. Também implementamos um programa de treinamento muito intensivo para toda a diretoria, com situações específicas, baseadas em chamadas telefônicas reais. Chamamos esses treinamentos, por seu formato objetivo, de *roadshow*. Foi um momento muito importante: assistimos à mudança de mentalidade dos diretores com a utilização de ferramentas de *coaching* e *mentoring*, potencializando um melhor clima organizacional e mais orientação à performance. Esses treinamentos duraram dois meses. Ao final, toda a nossa diretoria trabalhava conjuntamente; já não éramos mais uma diretoria de três canais de venda, mas um único time. Tínhamos profissionais felizes, altamente motivados, orientados para a partilha e para a melhoria contínua. Criamos condições mais interessantes para a proatividade, a inovação e o desenvolvimento; todo mundo tinha ideias e estava pronto para contribuir. E, o mais importante: todos estavam ganhando mais dinheiro.

Tendo isso em consideração, implementamos um programa de *brainstorming*, o qual chamamos de "STORM". O programa estava sempre aberto, com iniciativas ao longo de todo o ano, mas decorria em uma base diária. Com esse programa, os colegas eram chamados a apresentar suas ideias para melhorar a nossa organização e os resultados – vender mais. É fantástico ver o potencial humano que existe nas organizações, e tivemos dois exemplos por meio do STORM. Um deles foi o Assistente Pessoal. Geralmente, em uma *telecom*, quando ligamos para o *call center* para subscrever serviços, falamos com um agente; se necessitarmos ligar de novo, com mais questões, somos atendidos por outro agente e temos de repetir tudo de novo. Com a implementação do Assistente Pessoal na companhia, o processo deixou de ser assim. O agente que atende a primeira chamada fornece um número de acesso direto ao cliente; se, durante o processo de decisão, o cliente precisar de mais suporte, sabe que vai ser atendido pela mesma pessoa. Essa iniciativa ocasionou desenvolvimentos sistêmicos e nos obrigou a rever a organização e os escalonamentos. Porém, os resultados fecharam a conta: o índice de satisfação e de retenção de clientes disparou bem, assim como os resultados das vendas líquidas. Os clientes não esperavam isso do serviço de *telemarketing* de uma *telecom*.

Outro exemplo que nasceu do nosso programa STORM foi um *wallboard*. Todos os *call centers* dispõem deste sistema, que são os telões nos quais permanecem disponíveis informações importantes para as operações. Nós também tínhamos *wallboards* que exibiam resultados de vendas on-line e rankings. Mas o que tornou o nosso *wallboard* diferente foi o Twitter: cada vez que um agente concretizava uma venda, podia escrever um *tweet*, que aparecia em todos os telões e permanecia neles até que outro agente concretizasse uma nova venda. Essa iniciativa aumentou a competição em nossas equipes de vendas e melhorou os nossos resultados significativamente.

Aqui chegados, e tal era a dinâmica da diretoria, tivemos um novo desafio: vender nas operações de *customer care*. Trata-se de uma prática que todas as companhias que têm tal área e setor de vendas querem implementar: aproveitar o contato do cliente, por um motivo de suporte, para vender. As vantagens são evidentes. Naturalmente, também tínhamos esse objetivo. Implementamos um programa chamado "NITRO" – queríamos fazer disparar as vendas a partir do *customer care* (é muito importante criar programas e dar a eles um nome, uma *brand*; isso ajuda o time a focar, a se unir, e ajuda a gerar em todos uma forte identificação com novos objetivos e projetos). O programa NITRO servia para ajudar os cerca de 1.200 agentes de *customer care* a vender em um ambiente de serviço ao cliente; oferecia ferramentas adequadas, treinamento, *mindset* e suporte. Tudo isso protegendo a natureza do contato, que é a resolução de dúvidas relativas ao serviço.

Com toda uma carreira em *customer care*, eu sabia bem que o pessoal dessa área geralmente é relutante a vender. A nossa ação visou "quebrar o gelo" com uma série de iniciativas de dinamização comercial. Os funcionários tinham acesso às práticas de vendas mais adequadas aos seus tipos de chamadas – sua própria audioteca. Sempre preservando a sua natureza, passaram a receber uma remuneração variável de acordo com as suas vendas. Isso foi muito bem aceito.

O sucesso foi tanto que, ao final de um ano, o NITRO representava 25% das vendas do *telemarketing* e 7% das vendas *core* da companhia. Como eu disse, tínhamos um time de profissionais felizes, altamente motivados, orientados para a partilha e para a melhoria contínua. E, o mais importante, eles estavam ganhando mais dinheiro. A vontade de fazer mais e mais não deixou o time parar. E os desafios se sucediam.

O novo desafio chamava-se "Família e Amigos", um programa que juntava *customer care* e o *telemarketing* e permitia que qualquer colaborador da companhia pudesse resolver os problemas e solicitações dos seus familiares e amigos. Desenvolvemos um portal que ficou alojado na intranet da companhia; se algum colaborador precisasse de ajuda para resolver questões com a fatura de algum dos seus familiares ou amigos, bastava submeter o caso através do portal. Se, por outro lado, alguém quisesse contratar mais serviços da companhia, o programa funcionava como uma ferramenta de fidelização. O colaborador transmitia a oportunidade através do portal e a equipe de vendas contatava a pessoa interessada. Por cada oportunidade concretizada, o colaborador ganhava pontos, que depois podia trocar por prêmios.

Este caso que partilhei aqui ocorreu em pleno momento de crise na Europa, mas a demanda por redução de custos ainda é muito elevada. Reduzir é defender o que é *core* em cada companhia, é uma espécie de "smart cost cutting", e essas otimizações só são possíveis com o envolvimento dos ativos humanos. Naturalmente, todo esse processo de otimização e unificação de operações levou a uma redução de colaboradores no *telemarketing*, mas, em uma primeira fase, aproveitamos a capacidade excedente para poder treinar toda a operação. Depois, aproveitamos parte dessa capacidade para aumentar nosso ativo; com as dificuldades das famílias ao pagar suas contas, as operações de retenção de cliente precisaram de um urgente reforço. Foi assim que pudemos mover os operadores de *telemarketing* para a retenção, com melhores resultados do que se tivéssemos recorrido a novatos. Esses que transitaram de uma área à outra não só mantiveram seus empregos em um quadro de crise como ainda levaram consigo o *mindset* e a motivação de todo o processo de transformação do *telemarketing* pelo qual passaram. Essas são as vantagens das decisões tomadas com planejamento e estratégia.

Gosto muito da expressão "mais é menos"; ela resume tudo o que descrevi. Muitas vezes, os executivos estão preocupados com quão grande é a sua diretoria e como podem torná-la ainda maior; o nosso caminho foi o oposto. Tínhamos uma diretoria grande e a forma que encontramos para melhorar os resultados foi diminuir a sua dimensão. Passamos de uma grande operação para uma operação de grandes resultados. Envolvemos todos e todos puderam contribuir. No fim, tínhamos menos pessoas na diretoria de *telemarketing*, mas ganhando mais dinheiro mesmo em um momento de crise do País, e com mais gente vendendo.

Muitas soluções nos obrigaram a um maior desenvolvimento tecnológico, a inovar. Mas, muitas vezes, priorizamos a tecnologia quando se pode fazer muito mais com soluções simples e já disponíveis no mercado – muitas de baixo custo ou até mesmo gratuitas. Há ainda os talentos que já existem dentro das equipes; para que eles floresçam, basta saber ajudar a manter a consistência e garantir que tudo funcione de forma sólida, sem riscos para a empresa. Nem tudo é complicado. Muitas vezes, somos nós que tornamos complexo o nosso mundo.

Há alguns valores importantes a serem destacados. É preciso ter caráter inovador, investir na valorização genuína do elemento humano, assim como possuir foco no redesenho dos processos e no controle da operação, alimentar o envolvimento necessário das demais áreas, desenvolver a força para suportar a mudança e a coragem para vencer a crise. Em um momento tenso como o que experienciamos na companhia, minha opção não foi cruzar os braços e aceitar a fatalidade, mas sim ser um agente da mudança.

Após um ano, nosso *telemarketing* foi o vencedor no *Contact Center World Awards*, o maior evento de premiação de *call centers* que existe. Recebemos uma espécie de "Oscar" da indústria, como o "Melhor Telemarketing do Mundo". Valeu a pena!

GUSTAVO RELA BRUNO

National Sales Director at Ferrero

Crise ou Caos

Antes de abordar o tema sobre o qual pretendo discorrer neste livro, primeiramente preciso apresentar minhas credenciais – desde o começo de minha carreira dentro do mundo corporativo –, passando por experiências de suma importância, para que possa desenvolver o mote selecionado da forma mais correta possível.

- **Carreira**

Desde 2014: National Sales Director – Ferrero.
2013-2014: National Executive Manager (Commercial Area) – Ferrero.
2011-2013: National Sales Manager (Modern Trade) – Ferrero.
2010-2011: National Trade Marketing & Sales Operation Manager – Ferrero.
2008-2010: Kraft / Mondelēz.
2005-2008: Unilever.

- **Formação**

Wharton Business School – Executive Development Program, Business Administration and Management, General, 2013.
Universidade Federal de São Carlos – UFSCar – Engenharia de Materiais, 1999-2004.

- **Família**

Pais: Aluízio M. Bruno e Carmem Rela Bruno.

- **Nascimento**

Jundiaí/SP.

Ao citar a palavra "crise", um verdadeiro calafrio toma conta de quem quer que seja que tenha sob sua responsabilidade áreas impactadas por essa situação tão inesperada. Tratando-se do mundo corporativo, esse é um termo cujo significado expõe as pessoas, colocando-as contra a parede. Quando digo isso, tento evidenciar o fato de que as "máscaras" caem; o caráter e os valores de cada indivíduo envolvido na situação ficam mais fáceis de serem identificados. Lidamos com a crise e o caos pessoal e profissional diariamente, muitas vezes sem perceber em que momento começa um e termina o outro.

Se você me chamar de Gustavo, dificilmente vou atendê-lo de prontidão... Soa estranho. Gosto de ser chamado de Guto – tenho orgulho de ser de Jundiaí, no interior de São Paulo, possuir raízes sólidas e honradas, e de ter chegado onde estou agora. Sou um cara muito simples na maneira de tratar as pessoas e o negócio: gosto de saber o nome de todos da minha equipe. Não é porque eu quero; acho isso minha obrigação como líder. Acredito em quebrar estereótipos. Para ganhar a confiança e a credibilidade, transmita autenticidade.

Entretanto, voltemos ao início de tudo. Sempre fui um estudante e um profissional muito dedicado, focado, e, principalmente, determinado. Considero que esses são apenas alguns dos predicados imprescindíveis para quem almeja ser um executivo diferenciado e não somente um coadjuvante dentro da empresa. Ora, longe de mim o comodismo ou que soe arrogante a minha colocação. Quando me apliquei aos estudos, não tracei uma meta para um dia encerrar meu período de aperfeiçoamento; permaneci sólido na busca por conhecimento. Sou uma pessoa que acredita piamente na constante metamorfose do homem como profissional e pessoa. E corro atrás do que me desperta paixão – seja em qualquer âmbito da vida.

Comecei como *trainee* na Unilever, em 2005, pouco depois de me formar como engenheiro de materiais na Universidade Federal de São Carlos. Foi um início muito bacana, pois assumi posições gerenciais, ou seja, com oportunidades de conhecer a dinâmica e o funcionamento de diversas áreas, comerciais e internas. A Unilever, por ter processos bem estruturados, e ser detentora de dinâmicas organizacionais muito consistentes, é uma referência para inúmeras empresas de consumo massivo. Permaneci na companhia por aproximadamente três anos, período em que desenvolvi novas competências.

Logo no começo de 2008, acabei me transferindo para a Mondelēz, outra grande empresa, na qual – inicialmente – fui incumbido de administrar o setor de vendas da categoria de bebidas por um período relativamente curto, algo em torno de um ano. Posteriormente, depois de fazer parte de um *turnaround*, assumi também a parte de sobremesas. A Mondelēz é uma instituição de cultura norte-americana, muito focada em resultados. O grande aprendizado que obtive lá foi de que as áreas precisam trabalhar juntas, com um bem comum, que é o resultado financeiro. Aprendi também a importância de nutrir não somente entendimentos técnicos, mas também sobre a cultura da organização.

Após dois anos na Mondelēz, aceitei o convite para ingressar na Ferrero, uma companhia pautada em moldes diferenciados do que me deparara até então – no aspecto humano de lidar com as questões internas e nos processos técnicos de funcionamento. Em pouco tempo, lá estava eu me readaptando a um novo estilo de "tocar os negócios", administrar as mais diversas situações e, portanto, os inevitáveis períodos de crise. E, sem hipocrisia: não há empresa no mundo que nunca tenha se confrontado com fases mais agudas. Estas, aliás, são fundamentais para o crescimento da empresa, já que um erro só pode ser consertado caso ele seja detectado; e, quanto antes isso ocorrer, melhor.

Quando cheguei à Ferrero, em junho de 2010, fui acumulando funções, possibilitando – ao mesmo tempo – que minha mente se tornasse mais apta a compreender e a gerenciar novos conceitos. Desta forma, pude me preparar melhor para administrar os mais diversos gêneros de crises - pessoais ou corporativas. A Ferrero é uma companhia de capital fechado, é familiar e italiana, ou seja, inspira uma tradição rara de se encontrar no mercado atual. A confiança é um mantra para fazer parte desta empresa. Quando iniciei meus projetos dentro dessa instituição, logo percebi os enormes desafios que teria de enfrentar. Mas não que isso tenha me assustado - muito pelo contrário. Eu já havia obtido uma base sólida, e dali em diante, com a percepção mais aguçada do que nunca, tratei de seguir aprendendo. Tomei gosto pela "arte" de desempenhar diversos papéis dentro da empresa. Isso significa que fiquei responsável não somente pela área comercial, mas também por outros departamentos-chave, para o bom andamento da operação no Brasil.

Trata-se de uma companhia que preza muito pela qualidade, dos funcionários aos produtos comercializados. Eu respondo hoje ao CEO da América Latina, que fica alocado na Argentina. Posso discorrer sobre os paradigmas que enfrentei aqui, especialmente por ser o primeiro diretor brasileiro oriundo da base gerencial Ferrero. Hoje, minha função é principalmente a de conduzir todas as áreas comerciais e execução. É de se imaginar que lido com crises o tempo todo, mas isso nem de longe abala minha liderança. São nesses momentos de turbulência - quando tudo parece estar rodopiando ao redor - que o responsável por "estancar o sangramento" precisa convocar sua equipe e estabelecer um plano de ação emergencial.

Em vendas, você passa a ser um líder por valor. Isso ajuda muito, no final das contas, a gerar conexões. Vendas passam por crises todos os meses. Se você não atingir a cota, já viu... Vai do céu ao inferno em um estalar de dedos. Eu posso ter várias crises, mas o que não posso ter é a quebra de confiança. A expressão certa para isso é "gerenciamento de confiança". Construir a confiança mesmo em um cenário de crise. Momentos ruins são administráveis e gerenciados; geram legados. O caos é a mesma coisa, mas sem legado algum. Além disso, ao se trabalhar com categorias de consumo massivo (FMCG) e com enormes concentrações sazonais (exemplos: Páscoa, Natal etc.), o profissional precisa estar preparado para lidar com crises (consumo, confiança e concorrência), uma vez que, diariamente, muitas mudanças de cenário ocorrem ao longo da execução dessas plataformas. Alguns movimentos inesperados de mercado e de concorrência podem gerar enormes crises internas para as organizações.

Conforme alertei no início do capítulo, a crise é responsável por arrancar muitas máscaras. Inúmeras pessoas vivem personagens no mundo corporativo. Quando existe um grande colapso, as máscaras caem. O caráter aparece. Aí você sabe quem está junto, remando a favor, e quem está colocando água para dentro do barco com uma canequinha. Estou abordando um processo revelador; é nesses momentos que eu presto mais atenção no comportamento das pessoas na minha equipe.

Não repreendo quem entra em pânico na crise. Ela pode ser boa, mas é só você observar como é o Brasil e compará-lo com o Japão e a Alemanha pós-Segunda Guerra Mundial. O que determina é como se reage à crise. Não se trata de uma questão de "raça superior", mas sim de quem consegue tirar essa "muleta" que impede a sociedade de crescer, de sair do "eu" para crescer como um coletivo. Quando o assunto é crescimento, há espaço para o comodismo, e os líderes são os responsáveis por reconstruções bem realizadas. Tomada de decisão e feedback imediato para o time, por exemplo, são aprendizados gerados pelas crises e fundamentais para que o legado delas seja positivo. Em seguida, cria-se um plano de ação, o que evita que o mesmo processo caótico se repita no futuro.

Pessoalmente ou profissionalmente falando, todos nós já tivemos e teremos várias crises internas e externas para gerenciarmos. Mais importante do que saber manejar uma crise é sobreviver a ela e sair fortalecido com os aprendizados decorrentes. Do mesmo modo, todas as organizações estão vulneráveis a uma crise; se não estiverem preparadas, os estragos poderão ser maiores, comprometendo a sua saúde financeira, reputação e seu futuro operativo.

Basicamente, a habilidade de condução de uma crise está relacionada a dois fatores-chave: comunicação ágil/efetiva e uma assertiva tomada de decisão. Independentemente dos processos vigentes em uma empresa ou de diferentes modelos adotados, essas duas variáveis sempre serão as chaves para a mitigação de riscos, redução das emoções e a captura dos aprendizados. Pessoalmente falando, gerencio cenários hostis, de alta pressão e baixa disponibilidade de informações, por meio da aplicação de cinco etapas ou passos que servem para ter um entendimento mais adequado do panorama e das possibilidades. É uma opção eficiente para manejar a crise sem que ela se alastre.

Os cinco passos fundamentais são:

1. Entendimento das ameaças (riscos)

Promover o mapeamento dos riscos de maneira quantitativa, porém simplista. Inicialmente, é preciso levantar todas as variáveis geradoras de riscos para saber em que devemos gastar esforços, recursos e tempo, e quais são os cenários para os quais devemos ter planos de ação predefinidos.

Para saber o que privilegiar no turbilhão, é mandatória a tangibilização do problema – torná-lo claro, evidente e mensurável. Para isso, é necessário estabelecer um critério (de pano de fundo) que possibilite mapearmos a magnitude de cada ameaça de maneira isolada ou posteriormente combinada.

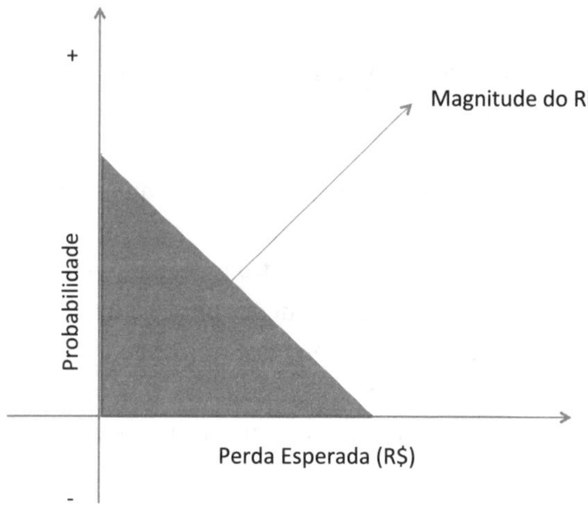

Fonte: JORION, Philippe. *Value at risk – nova fonte de referência para gestão do risco financeiro.* São Paulo: BM&F, 2004, Ed. 2, 487 p. 4-5.

A magnitude do risco é função da combinação de dois fatores de perda monetária em potencial com sua probabilidade de materialização. Quanto maior for a área formada pela relação Probabilidade *versus* Perda, maior será o estrago potencial que cada uma das variáveis mapeadas pode ter.

Tendo essa função em perspectiva, podemos definir prioridades, alocar tempo e recursos no que realmente importa. Lembre-se de que, na crise, o acerto em suas decisões é crucial. Nem sempre há tempo para uma segunda tentativa. Eu trabalho sempre com a cobertura de 70% dos riscos mapeados em planos de ação.

2. Papéis e responsabilidades

- Na crise, os *papéis* e as *responsabilidades* de cada um dos recursos envolvidos no plano de ação devem ser diferentes dos usuais de sua função. A criação de um comitê de crise ajuda na tomada de decisões porque proporciona agilidade e maior amplitude de análise. Cabe a essa nova liderança definir um modelo de governança clara e eficaz; o comitê passa a gerenciar a crise. Com isso, ela não paralisa as atividades regulares do negócio. Do contrário, tenderá a drenar recursos cada vez maiores e os negócios passarão a segundo plano, o que é uma escolha perigosa para o futuro da organização.

- É preciso fazer escolhas sobre o que deve ser feito, quando fazer e quem vai fazer. E, principalmente, quais os resultados são possíveis e devem ser buscados.
- É preciso que todas as ações do plano de contingência tenham apenas um dono para cada atividade isolada (começo, meio e fim). No entanto, o líder deve ficar atento à necessidade de apoio para antecipar novos riscos.
- Cada atividade tem de ser feita de maneira rápida, buscando o melhor resultado possível. Tolerância a erro deve ser usada com parcimônia. Os silos entre as áreas, se existirem, devem ser eliminados. O interesse da companhia é maior do que o escopo de cada uma das áreas e o sucesso ou o fracasso é de todos.
- O comitê de crise deve zelar por essa dinâmica.

3. Fluxo de comunicação

Saber comunicar os progressos de forma verdadeira e estratégica para alinhar as ações de todos. Celebrar progresso é desejável no que for relevante. Determinar quais serão os veículos de comunicação oficiais, utilizar o cascateamento das decisões e analisar como captar informações que retroalimentem as decisões do comitê. Estipular quais são as partes interessadas e quais objetivos tem cada uma; o que é boa notícia para um grupo pode não ser para outro – atenção ao conteúdo. Importante estabelecer:

- Qual forma e tom serão utilizados, de acordo com a magnitude do risco. A mensagem precisa ser transmitida com a velocidade adequada e com a tonalidade pertinente, em relação à intensidade da crise.
- Que audiência envolver de acordo com a sua respectiva magnitude. Temas-chave demandam um alinhamento bem elaborado. Toda a estrutura interna precisa ter ciência da magnitude do risco em questão.

4. Planejamento da implementação

- Definir o cronograma de implementação e definição da interdependência entre as atividades. Trata-se de uma questão crucial para qualquer projeto, especialmente para o melhor aproveitamento dos recursos.
- Escolher quais serão os KPIs (*Key Performance Indicator* / Indicador-chave de Desempenho) e *reports* oficiais para verificar a evolução de cada uma das frentes.

5. *Day After*

- Desvio do planejado *versus* implementação. Houve resultado? Caso contrário, quais foram os entraves que impediram o sucesso da ação?

- ROI (*Return On Investment* / Retorno Sobre o Investimento). Estimar se o investimento foi efetivo ou negativo, não simplesmente no cenário financeiro, mas no caso de pessoas, reputação e alocação de tempo e equipe.
- Captura dos legados e seus levantamentos: inferir o que a organização aprendeu com a experiência, e que, muitas vezes, custa centenas de milhões de reais.

Crise *versus* Caos

Quando a crise é bem gerenciada, ela gera um legado. Todavia, quando é apenas superada, sem a captura de nenhum aprendizado, ela é o que podemos chamar de caos. É o desvio do planejamento implementado, da liderança ao chão. O legado vem através da revelação. Quando você abre as portas para isso, você cobre os *gaps* da empresa, suprindo essas falhas. Ou seja, forma-se um legado corporativo.

Outro ponto importante diz respeito ao grau da complexidade dos negócios no Brasil. Tudo o que me fez evoluir na carreira foram ações simples. Conselhos, falar a verdade, buscar ajudar e focar o que realmente mexe no "ponteiro do resultado". Você precisa ser simples no Brasil. Porém, deve sempre se manter aderente ao planejamento e à causa que defende. Não somos tão relacionais assim; perdemos muito tempo por falta de um modelo funcional. No final das contas, a politicagem do "padrão Brasil" dificulta tudo; trabalhamos mais do que devemos e, consequentemente, perdemos tempo e energia à toa. Repito: toda crise vem acompanhada de um grande legado no futuro. Eu fico tranquilo e satisfeito por estar passando por uma crise, porque trabalho para que as próximas gerações não sofram com essa situação. Estou certo de que vamos entregar uma economia melhor para a sociedade vindoura, evitando dessa forma que o caos se instale com a falta de medidas apropriadas.

De certa forma, desejo muitas crises em sua vida. Todos nós precisamos delas. Mas cabe a nós mesmo não deixá-las se transformarem em caos.

Minha crise favorita

A Páscoa, para quem quer vender chocolate no Brasil, exige uma forte estratégia. É um período no qual quase metade do total do consumo anual de chocolate ocorre no período de três dias. Por si só, é um evento que já é uma grande crise. Com data marcada, mas com efeitos próprios a cada ano. Como você consegue gerenciar ou maximizar seu desempenho em um período de tempo tão curto? Com uma "estratégia de guerrilha": negociações efetivas, comunicação assertiva, motivação e planos de ação imediatos – muito do que já mencionei anteriormente. O evento é complexo, montado em mais de 35 mil lojas em todo o Brasil, o que gera a necessidade de contratação e de treinamento de uma enorme massa humana temporária. Da produção à comercialização, todas as atividades são definidas com um planejamento prévio. Não há espaço para erro, muito menos para o caos.

A Páscoa no Brasil já deu indícios de crise de confiança há algum tempo, por volta de 2011; as vendas vêm caindo. Em 2016, estimamos que a Páscoa tenha sofrido uma queda forte em volume. Mas isso não quer dizer que o brasileiro deixou de acreditar e deixará de investir nela. O que tentamos fazer, como fornecedores, é nos reinventar, do portfólio ao modelo corrente de execução; afinal, cada promotor precisa abordar o consumidor na loja e gerar uma conexão emocional com ele. Por exemplo: quando uma criança ganha um ovo de Páscoa, o presente que vem dentro precisa representar uma sensação especial para ela. Ainda temos de analisar se o preço do ovo em si está alinhado com os valores de outros presentes, como roupas e mesmo brinquedos. Isso tudo para que possamos ser uma opção viável para um evento desse calibre. Lidamos não somente com o lado funcional, mas com a criação de um *link* emocional em uma data tão comercial.

Uma crise na Páscoa é uma crise de 360 graus. Exige conseguir reconstruir um evento a fim de ser a melhor aposta – uma oportunidade de ser o melhor presente que os pais darão aos seus filhos. E isso se estende ao varejo. Conseguir manter o vínculo com os varejistas – fazer com que eles acreditem na oportunidade – tem sido uma crise que eu tenho de manejar muito enfaticamente no mercado brasileiro. Acredito que a Páscoa é algo que nunca irá acabar aqui, afinal, são aproximadamente 89% de cristãos no País, e é um evento familiar tradicional, que envolve reunir e presentear. Nós somos latinos, possuímos um lado afetivo forte, laços sentimentais intensos; amamos muito. O que temos de fazer agora é nos planejar para que no futuro esse evento volte a ter a dimensão de outrora, com a venda de até 110 milhões de ovos em somente três dias. Retornar a esse patamar é a crise que estou gerenciando, e a qual pretendo continuar vivendo.

LÁSARO DO CARMO JÚNIOR

CEO

Deus, Sorte e Competência. Exatamente nessa Sequência

Fico pensando como poderia me definir como profissional. Afinal de contas, consegui construir inúmeros projetos muito valorosos e edificantes ao longo desses mais de vinte anos em que atuo no mercado de consumo, especialmente nos mercados farmacêutico e de cosméticos.

Ainda na década de 1990, iniciei a faculdade de História e me formei pela Universidade de Belo Horizonte. Estranho pensar como, a partir de então, consegui me tornar um executivo de sucesso, com reconhecimento, um forte prestígio adquirido perante meus colegas de profissão, sendo que meu sonho inicial era ser professor! Consegui isso tudo por conta de muita perseverança. Talvez não fosse a carreira que eu tinha em mente logo de início; mas, muito cedo, enveredei para o lado do marketing, das vendas. Isso sim me preenchia por completo. Aos vinte e poucos anos, quando alguém me perguntava o que eu queria ser no futuro, eu sempre respondia: presidente de empresa, e antes dos 40 anos. O sonho foi realizado aos 39 anos.

Eu estava com aproximadamente 23 anos quando me arrisquei e fui ser representante comercial de uma empresa farmacêutica, a Sanofi. Ali iniciei todo esse aprendizado no mercado farmacêutico, liderando gerentes distritais, propagandistas, enfim... Cresci rápido naquela instituição francesa e atuei em diversos Estados brasileiros. Foi uma revolução meu

- **Carreira**

2015-2016: CEO – Jafra International Cosmetics.
2008-2015: CEO – Jequiti Cosméticos.
2010-2015: Vice-Presidente – Grupo Silvio Santos.

- **Formação**

INSEAD – Estratégia e Gestão, 2010.
The Wharton School – Estratégia e Inovação nos Negócios, 2010.
FGV – MBA – Marketing, 1998/1999.
Centro Universitário de Belo Horizonte – História, Ciências Humanas, Econômicas, 1993/1997.

- **Família**

Esposa: Patrícia Salvador do Carmo.
Filhos: Lásaro do Carmo Netto (matrimônio anterior), João Paulo Salvador do Carmo, Bárbara Salvador do Carmo.

- **Nascimento**

Minas Gerais, em 23 de janeiro de 1969.

trabalho inicial na Sanofi, e um excelente aprendizado. Deixar aquele sonho de ser professor para me aventurar na área corporativa me realizava cada dia mais. E tudo ocorreu rapidamente. Talvez seja mesmo uma questão de Deus, ou de sorte, de lugar certo na hora certa e de uma dose de talento, pois não cheguei tão longe – conforme vou abordar mais adiante – sem extrema dedicação, muitas boas ideias para levar aos meus superiores e forte capacidade de implementação. Isso até eu criar certa independência e não precisar mais compartilhar tanto.

Mas esse processo não ocorreu da noite para o dia. Eu havia concluído uma graduação na área de Humanas e, de certa forma, não me sentia totalmente apto e seguro para ser uma referência dentro do mundo corporativo. Quando consegui essa oportunidade na Sanofi, conheci pessoas que me aconselharam muito adequadamente. Eu expressei o meu desejo de estudar algo com o foco em Administração. E, então, fui surpreendido por indagações de meus superiores quanto aos meus interesses, ambições e projetos de vida. Uma luz se acendeu. Na Sanofi, escutei a seguinte frase de Bae Sung Kyu, que era diretor de RH: "Para o topo da pirâmide, queremos gente culturalmente preparada e que goste de gente. O mundo dos técnicos no topo da pirâmide terminou. A partir de agora, vamos preparar você para chegar ao topo da pirâmide".

Eu realizava um ótimo trabalho na Sanofi, onde iniciei minha carreira, dentro do mercado farmacêutico, ao mesmo tempo em que buscava me aprimorar academicamente. E a empresa me preparava para isso, com cursos e promoções anuais. O retorno foi bem claro. Ao menos em empresas europeias, para o topo da pirâmide eles não buscam tanto esse perfil técnico, mas sim pessoas culturalmente preparadas. Um dos principais diretores da companhia, que estava em uma reunião que apresentei, deu a dica: "Queremos gente que entenda de gente". Enfatizou que o investimento na minha carreira seria pautado dessa forma.

Por isso, quando me perguntam hoje sobre a fórmula do sucesso, vou direto ao ponto e não preciso pestanejar para responder: Deus, sorte e competência. E eu vejo isso hoje em dia. Pessoas que estiveram em estágios de carreira muito acima de mim infelizmente hoje se encontram em uma situação péssima. Não basta apenas se preparar; é preciso ter sorte e correr certo risco. Eu aposto, sim, na fórmula "Deus, sorte e competência", mas também em uma dose de ousadia. Assim como acontece no mercado financeiro, no mercado profissional deve-se correr riscos, senão não é possível dar o "triplo mortal carpado". Você sobe degrau por degrau muito lentamente se não tiver uma postura ousada em determinados momentos.

Arrisco quando preciso e arrisco forte. Mas é o famoso "risco calculado", acompanhado de muito trabalho. Sabe aquela dificuldade de segunda-feira pela manhã e aquele alívio quando chega a sexta-feira? Comigo funciona de uma maneira bem diferente. Eu acordo em uma segunda-feira e sigo até a sexta-feira com o mesmo entusiasmo. Você precisa ser apaixonado por aquilo que você faz. Quando acordo, penso: "O que posso fazer para ser uma pessoa melhor, um profissional melhor, conseguir o dinheiro que pretendo ter?". Traço metas, mas sempre com vontade de que aquele dia seja melhor do que o anterior. Quando falo de dinheiro, sou bem direto: a conta tem de fechar. Não adianta ser hipócrita. O comunismo é a utopia do século passado... A China nunca foi comunista, é só bandeira. Quando falo de riscos, pontuo que sou muito mais um atirador de elite do que um franco-atirador. Mas... Com certeza eu puxo o gatilho, não fico só olhando.

O melhor disso tudo é que sequer precisei tomar medidas que fugissem do meu perfil, do meu real caráter. Mantive minha essência durante todos esses anos. Quero dizer que sou um cara bacana de se conviver; sou firme e exigente, mas nunca sem perder a educação e o respeito aos outros. Obviamente, não poderia ser assim; um executivo que perde as rédeas e deixa o ambiente de trabalho descambar para o desleixo. Sou muito bom para conversar e convencer as pessoas, ser assertivo, e o meu carisma me auxilia a "dosar" os ânimos quando assim se faz necessário. Sou um cara de fácil acesso, tento manter minha porta sempre aberta para ouvir as pessoas, apesar de a profissão exigir medidas extremas muitas vezes. Procuro manter o perfil de um empreendedor com ótima capacidade para vender o meu produto, de fazer com que ele deslanche no mercado, enquanto me mantenho focado para manter minha equipe unida, íntegra. Gosto de estabelecer vínculos sólidos com as pessoas que atuam ao meu lado, especialmente por saber que, no final, sempre as peças mais importantes dentro das empresas são as pessoas. Não preciso erguer o tom de voz para obter uma resposta positiva de meus interlocutores e isso é muito importante para que não se rompa o padrão de confiança e estima dentro do time.

Possuir esse padrão de liderança diferenciado em relação aos executivos mais "duros" me permite transmitir credibilidade para meus liderados. E como isso faz diferença! Ao conduzir uma reunião, tudo pode ser resolvido na base da conversa em vez de haver alteração de ânimos e, consequentemente, uma ruptura do projeto em andamento. Encaro meus desafios "sem tempo ruim", com o profundo desejo de que minha meta para determinado dia seja cumprida sem reveses. Acordo cedo, geralmente às cinco da manhã, trabalho bastante, fico cansado como qualquer outro ser humano, mas a recompensa me enche de satisfação.

Depois de dez anos na Sanofi, já estava muito bem estabelecido no Rio de Janeiro e com fama de um executivo bem-sucedido. Foi então que surgiu o desafio de aceitar o convite da Natura, uma empresa de excelente estrutura, que me possibilitou conhecer um novo segmento, mercado e até ocupar posições diferentes para me desenvolver ainda mais. Isso ocorreu em julho de 2004. Eu era responsável por uma equipe gigantesca, como gerente de mercado, ainda no Brasil. O faturamento era muito alto. A Natura crescia de forma exponencial nessa época

– estou falando de meio bilhão de reais no primeiro ano e cerca de trezentos milhões a mais no posterior –, além da equipe executiva, que era gigante, e da base de consultoras, que teve um crescimento enorme. Depois, fui para a Argentina, para fazer a gestão comercial da Natura, em um período de estabilidade.

Quando saí da Natura argentina, perguntaram se eu estava maluco, simplesmente pelo fato de que eu estava muito bem na empresa. Resolvi arriscar e aceitar o cargo de ser o CEO de duas empresas do Grupo Silvio Santos: Jequiti e Hydrogen. Em outubro de 2010, fui promovido a vice-presidente do Grupo Silvio Santos.

A Jequiti tinha sido criada em 2007, mas não decolava. Os mais céticos apostavam que se tratava de um empreendimento que ia para o buraco. Silvio Santos queria que a Jequiti fosse grande como a Natura e a Avon, especialistas e líderes no mercado de vendas porta a porta. E, quando ele disse isso, deixou claro que ou crescíamos ou simplesmente desistiríamos, questão de fechar as portas mesmo. Silvio foi bem claro quanto a isso e praticamente me intimou: "Venha pra cá e me ajude a criar uma empresa grande. Se crescer, você fica rico, se fechar, eu lhe dou uma grana e ficamos por isso mesmo". Fui pra casa pensar um pouco e decidi topar o negócio.

Entrei em abril de 2008. A empresa mantinha um faturamento ainda considerado baixo para o objetivo, apesar de medidas operacionais implementadas em sua maioria por mim. O Silvio sempre me deu muita autonomia. Mas, pouco tempo depois, nós mais que dobramos aquele faturamento de R$ 20 milhões: fechamos 2008 com R$ 53 milhões. Eu debatia com o Silvio sobre a necessidade de ousar em determinado aspecto, ele ficava ressabiado no primeiro momento, mas confiava. Esse entrosamento transformou a Jequiti. Adotamos inúmeras estratégias diferenciadas para bater de frente com as nossas concorrentes e colhemos os frutos disso tudo em um prazo extremamente curto para um empreendimento desse porte, algo que surpreendeu o mercado.

O fato é que eu entrei em abril de 2008 em uma empresa com a qual o próprio Silvio estava preocupado, sem vislumbrar possibilidades de crescimento. Seis anos depois, em 2014, fechamos o ano com um faturamento de R$ 523 milhões – foi quando entreguei a companhia. Só poderia comemorar o resultado. Sem dúvida, tivemos uma série de acertos ao traçar as metas de estratégia e devemos muito à capacidade de todas as pessoas envolvidas, dos diretores às consultoras.

Meu time de diretores era minha tropa de elite. Trabalhávamos 14 horas, sem reclamar, e o grande prêmio sempre foi o crescimento da companhia. Evidentemente, criar um cenário perfeito para readequar a logística e a qualidade dos serviços da empresa foi de suma importância para que a Jequiti não quebrasse ou permanecesse estacionada.

O primeiro passo implementado para a fase de reestruturação da Jequiti foi criar um grande e bem estruturado plano de negócios, apostando na utilização da imagem de celebridades, estrangeiras e nacionais, como o rapper Puff Daddy (Sean John), em 2009, que teve um histórico positivo, além de abrir portas para a entrada de novas celebridades, como Madonna, Beyoncé, Adriane Galisteu, Claudia Leite e Taylor Swift. Posteriormente, outros artistas também entraram nesse plano para difundir a marca no mercado interno. Foi um sucesso. O comercial com o Sean John teve um apelo muito sensual, e o Silvio, durante a reunião, comentou que "iria vender muito". Foi o que aconteceu.

No começo, ocorreu um episódio curioso. Quando encomendei uma pesquisa para saber a fragrância de quem o consumidor gostaria de ter, o cantor Fabio Jr. ficou em primeiro, com Cláudia Leitte e Ivete Sangalo fechando esse Top 3. Eu não acreditei e pedi outra pesquisa, afinal de contas, como o Fabio Jr. poderia ser o número 1 desta lista, já com seus quase 60 anos? Fiquei intrigado. O resultado da segunda pesquisa foi o mesmo. Na terceira tentativa, mesmo alertado de que teríamos um custo extra de R$ 300 mil, acabei me rendendo aos fatos, e a fragrância do Fabio Jr. foi um estrondoso sucesso, impulsionando a venda da empresa e do segmento. Parei para pensar e cheguei à conclusão de que o dono da companhia não é você, o dono da companhia é o consumidor. Estamos aqui para agradar o consumidor final, é assim que funciona. Quando assumi a Jequiti, eu não tinha uma marca forte como a da Natura e tampouco um preço baixo igual ao da Avon, por isso apostei em celebridades.

No mesmo ano de 2008, veio a ideia de fazer na televisão o programa "Roda a Roda Jequiti", que partiu do Silvio Santos. E eu concordei, claro; quem entende mais de televisão do que ele? Quanto aos temas de estrutura interna do negócio e logística, busquei o melhor possível para alavancar a empresa e melhorar a qualidade de serviços para consultoras e consumidores. Consegui atingir as metas, conforme os números comprovaram. Apostamos na qualidade, desde a captação do pedido até a entrega na casa das consultoras e o pagamento do boleto. Outra ideia do "patrão" foi a de inserir um perfume bem barato na linha de vendas. O preço girava em torno de R$ 10. Toda a equipe de diretores ficou muito reticente com essa iniciativa dele. Eu fui contra no início, mas ele estava certo. Pelo que me lembro, 80 milhões de unidades foram vendidas e o produto gerou uma receita exorbitante para os padrões da Jequiti.

Eu sou um cara muito determinado e ansioso. Gosto de concretizar. O Silvio, sempre que queria controlar minha vontade de sair realizando, contava a piada do Rei, do Prisioneiro e do Burro. Ele contou umas cinquenta vezes; isso trabalhava minha paciência. Quando eu chegava com toda essa ansiedade, ele perguntava se eu queria ouvir a piada novamente. Ou seja, é a sabedoria de quem sabe lidar com as pessoas há 80 anos. É outra manifestação de como ele sabe conter o grupo e passar esses ensinamentos adiante.

O Silvio não queria que eu saísse de jeito nenhum e me perguntava toda hora quanto eu queria para rever a minha decisão de deixar o cargo de CEO da Jequiti e da vice-presidência do grupo. Eu fui bem claro, disse que se tratava de uma questão pessoal... Dinheiro não compensaria permanecer mais tempo. Tanto que eu tinha planejado tirar um ano sabático em 2015, mas aí veio a proposta da Jafra. No fim das contas, acabei descansando somente dois meses. Fiquei sete anos sem tirar férias... Ou melhor: para não dizer que não tirei férias, consegui uns vinte dias durante todo esse tempo.

Escutei diversas vezes que nunca viram uma empresa crescer tanto em tão pouco tempo. E isso se deve muito ao plano estratégico que foi elaborado, ideias em que apostei firmemente, mesmo sabendo que encontraria resistência. Acreditei na boa capacidade de implementação do time Jequiti. Em 2011, a Coty – uma gigante francesa – ofereceu R$ 1 bilhão para arrematar a Jequiti, com o intuito de entrar no mercado brasileiro e abrir capital em 2012 nos EUA. Eu levei essa proposta diretamente para o Silvio e falei para ele que era para vender a empresa, que era o momento certo. Ele simplesmente não quis; o real desejo dele era de permanecer com a companhia, tocar o negócio adiante. Muita gente no mercado até duvidou de que a proposta fosse realmente oficial. Falaram que tínhamos brigado, saiu muita coisa leviana na imprensa... Nunca! Sou apaixonado por ele. Se um dia eu falar algo de negativo do Silvio, serei o cara mais injusto do mundo. Ele é uma pessoa muito simples e que gosta de ouvir as pessoas. Não que seja totalmente acessível, obviamente, mas é uma pessoa diferenciada, com um coração enorme... Quando o banco Panamericano "explodiu", ele me chamou, assim como os outros dois vice-presidentes, e perguntou o que achávamos que ele deveria fazer. Ele foi muito direto ao dizer que nunca deixaria uma família, um funcionário do banco, passar por dificuldades. Ele assumiu a responsabilidade como dono e resolveu dar todo o patrimônio como garantia. Ele enfatizava que não queria saber de família nenhuma perdendo emprego por culpa dele. Quando a pessoa é do bem, ela é recompensada; tanto que o Silvio se recuperou com força, não deixou que tudo quebrasse. Qual banqueiro tomaria tal atitude? Ele toma atitudes que com qualquer outra pessoa dariam errado, mas, com ele, dão certo. Eu o tenho como um mentor pessoal.

Acabei saindo da Jequiti e do Grupo Silvio Santos, mas mantive acalentado o sonho de ficar parado por um ano, para descansar, refrescar a mente. E, claro, isso tudo seria uma forma de voltar pronto para fazer o que eu gosto: inserir novos conceitos nas companhias e ajudá-las a crescer. Mas a Jafra veio forte na jogada e me convidou para conhecer a sede da empresa, em Malibu, na Califórnia. Quando cheguei lá, o Mauro Schnaidman já estava me esperando com uma proposta escrita que não havia como recusar, pois o desafio era bem bacana. Meu ano sabático virou um período de dois meses de descanso. Comecei a trabalhar na Jafra ainda em março daquele ano e de imediato passei a amealhar excelentes resultados, ironicamente, agora trabalhando para uma das rivais da Jequiti.

Não tem como negar que, apesar de todo sucesso obtido com os resultados de vendas durante a minha gestão, alguns pontos me causaram frustração na Jequiti. Simplesmente pelo fato de que eu sabia da possibilidade de transformar a companhia em algo maior, contribuir com novas ideias, que acabaram sendo podadas. Alguns planejamentos que idealizei poderiam melhorar a empresa e torná-la mais rentável, com autossuficiência e independência. O principal ponto foi a negativa para a abertura de uma fábrica própria, com capacidade de produzir maior parte dos produtos, melhorar a margem de contribuição da empresa, além de gerar empregos etc. Nos anos de 2011, 2012, 2013 e 2014 a Jequiti "rasgava" quase R$ 30 milhões anualmente por não ter sua própria fábrica. Uma companhia de meio bilhão sem uma indústria própria, com tudo 100% terceirizado, acaba deixando de ganhar bastante dinheiro. Se a empresa tivesse uma fábrica hoje, ela teria muito mais lucro.

Toda essa trajetória traçada até o momento gerou não apenas bons frutos para mim e para as instituições pelas quais passei, mas também resultou no reconhecimento do próprio mercado. Fui eleito Profissional do Ano de 2010 pela revista *Atualidade Cosmética*, Superintendente de Marketing do Ano de 2013 e Líder do Ano de 2014 pelo *LIDE*, do empresário João Dória Júnior; em 2014, também fui apontado como o Destaque Empresarial do Brasil no *Latin American Sales Personality Award*.

Isso tudo contribui para que eu esteja sempre me renovando e me motivando a estar preparado e disposto a colaborar com a ascensão de uma empresa. E faço isso atuando de forma íntegra, selecionando a dedo o meu time, respeitando cada membro do grupo com total respeito. Atuar em equipe é fundamental para que nasçam novas ideias ou mesmo que se reciclem algumas que já foram descartadas. Agir com desenvoltura e não ter medo de encarar o mercado e seus concorrentes estimula a produtividade. Afinal, vivemos em uma sociedade capitalista voraz, e, se o empreendedor não souber tomar as melhores decisões, ele não terá sucesso nesse jogo, que é muito duro.

Agora, estou começando o que vou chamar de "grande projeto da minha vida". Estou entrando como sócio e assumindo a posição de presidente mundial da empresa americana Vitalyze.Me, que trabalha com medicina funcional, mapeamento genético e alta tecnologia. Estou transferindo a sede para o Brasil, onde vamos começar a operar ainda em 2016; mais adiante, em 2017, estaremos também na Europa e em toda a América Latina.

ERIC CARNEIRO

BUSINESS UNIT & SALES DIRECTOR AT DELPHI

Coragem, Resiliência e Inovação: A História de uma Conquista Singular

Introdução

Cenário econômico

O Brasil, entre 2010 e 2013, começou a ver o custo da mão de obra acelerar mais que a taxa de inflação. Além disso, iniciou-se uma reversão das tendências externas, encerrando o ciclo de *commodities* em alta, o que começava a afetar os parâmetros macroeconômicos e levou ao final o período de moeda estrangeira muito barata.

▪ CARREIRA

Desde 2014: Business Unit & Sales Director – Delphi.
Desde 2014: Sales Director – Delphi.
2013-2014: Sales Director South America – Lear Corporation.
2010-2013: Senior Sales Manager – Lear Corporation.
2008-2010: Sales Manager – Lear Corporation.

▪ FORMAÇÃO

MBA – USP, 2003.
MBA – USP, 2002.
Engenharia Química – Universidade de Campinas, 1995.

▪ FAMÍLIA

Divorciado. Dois filhos.

▪ NASCIMENTO

Brasília/DF, em 29 de março de 1973.

Eu trabalhava em uma multinacional automotiva, líder global no seu mercado e que se encontrava em um momento de crescimento muito robusto, dobrando o número de funcionários na região por meio de crescimento orgânico, somado a um processo acelerado de integração vertical.

Gosto de dividir a história do mercado automotivo no Brasil em 5 fases.

- Incipiência: vai do seu nascimento, durante o governo de Juscelino Kubitschek, até o início dos anos de 1980, quando éramos pequenos demais para demandar atenção externa.
- Isolamento: engloba a década da hiperinflação até o Plano Real; éramos complicados demais para que alguma matriz se dispusesse a mergulhar no nosso ambiente econômico.
- Modernização: após a estabilização inflacionária, as autopeças dis-

punham de enorme liberdade perante suas matrizes e eram capazes de impor e manter práticas comerciais muito contundentes com seus clientes.

- Globalização: citando Newton, "toda ação gera uma reação". A partir de 2004, as montadoras passaram a utilizar seu peso global junto às autopeças, para que as respectivas matrizes enquadrassem as operações locais. Nessa fase, o Brasil viveu seu *boom* automotivo, dobrando o volume de produção. A maioria das autopeças foi "engolida" pela falácia do crescimento a qualquer custo e pagou um preço alto pela falta de proteção contra mudanças no cenário macroeconômico.
- Simetria: atualmente, estamos no limiar de um novo ciclo, no qual o aprendizado da fase anterior tem forçado montadoras e grandes autopeças a negociarem condições contratuais condizentes com o ambiente econômico.

Eu já tinha uma longa rodagem como gerente comercial na empresa em que eu trabalhava e tive a oportunidade de vivenciar e aproveitar o "boom" do mercado automotivo no Brasil. Quando esse processo aconteceu, além de uma lista de casos anteriores de sucesso, eu tinha também uma listagem importante de armadilhas a evitar, principalmente aquelas relacionadas à volatilidade do mercado brasileiro.

Apesar de ainda não possuir uma posição de diretoria, na época eu era o gerente mais sênior da área comercial e, portanto, coordenava todos os processos de aquisição de novos negócios. Sempre adorei tal posição, pois a considero, dentro da área comercial, aquela na qual o conceito de estratégia de negócios é aplicado com letras maiúsculas.

Empresa

Uma das máximas da indústria automotiva é que "crescimento resolve tudo". Ao longo de anos, todo o mercado, não somente o grupo ao qual eu pertencia, se apoiou nessa certeza, e diversas incongruências do setor foram sendo disfarçadas pelo rápido aumento de vendas a partir de 2006. Como apontei, estávamos em um crescimento robusto, mas o modelo de negócios começava a dar mostras de exaustão. O simples fato de aumentar a primeira linha do balanço não trazia mais o benefício esperado na lucratividade da operação, porque diversos fatores destruíam a rentabilidade.

A partir de 2010, o mercado começou a enfrentar o refluxo de uma taxa de câmbio altamente apreciada. O Brasil vivia um fenômeno demográfico de pleno emprego, então os custos da mão de obra começaram a subir mais rapidamente do que a inflação e o número de reclamações trabalhistas cresceu de forma exponencial por conta de novas releituras/entendimentos da lei. Nesse momento, as empresas do setor de autopeças se deram conta da armadilha criada, pois, se pelo lado dos custos a pressão era insustentável, na outra ponta não havia mecanismos contratuais que permitissem repassar esses impactos às montadoras sem gerar distúrbios na relação comercial dentro e fora do País.

Desafio apresentado

O mercado automotivo é caracterizado por ciclos longos de produtos, de cinco a dez anos, a depender da plataforma. Isso gera uma pressão grande na cadeia de fornecimento quando se disputa um novo negócio. Não participar de uma plataforma-chave significa estar virtualmente fora de uma parcela importante de mercado por até uma década, quando chega o ciclo de renovação de produtos.

No período em que o horizonte começava a se mostrar mais desafiador, uma grande montadora decidiu instalar uma nova operação no Brasil. Já éramos um significativo fornecedor dessa montadora e não queríamos perder tamanha oportunidade. Por outro lado, lições aprendidas durante os últimos anos haviam deixado o *board* da empresa receoso com relação a seus planos de crescimento na região. Para tornar a equação ainda mais "fácil", esse novo empreendimento demandaria por parte do grupo um investimento igual à soma de tudo investido na região nos últimos cinco anos para montar a mais moderna operação "greenfield" da América do Sul. Isso sem que o cliente sequer tivesse definido o que seria produzido na planta; todo o *business case* e a discussão inicial de parâmetros comerciais seria feita de forma conceitual.

O desafio era gigantesco, porque envolvia duas frentes distintas de batalha. A primeira e mais lógica, junto ao cliente, a fim de manter a proeminência na região e garantir o novo *business*; e a outra, muitíssimo mais difícil, era vender para uma organização que estava preocupada com a deterioração do mercado local em um projeto quase faraônico. Todos os números eram superlativos; tínhamos ao câmbio da época uma oportunidade de negócios de quase R$ 250 milhões por ano, contudo a materialização dessa oportunidade demandaria um investimento de quase R$100 milhões.

Processo de negociação

Externo

Como é normal em projetos dessa magnitude, o primeiro contato veio diretamente da matriz do cliente, solicitando que fizéssemos o engajamento prévio com o time local a fim de discutir a nova oportunidade. Dentro da operação local, eu já era o responsável por esse tipo de negociação, então tive o privilégio de liderar o projeto.

As primeiras reuniões foram um diálogo de surdos. Do meu lado, eu necessitava de todas as garantias possíveis, enquanto o cliente pouco tinha a oferecer além da expectativa de volume anual e da localização geográfica da operação. O objetivo inicial foi neutralizar a concorrência. Nesse ponto tivemos sorte, pois o principal adversário vinha de um lançamento desastroso. Tecnicamente, não existiam dúvidas quanto à nossa capacidade de execução, de forma que logo nas primeiras reuniões defini junto aos membros da equipe nossa estratégia. Qualquer que fosse a área de interface, nosso mote seria o da transparência. A todo o momento, os membros técnicos e comerciais do nosso time repetiam o "mantra" de que nosso propósito era alcançar a confiança plena do cliente durante a execução do projeto e depois ao longo da produção em série. Soou como música.

Veio aí a primeira grande ideia desse processo. Sugerimos que a negociação fosse fechada com um acordo de alto nível que balizasse a relação comercial. A execução foi determinada da seguinte forma: pegou-se um produto de valor agregado, similar ao conceito que o cliente queria desenvolver, e sobre ele discutiu-se como seriam os parâmetros de formação de preço para que ambos os lados pudessem montar seus respectivos *business cases*. Essa ideia teve outro objetivo não explícito: ao escolher um produto que apenas nós dominávamos, o acesso de qualquer concorrente ao cliente ficava limitado, pois seria impossível a outro *player* saber exatamente o ponto de partida.

Foram meses de discussão, alinhando como seriam os conceitos de formação de preço e a forma aceitável de remuneração de investimento que atenderia aos acionistas da minha empresa. O desafio foi enorme, porque não só era discutido como seriam montados os preços de cada componente, mas também como eles se comportariam ao longo da vida do produto. Foi a primeira vez que o cliente se viu desafiado a discutir de forma contratual T&C's (Terms & Conditions) que não fossem a extensão das práticas definidas pela matriz, as quais, além de terem um viés unilateral, em geral não se adaptam à realidade sul-americana.

Não foram poucas as ocasiões em que se chegou ao limite de ruptura. Mais de uma vez ouvimos a ameaça nada velada "ninguém pede isso no mercado, se sua empresa continuar com esse discurso será preferível fechar o negócio com alguém mais flexível". A estratégia foi manter a área técnica como uma trincheira. Encantávamos o time de operações e eles agiam como avalistas internos. O nome do jogo foi "paciência", pois a partir de um momento no processo de pré-desenvolvimento, qualquer retrocesso custaria profissionalmente ao time de negociação muito mais do que o desgaste em aprovar condições contratuais "excepcionais".

Em uma relação comercial, se um dos lados se sente vencido, cedo ou tarde problemas aparecem. Se o objetivo é ter uma relação duradoura mais importante do que o acordo em si, é preciso criar a certeza para cada lado de que se celebrou o melhor acordo possível. À medida que o acordo se tornava irreversível, iniciou-se o processo de criar no cliente a sensação de que a negociação fechada foi aquela que melhor protegia os dois lados. Felizmente, eu tinha uma contraparte que era bastante inteligente, e ao mesmo tempo, tinha também um concorrente desastrado. A cada nova disputa que eles iniciavam, mais força eu tinha em meu argumento de que as condições contratuais simétricas eram uma proteção mútua. Após um evento de uma quase paralisação de entregas para forçar um aumento não linear de preços, minha contraparte finalmente abaixou a guarda. Tínhamos obtido sucesso, no Brasil havíamos chegado a condições técnico-comerciais que atendiam aos dois lados.

Interno

Fiz questão de falar sobre quase todo o processo de discussão com o cliente, o qual foi infinitamente mais simples do que a batalha que enfrentamos para aprovar o projeto internamente. É necessário ressaltar que eu não teria tido sucesso se não tivesse recebido apoio de todo o time sênior local.

O resultado da operação começava a gerar dúvidas na organização, pois, após um período de relativa estabilidade, o crescente aumento dos custos de operação na região sem a possibilidade de recuperação junto aos clientes já arranhava a imagem do time local ao mesmo tempo em que a rentabilidade se esvaía. Para ser competitivo, o nível de integração vertical da nova operação deveria ser enorme; acertadamente o próprio cliente via isso como uma necessidade, a fim de melhorar a proteção contra efeitos macroeconômicos. A obrigação de fazer um investimento altíssimo em uma fábrica nova gerava questionamentos gigantescos dentro da organização. Some-se a isso o fato de que o produto final ainda não existia. Não eram poucas as vozes que repetiam que tal empreitada era um salto no escuro.

A discussão interna era feita "quase" em paralelo aos eventos com o cliente. Às vezes, para chegar a algum lugar, é preciso um pouco de indisciplina e muita coragem. Essas foram nossas opções. Mantivemos a negociação com o cliente sempre um passo à frente das revisões internas. Dessa forma, a organização foi "empurrada" enquanto dávamos forma a todos os compromissos de parte a parte. Durante essa fase, o risco era dar um passo além do que nossa autonomia local nos permitia. A linha entre a autonomia e a indisciplina é por vezes muito tênue.

Como a maioria das multinacionais, minha organização adotava um sistema de gestão matricial. À medida que avançávamos na discussão com o cliente nos comprometendo com o nível de tecnologia e integração, a tensão das discussões internas aumentava, a ponto de, em um momento crítico, ter surgido a ideia de interromper tudo e abandonar o projeto. Foi, sem dúvida, o período mais tenso de toda a discussão. Foi necessário um nível de resiliência muito maior do que eu supunha ter àquela altura.

Imbuído de gráficos, planilhas, otimismo e determinação, entrei para a reunião mais tensa de minha carreira até o momento. Durante quase quatro horas, defendi o projeto para um grupo de executivos, incluindo dois "C-level", não somente do ponto de vista do engajamento comercial, mas também de toda a estratégia de manufatura comprometida junto ao cliente. Para esse público, de nada adiantava expor as preocupações de Market Share ou a estratégia comercial. Montei uma apresentação de trás para frente, "desarmando" os pontos críticos à medida que avançava.

Lembro-me até hoje da primeira frase que utilizei: "Boa tarde, gostaria de apresentar a todos a proposta para o primeiro projeto na América do Sul que atende todas as exigências de proteção comercial definidas pela empresa". Primeiro, dirimindo as questões centrais, demonstrando o nível de previsibilidade que teríamos nesse projeto, para só depois iniciar a exposição da parte comercial propriamente dita. Foi um sucesso. Apesar de inúmeros questionamentos e múltiplas tentativas de reduzir o nível de investimento que estávamos negociando, ao chegar à parte comercial propriamente dita, nós já os tínhamos capturado.

A existência do contrato e o modelo de composição dos preços negociado com o cliente deu à minha organização a segurança necessária para apoiar a iniciativa. A partir desse momento, o projeto deixou de ser local. Ganhamos em menos de uma semana o apoio amplo de toda a organização; colocaríamos dentro da América do Sul uma das mais modernas e integradas fábricas de todo o mundo, sem restrição de recursos ou suporte externo.

Negociação final

Localmente, havíamos dado todos os passos necessários, os dois times estavam alinhados e eu havia conseguido a bênção oficial da minha organização. Finalmente chegara o momento das discussões finais, que seriam feitas diretamente na matriz do cliente durante uma semana. Após a parte protocolar, em que revisamos os conceitos técnicos e operacionais da proposta, iniciamos o momento da negociação final.

Na cadeia automotiva, não raro é exigido um tíquete de entrada para novos negócios; neste caso não foi diferente e a solicitação foi astronômica. Logo ficou claro que isso seria impossível de ser acomodado dentro do nível de resultados da operação naquele momento. Tivemos outro *insight*, que consolidou o resultado financeiro desse projeto. Em vez de perder meses discutindo se fazia sentido ou não o montante requerido, optamos por outra estratégia: concordamos 100% com o valor exigido, mas com duas condições. Uma, de que ele fosse diluído durante todo o *lifetime* do projeto e, outra, de que ele fosse considerado dentro do investimento inicial. Foi brilhante! O investimento retroalimentava o sistema de formação do preço. Em termos de fluxo de caixa, diluiríamos o impacto em uma década, ao mesmo tempo em que o preço final de venda remuneraria o desembolso adicional, tudo isso com a aprovação do cliente.

No dia seguinte à reunião, nosso Global Key Account recebeu a confirmação de que nossa proposta fora oficialmente aceita. A batalha comercial havia acabado e havíamos alcançado o impossível.

Resultados

Das lições aprendidas nesse processo, duas foram sem dúvida as mais relevantes. Primeira lição: a gestão de expectativas (internas e externas) durante toda a negociação foi fundamental para o sucesso do projeto. E a segunda: uma "determinação criativa" foi o que tornou possível encontrar soluções novas a cada aparente beco sem saída.

Depois de quase 12 meses de negociações, fomos nomeados para um negócio enorme sem que o cliente abrisse um processo *standard* de consulta comercial. E, mesmo mantendo uma postura comercialmente transparente e construtiva com o outro lado, alcançamos o resultado financeiro objetivo para o programa. Em cima disso, ainda foi possível construir contratualmente todo um mecanismo que protegesse ambos os lados da volatilidade característica do mercado brasileiro, transformando essa experiência em um processo mutuamente positivo, que chegou a adicionar R$ 250 milhões de faturamento ao ano. Ao final da negociação, conseguimos ter todos os *stakeholders* satisfeitos com o processo: o cliente, pelo fato de comprarmos o desafio juntamente com ele, e, ao mesmo tempo, nossa organização, já que alcançamos a previsibilidade necessária para o nível de investimento exigido.

Pessoalmente, todo o esforço foi recompensado com uma das mais incríveis histórias de sucesso de que consigo me recordar. Após tudo isso, credenciei-me para minha primeira posição no nível de diretoria que exerceria na minha carreira.

A premissa fundamental aqui foi: conheça seu negócio. Entender a motivação por trás de um discurso dá a capacidade de montar uma estratégia que terá maior chance de sucesso. Lembre-se de juntar a isso coragem, determinação e resiliência, pois dificilmente a guerra será vencida logo na primeira batalha.

PIERRE FRANÇOIS L. CHENEVIER

SENIOR EXECUTIVE – LEADING TRANSFORMATION FOR SUSTAINABLE GROWTH

Agilidade: Um Segredo dos Empresários que Veem Oportunidades na Crise

Aproveitar as mudanças de mercado como oportunidades; crescer durante as crises; garantir a expansão nas fases difíceis dos seus negócios. Todos nós precisamos disso. A minha experiência como executivo atuante em conjunturas como na Europa em crise, na África em expansão, na América Latina e em vários mercados como indústria automobilística, varejo, farmacêutico e no setor Energético Térmico e Renovável me levou a uma conclusão e a uma atitude permanente com as minhas equipes: a agilidade tem o papel de complementar as estratégias de conquista de mercado, assegurar a liderança pelas equipes e acelerar o reposicionamento permanente em segmentos rentáveis. Tentarei ilustrar minha prática com exemplos concretos.

■ **CARREIRA**

2012-2015: Vice-Presidente Wind Latin America – Alstom Renewable Energy.

2007-2011: Managing Director & Field Service Director EMEA – Alstom Thermal Power.

2006: Co-founder O4CP – Only for Children Pharmaceuticals.

2001-2005: Head of Supply Chain – Leroy Merlin France.

1999-2001: Head of Operations – Autosil Baterias França, Espanha, Portugal.

1999: Manufacturing & Reorganization Engineer – Saint Gobain Norton Germany.

1996-1998: Logistic Engineer New Ayrton Senna Plant – Renault do Brasil.

■ **FORMAÇÃO**

École Nationale des Ponts et Chaussées Paris – Engenheiro, 1992-1996.

Université de Marne-la-Vallée – Master Degree Lean Manufacturing, 1995-1996.

ESSEC & Mannheim University – Executive MBA, 2006-2007.

INSEAD – Alstom Advanced Management Seminar, 2009-2010.

Blue Ocean Strategy: e daí?

Não basta procurar segmentos de mercado inexplorados, nos quais a sua empresa poderá ter uma posição competitiva e lucrar mais. Essa estratégia, chamada de *Blue Ocean Strategy*, só vira realidade caso você posicione rápida e efetivamente a sua empresa junto aos seus clientes, respeitando o DNA da companhia. Não estou falando de velocidade, mas de agilidade, de uma implementação bem escolhida, feita junto com os clientes e bem focada. Darei um exemplo.

Quando o CEO mundial da Alstom Renováveis me mandou, no final de 2011, para São Paulo, como líder do desenvolvimento do mercado eólico da empresa para a América Latina, a Alstom contava com uma tecnologia inovadora de turbinas eólicas, perfeitamente adaptadas aos ventos do Brasil. Porém, atuávamos em um mercado iniciante, com clientes a mil milhas de saber o potencial dessa tecnologia, a qual também era nova, ou seja, longe de ser amortizada como a tecnologia das concorrências (que vendiam turbinas menores e menos eficientes, porém há anos). Os concorrentes também estavam em início de desenvolvimento de turbinas eólicas *onshore* muito maiores. Contudo, com as nossas pás eólicas, o rotor atingia desde 2012 os inigualados 122 metros de diâmetro, e poderia garantir a conquista de um segmento de mercado inexplorado. Essa era nossa estratégia de *Blue Ocean*.

Alguns segmentos importantes do mercado eólico brasileiro, tipicamente representados pelas empresas públicas de energia participantes dos leilões de energia, eram focados na aquisição no menor preço de turbinas eólicas. Não levavam em conta que uma turbina maior e mais cara poderia produzir relativamente muito mais energia e ser mais rentável. Esse segmento de mercado "low cost – low return" não iria ser o nosso foco. Nunca uma empresa precisa objetivar 100% de mercado; ela precisa focar onde possa se sobressair e deixar clara sua diferença. Adicionalmente, a Alstom tinha uma vantagem competitiva: a confiança dos clientes privados em gestão de projetos de energia, em relação às turbinas hidroelétricas e térmicas – inclusive no mercado livre de energia brasileiro, com tarifas bem mais atrativas do que aquelas praticadas nos leilões.

A agilidade na implementação dessa estratégia foi decisiva. Decidimos usar esse segmento de mercado, no qual a Alstom já atuava forte por décadas, e deixar passar o tempo necessário, dia após dia, com cada cliente bem escolhido, com o objetivo de mostrar o quanto essa tecnologia de aerogerador de grande porte podia criar valor para eles. E muito mais valor do que com as turbinas mais baratas existentes no mercado. Deu certo. Os clientes até nos deixaram aperfeiçoar os próprios modelos financeiros deles, modificar os layouts dos parques eólicos para a instalação em lugares físicos onde o vento era eventualmente menos forte, porém, mais regular. Isso deu todo o potencial à nossa tecnologia e superou a rentabilidade da concorrência.

Após o mercado ter entendido a dinâmica de rentabilização dos parques eólicos com as nossas máquinas, as vendas ficaram muito facilitadas. Em pouco mais de dois anos, passamos de 0% a 25% do mercado brasileiro, essencialmente no mercado livre de energia e com tarifas de energia mais altas, mais rentáveis para nós. O que deveria ser uma introdução de um produto novo virou liderança de mercado.

Competência já é *empowerment*: é exatamente isso que faz a diferença. Quer seja em um mundo industrial, quer seja de serviços ou de varejo, eu não conheci estratégia ganhadora sem agilidade na gestão de competências, devidamente empoderadas como vantagem competitiva. Ou seja: foque desenvolver e ajustar as competências da sua empresa, especificamente nos segmentos de mercado que você escolheu conquistar, e faça-o com força, rapidez, empreendedorismo e com a confiança de que as equipes, assim valorizadas, irão conquistar clientes felizes e que aceitam pagar bem acima das expectativas. Investir nas competências das equipes, recrutando as pessoas certas ou formando pessoas das equipes para novas competências, não é uma receita nova de sucesso. Entretanto, o diferencial está em acelerar a sua implementação efetiva, com ênfase nos mercados escolhidos como estratégicos para a empresa, o que garante um diferencial competitivo. Darei dois exemplos, mas pelo menos dez me vêm à mente.

A Leroy Merlin já era uma empresa bem-sucedida do varejo da construção e decoração quando fui nomeado, em 2001, líder de Supply Chain para as lojas da França, o maior país do grupo na época. A competência (marketing extremamente bem segmentado e técnica de venda focada na necessidade do cliente) representava o principal valor agregado e a principal vantagem competitiva que a empresa possuía e detém até hoje: vendedores treinados para aconselhar seus clientes, sabendo efetivamente como realizar a obra, algo bem antes da era digital atual. Contudo, havia uma competência que a empresa não detinha: a de otimizar as compras. O custo da "não otimização" crescia no mesmo ritmo que o faturamento. Como um dos primeiros engenheiros que a empresa provavelmente tinha contratado em 30 anos, criei nos primeiros 30 dias uma equipe de profissionais de compras e pilotagem da logística de fornecedores para lojas. Em dois meses, mostramos ao grupo ganhos importantes em poucos segmentos, como banheiros, furadeiras e pisos. Redefinimos os circuitos e regras de compras e logística. Em menos de um ano, foi-nos confiada a aceleração de logística de compras internacionais, uma mudança nos hábitos de uma empresa que comprava essencialmente na França.

Em menos de dois anos, 200 produtos principais foram revisitados. Em seguida, conseguimos expandir a atividade a outros países, como Espanha, Polônia, Itália e China. A equipe de Supply Chain, rapidamente instalada, relativamente pequena e focada, muito interativa com o resto da empresa, tinha prazer, fôlego, dedicação e, o mais importante, delegação. Obtivemos resultados fantásticos, só porque tínhamos a competência certa e o necessário *empowerment* para agir.

Em 2007, quando integrei a Alstom Térmica para liderar uma divisão de serviços de manutenção de turbinas e geradores de energia na Europa e na África, a empresa tinha uma ótima reputação nos mercados em que ela atuava. Essa boa reputação vinha da qualidade dos nossos funcionários, eu gerenciava mais de mil técnicos, que, apesar de trabalharem na manutenção desses equipamentos, tinham um segredo maior: eles mesmos haviam, há 20, 30 ou 40 anos, construído com as próprias mãos aquelas mesmas centrais elétricas que eram agora objeto dos serviços de manutenção. Portanto, eles conheciam perfeitamente como essas centrais elétricas funcionavam, até melhor que os próprios clientes. Porém, essa vantagem competitiva iria perder-se em um horizonte de cinco anos: a idade média dos mil técnicos era de 53 anos. Cansados de anos de esforço e sem perspectiva de ensinar para os jovens (a empresa tinha reduzido as contratações na França, país dito "maduro"), eles começavam a ficar desmotivados. Mudamos a estratégia de competência: em menos de um ano, agimos e implementamos um programa de valorização e transmissão dessas competências: montamos escolas de reparação de turbinas e geradores, usando funcionários veteranos como professores; utilizamos *in situ* antigas máquinas que compramos por um valor simbólico dos clientes satisfeitos por ver a perenização dessas competências; abrimos essas escolas para uma larga população. No final da longa formação (de seis meses a três anos), contratamos os melhores jovens.

Em dois anos, tínhamos baixado a idade média em quase 20 anos e criado uma nova geração de técnicos motivados para defender a reputação e a marca da empresa, sem ser desrespeitosos com os veteranos, que se sentiram valorizados e orgulhosos por participar do processo de perenização dessas competências. Não obstante à crise europeia, com essa medida e clientes felizes com essa estratégia, que garantiria receptividade da qualidade e custo competitivo nas próximas décadas, ganhamos mercados importantes de manutenção das centrais nucleares francesas, das turbinas a gás espanholas, das máquinas térmicas na África do Sul, e nos países do Norte da África.

Para o sucesso de sua empresa, nada substitui uma política de competência adaptada e ágil, assim como o necessário *empowerment* das equipes. As diferenças culturais criam uma necessidade de agilidade e adaptabilidade. Aqui no Brasil, é muito comum, "para quebrar o gelo", que uma reunião entre executivos seja iniciada com uma conversa sobre os resultados do time de futebol do seu interlocutor. Tal prática não seria bem vista na Alemanha, mesmo sendo um país de forte tradição naquele esporte. Na mesma vertente de diferenças culturais, se considerarmos que mineiros, baianos ou gaúchos fazem negócios do mesmo jeito; que holandeses e espanhóis decidem e negociam da mesma maneira; que basta mandar um brasileiro não formado em outras culturas para a Europa para conquistar o mercado do Norte e do Sul do continente; ou que Coreia e China são primos com culturas iguais; então você deixará sua empresa com dificuldades importantes. Esse é um dos fatores de impacto negativo, provenientes da globalização: você tem de mostrar agilidade para escutar, entender e adaptar o jeito local de fazer negócios para conquistar os mercados sempre mais globais.

Um exemplo: a Renault chegou a Curitiba, em 1996, para construir uma fábrica nova e um negócio forte, após ter deixado o mercado com a Dauphine nos anos de 1960. Fui enviado da França para o Brasil, como jovem engenheiro, sem falar nenhuma palavra em português. A Renault veio com um projeto de fábrica e de carros adaptado ao país. Todavia, tudo fora planejado na Europa segundo seus padrões de qualidade de projeto, definidos com base na cultura própria da empresa na França. Em nenhum momento foi considerado que entender a agilidade, a modernidade e o "jeitinho brasileiro" (aqui me refiro ao bom sentido do termo, igual a: flexibilidade, reatividade...) poderiam agregar e acelerar muito mais o projeto de construção de uma fábrica daquele porte - cujo planejamento, mesmo que necessário, era rígido demais, com efeito de assegurar cada etapa. Depois de somente oito meses, a Renault já tinha quatro meses de atraso e não entendia o porquê.

Foi bem nesse momento em que Carlos Ghosn, executivo brasileiro e europeu, já um líder global, recentemente saído da Michelin – onde ele havia desenvolvido mercados na Europa e nos Estados Unidos – desembarcou na Direção de Compras e Manufatura do Grupo Renault. A primeira visita dele a Curitiba, apesar de impressionante, foi rapidamente aproveitada: a Renault formou uma equipe multicultural, com profissionais formados no exterior e executivos brasileiros. Uma nova cultura de projeto nasceu em menos de dois meses. Cada um tirava vantagem do conhecimento do outro. Eu aprendi muito com essa experiência: escutar, escutar, escutar, aprender rapidamente e com humildade, entender os clientes, os parceiros, os fornecedores, os colaboradores, aprender a gostar dos outros. Isso é um segredo de agilidade que permite transformar as diferenças culturais. Em vez de barreiras, podemos utilizar aceleradores culturais.

Agilidade na crise: antecipar e adaptar, internamente e com seus clientes

Quem falou que crise não é oportunidade? Está provado que os maiores períodos de crescimento e inovação da história econômica do nosso mundo, desde o Egito Antigo, foram resultado de crises em que o mercado e os empreendedores tiveram de se reinventar. Quem não se adapta é quem morre; quem se adapta descobre novas oportunidades e ganha confiança dos clientes durante a crise, além de liderança em um mundo revisitado, quando a tormenta já passou. Darei um exemplo a seguir.

A sorte me levou a gerenciar períodos de crises econômicas na Europa, enquanto o Brasil vivia um crescimento sem precedentes de mais de 20 anos, desde a abertura do País aos investimentos mundiais e a introdução do Real, que gerou estabilidade e perspectivas para os que queriam investir nesta enorme nação. Em 2008, no momento da grande crise europeia e norte-americana, eu liderava uma divisão da Alstom de "serviços a empresas de geração de energia térmica" (carvão, nuclear, gás etc.) que faturava mais de 150 milhões de euros, com o dever de crescer em um cenário de redução ano após ano do consumo de energia na Europa. Nossos clientes baixavam a cada ano os orçamentos anuais para a manutenção das turbinas e geradores de energia.

Olhando para o DNA da empresa, decidimos agir em duas direções que, na época, poderiam surpreender: expandir o segmento de serviços de "retrofit rejuvenescimento de turbinas antigas" e baixar fortemente os custos no segmento clássico de "manutenção preventiva e corretiva". Não é por acaso que o termo agilidade tem a mesma raiz que o verbo "agir". A estratégia poderia ter sido chamada de ousada, pois os clientes, ao mesmo tempo, começavam a externar a manutenção utilizando pequenas empresas "piratas" em oposição aos construtores de centrais elétricas, de forma a reduzir o custo. Porém, justamente agindo assim, e deixando de fazer uma manutenção correta com os "construtores de máquinas novas", arriscando fazer uma manutenção "vagabunda" com os piratas, eles aceleravam o envelhecimento das mesmas máquinas, que começaram a perder rendimento. Consequentemente, virou necessário para o cliente escolher fazer o *retrofit*, que custava bem menos do que investir em turbinas ou geradores novos, principalmente no meio da crise. A Alstom – melhor preparada para esse mercado – ganhou vários contratos de grande porte.

Reposicionamento efetivo e ágil da sua empresa durante a crise em segmentos de mercado bem escolhidos, inovadores, enquanto, ao mesmo tempo, você baixa os custos em segmentos de mercados mais clássicos para a sua empresa, nos quais a crise não deixa mais espaço para qualquer sobrecusto: isso é uma estratégia ganhadora para atravessar a crise e preparar o mercado que surgirá em seguida. Além disso, dessa forma você foca segmentos de mercado com rentabilidade maior. Sempre devemos ter o cuidado de que, se não fizermos esse esforço durante a crise, novas empresas irão surgir no mercado de maneira disruptiva e derrubar sua liderança.

Finalmente, a agilidade é uma questão de atitude e também é uma história de pessoas, começando por você mesmo. Formado em uma França em crise, eu trabalhei em vários países e continentes, aprendi a usar a minha própria energia para crescer como empresário e cidadão do mundo, a me reinventar a cada dia, a encontrar caminhos novos para as empresas que eu dirigi. Entender o mundo em evolução, aprender a escutar, escutar, e escutar; transformar a maneira como as equipes de executivos que eu criava e liderava iriam atuar como indivíduos e como times, frente aos nossos clientes, parceiros e fornecedores; focar as prioridades escolhidas entre todas as coisas importantes. Agilidade é o que realmente conta.

Espero ter exemplificado bem que a liderança, em um mercado que se nutre de crises repetitivas, que se globaliza cada dia mais, que se transforma com a aceleração das tecnologias, não pode ser atingido somente com boas estratégias, mesmo que necessárias. Agilidade com as suas equipes, com os seus clientes, adaptando sempre seus produtos e serviços, é uma receita que espero ser de utilidade para você. Ela demanda muita energia, porém traz muito orgulho e sucesso.

EURIVALDO CRUZ

Professional Executive Search – Boyden Global Executive Search

Como Reduzir Custos Sem Demitir Pessoas

Como executivo, em algum momento de sua carreira você já se deparou ou vai se deparar com a ingrata missão de desligar pessoas. Este capítulo pretende plantar uma semente para reduzir essa prática o máximo possível, mostrando alternativas e contando alguns resultados de ações que vivenciei.

Em primeiro lugar, deixe eu me apresentar: eu sou o Euri, abreviatura comercial de Eurivaldo, o quarto de oito filhos de um advogado e uma psicóloga. Sou administrador e economista, pós-graduado em Recursos Humanos e com Mestrado em Administração de Empresas. Entrei no mercado formal de trabalho muito cedo. Minha experiência profissional engloba a área bancária, química, de petróleo, agribusiness, varejo e mineração, com passagens pelas áreas de Suprimentos, Logística, *Facilities*, Finanças, Recursos Humanos, Saúde, Segurança e Meio Ambiente. Trabalhei fora do País e em vários Estados dentro do Brasil.

Minha vida profissional começou muito cedo. Lembro-me de que aos 7 anos engraxava os sapatos de meu pai aos sábados e ganhava um troco para comprar balinhas e guloseimas em geral. Fazia, pois gostava de me sentir útil. Com 11 anos, pas-

■ **Carreira**

Desde 2016: Professional Executive Search – Boyden Global Executive Search.
2015-2016: Gerente Geral de Logística, Importação, Gestão de Estoques e Materiais – Vale.
2012-2015: Gerente Geral de Facilities – Vale.
2010-2012: Diretor Técnico – Rede Zona Sul de Supermercados.
2009-2010: Gerente Executivo do Processo de Compras ao Pagamento / Suprimentos – COSAN.
2008-2009: Gerente Executivo de Suprimentos – Esso Brasileira.
2007-2008: Cost Recovery Supervisor – Esso Angola – ExxonMobil.

■ **Formação**

The University of Chicago Booth School of Business – Finance, General, 2014-2014.
Pontifícia Universidade Católica do Rio de Janeiro – MBA, 1993-1996.
Pontifícia Universidade Católica do Rio de Janeiro – MBA, Recursos Humanos, 1989-1989.
Instituto Metodista Benett – University, Economics, 1982-1984.
Faculdade Celso Lisboa – University, Business Administration, 1978-1981.

sava a manhã na escola e a tarde no escritório de advocacia de meu pai. Ia ao banco pegar talões de cheques, sacar dinheiro, pagar contas e também ao Fórum, acompanhar o andamento de processos. Até hoje me pergunto se deveria ter seguido a carreira de advogado, já que adorava ler processos e despachos. Foi assim até meus 14 anos, quando meu pai faleceu. Não tive uma infância pobre, mas, a partir desse momento, todos os que podiam tiveram de trabalhar para ajudar no sustento da casa. Consegui um emprego de "menor aprendiz" no Banco do Brasil e ali fiquei até a idade-limite (alistamento militar).

Nesse período, eu estava ingressando na faculdade de Administração e passei a trabalhar em um banco privado. Aos sábados, fazia cursos diversos (inglês, Comércio Exterior, Programação de Informática etc). Queria "vencer" na vida. No terceiro ano de faculdade, tomei uma decisão difícil: deixar o banco para ganhar 1/3 do que eu ganhava e ser estagiário. O tempo demonstrou que a decisão foi acertada. Fiquei três meses na área de pessoal da SUDERJ (Maracanã) e meu diretor me convidou para ir estagiar na fábrica da General Electric. Tempos depois, passei pelo exigente processo de seleção e fui estagiar na área de RH da Exxon Química. Fui admitido ao me formar e um ano e meio depois fui transferido para a Esso Petróleo, na qual fiquei a maior parte da minha carreira, galgando posições em RH e depois em Suprimentos. Fui convidado a ir para a Angola e retornei ao Brasil por ocasião da venda da Esso para a Cosan, que depois faria uma *joint venture* com a Shell. Trabalhei como diretor de uma rede de supermercados e, finalmente, na Vale, primeiro na área de Infraestrutura e Serviços Gerais Norte e Nordeste e depois na Logística.

Certamente, eu não teria chegado aonde cheguei sem o apoio, a dedicação, o comprometimento e a competência das equipes que liderei. Há poucos anos, minha gerência foi eleita a melhor para se trabalhar da diretoria executiva, concorrendo com dezenas de outras. Isso se deve ao fato de, desde muito cedo, eu ter aprendido a valorizar, reconhecer, desenvolver e libertar o talento às vezes adormecido das pessoas de minha equipe. Todos nós, líderes, sabemos que precisamos criar um ambiente no qual as pessoas possam exercer seu pleno potencial e que isso depende de nós. Por que não fazê-lo? Não adianta falar que fazemos, pois o que importa é como os funcionários se sentem, como percebem o clima, como realmente está a relação entre líderes e subordinados.

A primeira coisa que devemos deixar claro aqui é: qual a sua maior característica como líder? Mais voltado para pessoas? Números? Especificidades técnicas? Faça uma rápida autoanálise... Seja honesto consigo mesmo... Sua tendência vai ser refletida diretamente em como você entenderá ou será afetado por este texto. Agora, responda sinceramente: de quantas pessoas sua área precisa para desenvolver as atividades? Pode parecer estranho, mas essa é uma pergunta que a maioria dos executivos nunca fez a si mesmo, ou, se fez, nunca obteve uma resposta precisa.

Grande parte das demissões que vi em minha carreira foram oriundas da falta de clareza nessa resposta. Se, após a demissão de funcionários, a área continua a produzir da mesma forma (às vezes, até melhor), isso significa que havia mais pessoas do que deveria haver naquela área. É o que eu chamo de *right sizing*. Como executivos, a primeira coisa que devemos garantir é que nossa área tenha o número adequado de pessoas; nem mais, nem menos. Dessa forma, ficaríamos muito menos sujeitos às demissões nos momentos de corte de custos.

Ao longo de minha carreira, conheci e participei de vários movimentos de reestruturação, como fusões e aquisições, que, de uma forma ou de outra, resultaram em contratação ou redução de muitas pessoas, além das tão conhecidas reduções de quadro causadas por um "momento econômico do mercado" ou dificuldades da própria empresa. Essa, aliás, é uma rotina na vida de um grande executivo: ser chamado ou se voluntariar de vez em quando para reduzir sua folha em determinado percentual, visando ajustar os custos da empresa. A resposta para reduzir custos por meio da demissão de pessoas é sempre a mais rápida, fácil e frequentemente bem-vista pelos olhos da direção ou superiores. Porém, alguns aspectos têm de ser colocados nesta questão. A primeira é relacionada aos números, de uma forma geral. Quanto aquelas pessoas poderiam reduzir de custos, por meio de suas ideias e ações, caso permanecessem na empresa? Notem que aqui não estamos falando de manter pessoas improdutivas (lembre do *right sizing*). Minhas melhores experiências e resultados de redução de custos vieram da equipe. Ideias surpreendentes, maneiras diferentes de fazer a mesma coisa. Em segundo lugar – mas não menos importante – vem o custo da demissão em si. Quanto de experiência e investimento nesse grupo de empregados a empresa já gastou? E, agora, simplesmente entrega esse capital humano para o mercado ou a concorrência? É sempre bom lembrar que existe uma curva de aprendizagem para cada empregado contratado e que existe um custo de gestão, ambientação, treinamento, desenvolvimento, além de outros custos que simplesmente vão embora. É como se a empresa investisse em um projeto e simplesmente o encerrasse sem avaliar o quanto foi gasto ali e qual o retorno ele poderia ter gerado caso tivesse sido mantido.

O mais importante para mim é o ser humano em si. Como executivos, devemos saber que, todas as vezes que admitimos ou demitimos alguém, transformamos profundamente a vida das pessoas. Uma das grandes experiências da minha vida profissional, talvez a que mais me ensinou, deu-se quando minha diretoria foi extinta e as atividades, distribuídas. Naquela época, tínhamos mais de 150 empregados e minha maior preocupação era como garantir o futuro dessas pessoas. Havia o complicador de trabalharmos em uma área remota e dispersa geograficamente, e éramos praticamente a única grande empresa da região. Uma vez desligado um funcionário, certamente o impacto na vida familiar e pessoal dele seria enorme.

Quando a decisão finalmente foi tomada, não tive dúvidas: improvisei uma "sala de guerra" e passei semanas trabalhando a recolocação ou permanência de cada um dos funcionários. Após um trabalho árduo de convencimento, negociação e principalmente de influência, tivemos apenas dois desligamentos. Não foi uma tarefa fácil. Lembro-me de uma reunião tensa que tive com outro gerente e seu diretor, que ia assumir uma das áreas; ele foi taxativo no início da reunião: "Não quero ninguém da sua área, pode desligar todos e me passe apenas o escopo, que toco com o meu pessoal". Ora, eu sabia que aquele setor era importante, pelas responsabilidades, *expertise* e qualidade do pessoal. Tive de usar todos os argumentos que pude, mas no final, ficaram todos, e estão lá até hoje.

Durante minha vida profissional, tive a oportunidade de refletir sobre o tema acima e meu objetivo é fazer você, leitor executivo, repensar sua estratégia de redução de custos por intermédio do corte de pessoal. Grande parte dessa minha preocupação advém da época em que trabalhei em Recursos Humanos. Conheci vários tipos de líderes, situações e decisões empresariais nas quais eu sempre me perguntava: "qual o papel do líder e do RH nesta questão?". Lembro-me de que quando estava em Recrutamento e Seleção não me furtava a atender as ligações dos candidatos aflitos em saber como estava o andamento de seus processos e sempre dava retorno aos que participavam dos processos. Infelizmente, essa é uma prática que caiu em desuso. O que mais ouço hoje são pessoas reclamando de falta de retorno dos recrutadores e entrevistadores, principalmente quando o processo já chegou ao final.

Lembro-me ainda de minha experiência internacional. Ao concluir meus seis anos fora do Brasil, não foram apenas os milhões de dólares que gerei para a empresa que me deram orgulho. Minha maior satisfação veio de participar de uma equipe multinacional, ter feito muitos amigos e de ter contribuído efetivamente para o desenvolvimento de um sem-número de pessoas. Quando cheguei na Angola, o país estava devastado por mais de 30 anos de guerra civil e todos tínhamos um sentimento de reconstrução. Hoje, observo com orgulho alguns jovens que recrutei em outros países, treinei e orientei. Alguns dos quais, inclusive, fui mentor. E, atualmente, eles ocupam cargos de liderança em seus respectivos países.

Outro aspecto relevante sobre custos diz respeito à sua efetividade. Estará a empresa obtendo retorno sobre seus ativos? Eles estão sendo utilizados adequadamente? Estas perguntas devem ser respondidas de modo quantitativo e qualitativo, pois podem reduzir custos sem reduzir pessoas. Recordo-me de quando fui chamado para trabalhar na área de treinamento. Tive de mudar de cidade (primeira de uma série de mudanças) e meu desafio era como reativar o centro de treinamento da empresa, que passava por dificuldades, não financeiras, mas com o excesso de cancelamentos de inscrições, muitas ausências (*no show*). Isso fazia com que muitos cursos fossem cancelados, inclusive em seu primeiro dia, já com o instrutor ou o consultor presente, por falta de *quorum*. Bastante jovem ainda, minha missão era reverter esse quadro e evitar um potencial fechamento do centro de treinamento por falta de utilização, já que a empresa estava desperdiçando seus recursos, e pior, não estava ajudando seus profissionais a se desenvolverem. Em primeiro lugar, fui conversar com os *stakeholders* da empresa sobre o que suas áreas precisavam. Que competências eram mais importantes? Que *gaps* eles enxergavam em seus funcionários? Através da participação efetiva da liderança, reformulamos completamente a grade de cursos e o resultado foi surpreendente: turmas lotadas, além de ainda termos conseguido uma redução de custos, já que alguns cursos começaram a ser ministrados por funcionários experientes da empresa, em substituição a alguns consultores. Essa prática é uma tendência atual de treinamento e reconhecidamente tem dado bons resultados.

Com relação aos aspectos quantitativos, estávamos prestes a inaugurar um restaurante e estávamos pressionados a reduzir os custos com alimentação. Fizemos então um estudo de *footprint* (dispersão geográfica) dos restaurantes da planta e, com uma pequena mudança na logística de trajeto de alguns empregados, conseguimos fechar dois restaurantes, reduzindo os custos fixos e variáveis e conseguindo manter os funcionários com o remanejamento para o novo restaurante.

Outra iniciativa incluiu a redução do desperdício. Fizemos uma pesquisa de comparação com o mercado e vimos que estávamos desperdiçando mais comida que a média das empresas. Conversamos com a base da equipe (cozinheiros, atendentes das rampas, empregados que recebiam os pratos após as refeições) e nos reunimos com a equipe técnica para montarmos um plano de ação. Por um lado, identificamos como melhorar o planejamento da produção, evitando assim a "sobra limpa" (comida que fica nas cubas quando o horário das refeições termina, sem ser consumida) e ajustamos a produção e o cardápio. O maior problema, entretanto, era o "resto ingesta" (a comida que as pessoas colocam no prato e não comem) e a solução foi mais complexa. Em primeiro lugar, demos visibilidade à liderança e pedimos seu apoio ao apresentarmos nosso plano de ação. Depois, visitamos e apresentamos o tema para todas as unidades e todos os turnos, garantindo que fossem "tocados" pela nossa mensagem. Nos restaurantes, colocamos uma programação visual e um painel de acompanhamento de desperdício. Todos participaram e conseguimos não só uma redução de custos, mas também uma redução no nível de resíduos orgânicos. O planeta agradece.

Em outra ocasião, começamos a avaliar os custos do transporte coletivo (residência-trabalho-residência). Essa era uma operação altamente sensível, pois poderia colocar em risco a operação da unidade (produtividade). Iniciamos recadastrando todos os 5.000 funcionários do site que utilizavam o transporte e disciplinamos o uso dos "selos" (que determinavam os ônibus de cada um). Depois, estudamos as rotas, pois estavam desatualizadas, por conta do crescimento da cidade. Com base nisso, estabelecemos os critérios de caminhada máxima para cada pessoa e a distância mínima entre os pontos de parada. Verificamos que havia superposição desnecessária de rotas e as redesenhamos. O resultado foi surpreendente. Economizamos alguns milhões de reais, as pessoas em média passaram a chegar mais cedo em suas residências e também economizamos em diesel (o planeta agradece novamente).

Outra fonte rica de redução de custos está no estudo sistemático dos contratos. A maioria dos líderes simplesmente negligencia essa (chata) tarefa de estudar, entender e cobrar o que está nos contratos. Minha experiência na área de suprimentos me ajudou muito quando liderei grandes áreas com contratos complexos e de alto valor. É impressionante o quanto se paga sem necessariamente se obter o serviço ou o quanto o serviço já é desnecessário. Ou ainda quando os acordos de níveis de serviços (SLAs) não são cobrados ou nem suas multas aplicadas. Há uma tendência na indústria de se fazer contratos de longo prazo, em geral, de cinco anos, visando principalmente aos ganhos com a fidelização, garantia de suprimento e a produtividade da equipe. Até aí, nada contra, porém, com a alta rotatividade dos analistas em geral (por ascensão de carreira, mudanças de área ou desligamento), o conhecimento do contrato vai se perdendo e com ele as oportunidades também.

Lembro-me de que estávamos em mais um período de redução de custos e tudo o que não queríamos era cortar pessoas. Debruçamo-nos então sobre o contrato de veículos leves (passageiros). Fizemos um levantamento completo e comparamos operações semelhantes. Descobrimos que a maioria da frota era composta por caminhonetes 4 x 4, que custavam mais que o dobro de um "hatch" ou sedan, e que, na prática, não eram necessárias, já que não acessavam as partes mais severas da planta. Outra coisa que verificamos era que a DF (disponibilidade física) exigida no contrato era para a reposição dos veículos em até duas horas em caso de quebra ou manutenção. Isso obrigava a contratada a ter um sem número de veículos reservas para fazer a substituição quase imediata. Após o alinhamento com o fornecedor e a liderança, os pontos acima foram endereçados, modificados e resultaram em uma economia de alguns milhões de reais por ano... Sem desligar ninguém.

Obviamente, esses são apenas alguns dos exemplos de redução de custos, entre muitos outros com os quais me deparei ao longo da minha carreira. E não foram ideias exclusivas minhas, mas das equipes com as quais trabalhei, com o aval, o apoio e aprovação dos *stakeholders* das áreas afetadas.

Esses são meus pensamentos sobre o tema do capítulo. Na prática, a mensagem que eu gostaria de deixar é que, para você ter ainda mais sucesso em sua carreira, procure gostar cada dia mais das pessoas, goste genuinamente, pense que elas sempre podem produzir mais do que elas produzem, podem se desenvolver muito mais do que elas já se desenvolveram e podem ser muito, muito mais felizes do que são. Você, líder, é parte fundamental nesse processo. Vamos valorizar as pessoas por serem pessoas e não por serem recursos que facilitam o alcance das nossas metas profissionais. Vamos manter nossa equipe engajada e libertar seu talento! E, é claro, continuar nossa busca por eficiência e produtividade.

JOAQUIM DAVID

Management Consulting

Gestão com um Toque Humano

Trabalhar na África era uma vontade antiga e receber um convite para ir para Angola foi a coroação desse desejo. Quem me convidou logo me informou das dificuldades, da distância da família, dos condicionamentos diários, mas tudo isso foi ultrapassado pelo espírito de missão, pela vontade de aprender sobre a cultura, e, acima de tudo, de colocar a minha experiência e o meu *know-how* ao serviço da empresa e do país.

Quando, em outubro de 2011, desembarquei no Aeroporto Internacional 4 de Fevereiro, em Luanda, a primeira impressão foi de sentir o ar quente e úmido que bate no rosto, as condições ainda precárias do único aeroporto existente na capital e a burocracia para a entrada no país. Mas tudo foi superado pela vontade de conhecer, aprender e absorver novos costumes, novas realidades e novas maneiras de encarar o dia a dia.

Fiquei instalado em Talatona, a 25 km de Luanda, em um apartamento dentro do condomínio onde também se situava o escritório da empresa. Toda a gestão e manutenção, fornecimento de água, luz e o ar-condicionado eram assegurados pela empresa, e tudo em condições similares às de qualquer país europeu.

▪ **Carreira**

2015-2016: COO Administrator – ISS Brasil.
Desde 2014: Consultor em Facility Services Management.
2012-2014: Comissão de Gestão – SG Services Angola.
2011-2012: COO – SG Services Angola.
2010-2011: COO – ISS Portugal.
2007-2009: Diretor de Trabalho Temporário e Outsourcing – ISS Portugal.
2004-2007: Diretor Regional Norte – ISS Portugal.
2001-2003: Gestor Coordenador – ISS Portugal.
1997-1999: Gestor de Unidade de Negócio – ISS Portugal.
1995-1997: Real Estate Manager.
1992-1995: Diretor de Cinemas – Warner Lusomundo.
1989-1992: Diretor de Loja – Sonae.

▪ **Formação**

Engenharia Civil. Gestão.

▪ **Família**

Esposa: Fátima David. Filhos: Joana e Tiago.

▪ **Nascimento**

Luanda, Angola, em 4 de abril de 1960.

O primeiro impacto da nova realidade é a viagem entre a cidade e o condomínio, passando por ruas com déficit de infraestrutura, problemas de saneamento, grupos aqui e ali concentrados esperando o "candongueiro", pessoas vendendo tudo o que pode ser necessário (de carregador de celular a roupas) e "zungueiras" comercializando produtos hortícolas e cozidos.

Fui designado para responder pelas operações de uma empresa de *property management* que geria alguns dos edifícios mais emblemáticos da cidade, em segmentos de mercado tão diversos como público, hospitalar, hoteleiro e de ensino.

Tudo isso só era possível graças ao capital humano existente na empresa que contava com 1.400 funcionários próprios e mais cerca de 500 ligados aos subcontratados que geríamos.

Transformar minha experiência em um aprendizado constante, a serviço da empresa, dos colaboradores e do país era a minha maior motivação.

O potencial das pessoas é imenso, a vontade de aprender é generalizada, e, apesar do impacto deixado pelos anos de guerra, os dez últimos anos de paz transmitem a esperança em um futuro melhor e a vontade de trabalhar em prol da nação e das empresas que a apoiam, dando boas condições e reconhecendo o valor individual de seus colaboradores.

Sempre pela terra, e com o orgulho de ser angolano!

Quero aqui deixar um testemunho com algumas histórias vividas no período em que estive em Angola. Os episódios narrados não foram apenas referentes a mim, mas resultam também de descrições da equipe, dos gestores que trabalhavam comigo. Fica aqui o meu agradecimento a Gisela G., ao Nuno A., ao Nuno R., ao Jorge N., e aos mais de 2.000 colegas, parceiros e amigos que comigo trabalharam e viveram os momentos aqui descritos. E especialmente à minha família, à Fátima, minha esposa, e aos meus filhos Joana e Tiago, que me permitiram, apesar da distância, sempre estar presente nos seus corações.

As histórias ajudam a perceber que o referencial do outro é por vezes muito diferente do nosso; nem pior, nem melhor, só diferente. Trazem-nos grandes ensinamentos e mostram a pequenez de muitos dos nossos problemas. Permitem-nos ajudar a assimilar o verdadeiro valor da gestão com um toque humano.

Havia chegado à Angola há duas semanas quando fui chamado, às 21h, ao hotel onde prestávamos serviços de manutenção e *property management*. Dos quatro geradores, três estavam parados e apenas um funcionava, mas com 10% da sua capacidade, deixando o hotel às escuras. O primeiro hotel cinco estrelas construído em Luanda estava parado porque a manutenção dos geradores, quatro equipamentos de 1.600 kVA, era apenas assegurada pelos funcionários da empresa. Tentamos saber quem podia resolver e o funcionário mais habilitado estava de folga. A minha primeira reação foi contatá-lo. Após falar com ele, convenci-o a deslocar-se ao hotel. O meu argumento foi de que iria buscá-lo em casa. Dois colegas, que me ajudaram a fazer o contato, logo comentaram: "chefe não pode ir buscar"; "nós vamos com o chefe para mostrar onde é, mas o chefe não pode entrar no bairro". Fomos então os três. O acesso perto do bairro fazia-se por uma estrada esburacada e, a partir de determinada altura, não me deixaram avançar mais. A distância da casa do colega ainda era de cerca de 1.500 metros para o interior do *musseque*, por caminho de terra, que na época das chuvas se tornava intransitável. O colaborador, entretanto, já estava nos aguardando na entrada do bairro. Voltamos ao hotel uma hora depois.

O técnico que havíamos ido buscar conseguiu detectar a avaria e colocou mais um gerador para trabalhar. Quando a energia foi reposta, o alívio foi de todos – desde nós, como prestadores, até o diretor do hotel, passando pelo administrador do grupo, que também estava presente. O hotel tinha ficado sem energia durante cerca de quatro horas. Mas, "infelizmente", tudo parecia normal, já que não era a primeira vez que acontecia.

Foi este o meu primeiro caso, que mostrava o trabalho profundo que era necessário fazer em termos de organização, prevenção e formação, mas, acima de tudo, confrontar-me com a realidade das pessoas que conosco trabalhavam, saber das condições em que viviam, como se deslocavam. Com tudo isso, e apesar de se condicionarem à prestação do serviço, isso não impedia que os colaboradores sempre se manifestassem com um sorriso ao cliente.

Eu tinha por hábito, todas as manhãs, ao sair para o trabalho, levar duas frutas. No portão de um dos condomínios que geríamos, encontrei certa vez um menino de seis anos a quem ofereci uma fruta e que rapidamente a aceitou. A partir desse dia, ele sempre estava no portão à minha espera. Um dia, quando eu só tinha uma fruta, ofereci-a a ele. Ele percebeu e recusou. A justificativa dada era que, se aceitasse, eu iria deixar de comer e a minha barriga ia doer; no caso dele, a barriga não doía, porque já estava acostumado a não ter. Essa foi das situações mais tristes por mim vivenciadas, mas retrato da crua realidade.

Certa vez, juntei uma pequena equipe de colaboradoras que tinham chegado à Luanda há pouco tempo, vindas do Centro do país. O trabalho ia ser feito com um aspirador. Quando liguei o equipamento para exemplificar, todas começaram a fugir com as mãos acima da cabeça e pedindo ajuda! Conclusão: nunca tinham visto um aspirador e não entendiam como uma "coisa" daquelas funcionava sozinha. As diferenças entre as diversas regiões do país só podiam ser compreendidas por meio da reação de cada indivíduo.

Organizar, disciplinar, fazer cumprir horários e escalas eram outras das tarefas árduas em alguns locais onde funcionávamos. As faltas sem aviso, o familiar que falecia duas ou três vezes... Foi preciso algum tempo para perceber que os vizinhos, os primos, e mais alguns também eram irmãos, que também tinham avôs, pais... A família crescia pela proximidade. Sendo algo cultural, era por vezes tolerado. Em algumas situações, a própria empresa (patrão, pai, amigo) colaborava, participando nas despesas, emprestando um veículo, disponibilizando meios para minimizar o impacto da perda. Em uma unidade onde prestávamos serviço, tínhamos variadas escalas e horários, o que provocava, não por poucas vezes, equipes reduzidas, faltas sem aviso, pessoas descansando nos cantos mais escondidos. Como resolver algo implementado há quatro anos sem incorrer em riscos trabalhistas e conflitos laborais?

Foi considerado que todos os funcionários teriam um horário único, o que foi pela maioria aprovado, e criou-se uma reunião para a hora de entrada, na qual todos deveriam estar presentes. Não demorou nem 15 dias sem que a seleção natural se fizesse presente e 80% da equipe começasse a cumprir o acordo, com todo o serviço sendo entregue ao cliente.

Proporcionar condições de higiene pessoal, disponibilizar diariamente uniforme limpo e fornecer espaço para as refeições eram as condições básicas de responsabilidade social. Equipar todos com ferramentas, providenciar um *checklist* das atividades, e acima de tudo, supervisionar e treinar era indispensável do ponto de vista de evolução organizacional, para que se pudesse exigir o cumprimento de horários, procedimentos e deveres dos colaboradores. Tudo complementado por uma liderança forte e sempre presente, que permitia formar uma equipe produtiva e motivada.

Em outra ocasião, ganhamos um serviço com cerca de quarenta funcionárias de *housekeeping*. Grande absenteísmo, falta de flexibilidade, salários acima da média.

Como resolver sem prejudicar ou baixar os rendimentos das colaboradoras? Tomamos a iniciativa de criar um prêmio de assiduidade/qualidade. Envolvemos todas as funcionárias para conseguir bons resultados nos controles de qualidade feitos pelo cliente. Esse foi o caminho para maior flexibilidade e polivalência, com ganhos de produtividade que permitiram deslocar parte da equipe para outros setores.

A carência de alimentos e os baixos salários dos quais, no período do pós-guerra, a população trabalhadora de Angola sofria, obrigou, na época do Natal, que as empresas, públicas ou privadas, presenteassem os seus funcionários com um "Cabaz de Natal", um sortido de comidas e bebidas por conta das festividades. Fomos convidados a produzir 40.000 cabazes de Natal para uma empresa de varejo. O grande desafio era criar uma "linha de montagem" manual para executar o serviço e conseguir a entrega no prazo acordado de três semanas. O cliente providenciava as instalações e os produtos, que seriam agregados individualmente em uma caixa de papelão. Ficamos responsáveis pela constituição de uma equipe, que faria o processo de *assembling*, verificação e padronização, contagem e embalamento para expedição. O objetivo primordial era que os cabazes fossem entregues aos funcionários da instituição pública antes da data festiva.

Recrutaríamos os colaboradores no início de novembro, nos bairros próximos. Iniciaríamos, em seguida, a montagem, com um ritmo de produção diário que garantisse completar as 40 mil unidades até os primeiros dias de dezembro. O retalhista teria de garantir que todas as matérias-primas estariam disponíveis e a expedição aguardaria pelos primeiros milhares de unidades para ativar os transportes.

As instalações fornecidas pelo retalhista estavam longe do Centro de Luanda, na região de Viana. Apesar de ser uma zona industrial e com diversos polos logísticos, era evidente a precariedade de emprego das comunidades ali residentes, que viviam sem condições básicas, com falta de saneamento, déficit na higiene pessoal, diversos problemas de saúde, como subnutrição, e falta de inserção no mundo laboral.

Procedeu-se a uma visita aos bairros das proximidades, convidando as pessoas a participar e a difundir nas comunidades o local onde faríamos o recrutamento. O valor do salário proposto por dia era apelativo e a garantia de uma refeição diária, somados o fato de termos dito que faríamos o pagamento no final da empreitada, provocou uma corrida ao local. No dia e hora marcados, havia mais de 300 pessoas presentes, o que nos agradou pela quantidade, mas provocou o desagrado das autoridades de segurança. Tivemos de dar diversas explicações para o comando policial local. Ainda se vivia, em 2012, com algum receio em relação a ajuntamentos populares, mesmo que se devessem a uma perspectiva de emprego.

Para os 150 postos necessários, foram contratadas 200 pessoas, garantindo-se assim as contingências da operação. No primeiro dia de trabalho, distribuímos camisetas, cartão de identificação, reunimos a documentação para o processo de contratação e o cumprimento de requisitos legais e houve o treinamento para os movimentos de cada tarefa, com a demonstração de como haveria de se desenrolar todo o processo de concepção dos cabazes. Formadas as equipes, democraticamente cada uma elegeu o seu líder, que passaria a comunicar as orientações de e para a supervisão dos trabalhos. O processo de *assembling* tinha várias etapas, divididas por equipes: linhas de montagem (responsáveis por movimentar e encher as caixas), abastecimento (assegurado pelo fornecimento do cliente), produção de caixas (abrir e montar, e garantir que não faltavam itens para não parar as linhas de montagem); verificação final, feita por alguns elementos mais responsáveis, de modo a garantir que não faltavam produtos, nem haviam caixas estragadas ou produtos quebrados; a selagem, por meio da colagem de um selo de garantia; e a contagem e paletização para expedição.

No final da primeira semana, eram visíveis alguns traços de fadiga, o que nos obrigou a reorganizar as equipes, redistribuir tarefas e realinhar as lideranças. As infraestruturas começaram a falhar, não suportando a frequência do número de pessoas da equipe. Banheiros, instalações, refeições, abastecimento de água, transporte do pessoal – tudo começava a apresentar problemas de estrutura e capacidade. O improviso sobre fatores tão alheios ao objetivo fundamental passou a fazer parte da rotina, de modo a manter a regularidade e não permitir que o ambiente se degradasse. Houve ameaças de greve, conflitos entre trabalhadores, fatores de instabilidade emocional da equipe e queda de produtividade. A alta rotatividade das pessoas causava perda de produção e atrasos do plano inicial. O tempo também escasseava – já não era possível parar a produção para explicações ou reciclar alguns procedimentos. Mas, apesar de tudo, completou-se o número total da encomenda em três semanas, algo entre 42.000 a 45.000 cabazes completos. O número médio de produção foi acima de 2.000 cabazes por dia. Foram expedidos mais de 2.800 paletes, com 15 cabazes (média). O transporte para as Províncias de Angola teve o seu início antecipado em quatro dias, tendo sido entregues todos os cabazes antes de 20 de dezembro. Foram mobilizados, nas três semanas, cerca de 230 trabalhadores. O objetivo foi atingido, o cliente ficou satisfeito e o pessoal foi devidamente recompensado.

Na primeira vez que fomos à comunidade Soma Cuanza, município do Chitembo, na província do Bié, a cerca de 1.000 km de Luanda, a viagem foi para mim uma aventura. O objetivo era fazer contatos locais para desenvolver um projeto social e industrial que valorizasse a região e criasse postos de trabalho e melhores condições de vida para a população. Uma viagem de paisagens tão diversas, onde imperam os imbondeiros, mas onde também encontramos bananeiras, palmeiras e cafezeiros. Onde o relevo do terreno é pontuado por florestas, montanhas, planaltos e rios, com destaque para o Rio Kwanza, que, nas suas diferentes versões, vai desde o pequeno caudal junto à nascente, transformando-se por vezes em cachoeiras ou em grandes cataratas, e correndo por percursos majestosos de caudais de várias dezenas de metros de largura. Uma viagem que atravessa geografias tão distintas, espalhadas por províncias, municípios, comunidades, cidades, vilas e aldeias. As paragens eram realizadas em localidades, aldeias e mercados que comercializavam os produtos da terra, como hortícolas, frutas, artesanato local, mas onde o colorido e o calor humano enchiam o ambiente de características muito próprias das populações de cada província.

A paragem para dormir fez-se no Kuito, capital do Bié, a 685 km de Luanda. No dia seguinte, saímos por volta das cinco horas em direção a Soma-Cuanza, para percorrer cerca de 180 km, onde o último trecho do caminho (40 km) era feito em estrada aberta na mata, durante 2 horas.

Finalmente chegamos. Reunimo-nos com o governador, os sobas, o representante da juventude, e alinhamos algumas estratégias para futuras visitas. Havíamos de voltar lá ainda por quatro vezes. Um encontro de uma hora, mas tínhamos sede de novidades. Levamos víveres para oferecer e mencionamos o desejo de ver desenvolvida a região, o que nos recompensou de todo o esforço e cansaço da dura viagem.

Retornamos à estrada para a viagem de regresso. A paragem para dormir fez-se em Waku Kungo, após quase 500 km. A cidade contava com uma boa oferta de alojamentos e possuía um dos maiores centros agropecuários do país. Foi possível comer em ambiente familiar, ouvir música da terra e descansar, para despertar novamente de madrugada. O último trecho foi entre Waku Kungo e Luanda, uma distância de 400 km, com algumas paragens para abastecer-nos de frutas e outros produtos da terra.

Muito mais haveria para contar, mas este é o testemunho possível, com a vivência de quem acompanhou esses momentos, por vezes com emoção, outras com envolvimento, mas acima de tudo com muito aprendizado, com uma grande vontade e uma forte motivação para estar presente e vivenciar o dia a dia em um país novo e emergente. Foi uma experiência de três anos e meio, com muitas batalhas, algumas derrotas, mas acima de tudo com a satisfação de ver as conquistas que toda uma equipe atingiu na aquisição das competências, operacionais e de gestão, e que muito contribuíram para o crescimento, como seres humanos e como profissionais.

Bem hajam a todos pelo meu crescimento como pessoa e como profissional.

Estamos juntos!

RENATA FORTES

General Manager, Planning & Market Development at CSN

O Poder Transformador de um Negócio Novo

O mercado de *commodities* sempre foi cíclico. No passado, esses ciclos eram longos e mudanças estruturais ou de dinâmicas de mercado podiam levar décadas para acontecer. Em geral, o mercado internacional de minério de ferro, por exemplo, apresentava um equilíbrio razoável entre oferta e demanda. O crescimento econômico mundial era o principal direcionador da produção de aço e consequentemente do consumo de minério.

A partir do início dos anos 2000, o crescimento acelerado da economia chinesa alterou radicalmente a velocidade de ajustes e mudanças no mercado. A demanda por aço para o aumento da infraestrutura da construção civil daquele país passou a ser o pulmão da demanda de minério de ferro mundial. A importação desta *commodity* pela China saiu dos 200 milhões de toneladas anuais, no ano 2000, para mais de 700 milhões de toneladas em 2011. A velocidade desse crescimento foi muito maior que a capacidade de ajuste da produção mundial de minério, resultando em um descolamento das curvas de oferta e demanda. Os preços de minério de ferro, que passavam pelos USD25/t em 2000, atingiram patamares próximos a USD180/t em 2011. Nessa época, o setor de mineração de ferro, por

▪ Carreira

Desde 2012: Gerente Geral de Desenvolvimento Comercial – CSN Mineração.

2009-2012: Gerente de Desenvolvimento de Negócios – CSN.

2008-2009: Gerente de Planejamento de Vendas – CSN.

2005-2007: Coordenadora de Distribuição Global – BHP Billiton em Cingapura.

2003-2005: Coordenadora de Marketing para América Latina – BHP Billiton.

2003-2005: Marketing – Samarco.

▪ Formação

MBA – UCLA – University of California Los Angeles e NUS – National University of Singapore.

Especialização em Finanças Corporativas pela FGV – Fundação Getúlio Vargas.

Bacharel em Administração pela UFMG – Universidade Federal de Minas Gerais.

▪ Nascimento

Belo Horizonte/MG, em 8 de fevereiro de 1975.

sua natureza de capital intensivo, atraiu milhares de investimentos para o aumento de capacidade de produção. Projetos *brownfield* e *greenfield* começaram a aparecer não só nos principais países produtores de minério de ferro, como Brasil e Austrália, mas também em diversos outros locais com reservas viáveis, como Canadá, África, Índia e outros.

Durante esse período, uma grande siderúrgica brasileira, que possuía uma mina de minério de ferro para consumo próprio, também decidiu investir em aumento de capacidade, buscando atender a demanda no mercado mundial. A mina, localizada em Congonhas, (MG), possuía, em 2005, capacidade de produção de cerca de 10 milhões de toneladas por ano, das quais 7 milhões eram utilizadas internamente na siderurgia do grupo e as outras 3 milhões eram vendidas regionalmente para produção de ferro-gusa. O projeto de expansão, iniciado em 2006 e focado no mercado internacional, previa um crescimento gradativo de produção.

A empresa iniciou suas exportações em 2007, com o primeiro navio de minério de ferro sendo fornecido para o Oriente Médio. Em 2008, fez-se necessária a estruturação de um departamento comercial com foco em exportações. Foi quando eu me juntei ao grupo, com a motivação de fazer parte de um dos maiores projetos de minério de ferro no Brasil. Naquele ano, as exportações da empresa, sempre por via marítima, atingiram 15 milhões de toneladas.

O mercado de minério de ferro seguia uma dinâmica de longo prazo, com contratos de cinco anos ou mais, nos quais os reajustes de preços eram negociados anualmente. Na maior parte das vezes, tais negociações eram lideradas pelas maiores empresas produtoras de minério de ferro (Brasil e Austrália) e os maiores grupos siderúrgicos compradores (Europa e Japão). A mineradora de Congonhas fechou diversos contratos de longo prazo com os principais mercados mundiais (Europa, Japão, China e Oriente Médio).

O projeto de expansão em Congonhas continuava a todo vapor e o mercado mundial demandava cada vez mais oferta de minério de ferro. As vendas de longo prazo realizadas pela empresa até então seguiam a estrutura internacional de vendas FOB (*free on board*), em que o preço da mercadoria é dado para o produto livre dentro do navio. Nessa modalidade de venda, o transporte (neste caso, marítimo) é providenciado pelo cliente e o exportador aguarda a chegada do navio para entregar a mercadoria. Portanto, o exportador fica sujeito à maior variação de datas de chegada dos navios, uma vez que a administração do transporte não está sob seu controle. As chegadas antes ou depois do tempo programado podem impactar diretamente na capacidade de entrega/escoamento do porto. Em 2009, começamos a discutir internamente a necessidade de estruturarmos uma área capaz de administrar o transporte para exportações de minério de ferro. Nós já sabíamos que a competitividade da empresa, para a alocação de grandes volumes no mercado internacional, iria esbarrar na capacidade de transporte e escoamento de nosso porto de embarque.

As exportações de minério de ferro são realizadas em navios de grande porte, acima de 180 mil toneladas, e as viagens para Europa, China, Japão ou Oriente Médio têm diferentes durações. O afretamento de navios pode ser realizado de diversas formas – custos por viagem, por tempo de viagem, ou ainda pela utilização dos ativos. Cada uma dessas formas tem diferentes níveis de complexidade, custos e riscos envolvidos. Visando montar uma proposta sólida e de longo prazo para administração do transporte de minério de ferro, montamos um pequeno projeto para estudo, detalhamento de estruturas e recomendações para a mineradora.

Três meses depois de iniciada, apresentamos a seguinte recomendação para a empresa:

1. A implementação das atividades de frete agruparia não só a administração do transporte das exportações de minério de ferro, mas também o transporte na importação de carvão e coque para a usina siderúrgica. Essas atividades seriam agregadas a um centro de custos corporativo e sem foco em receitas, visando evitar conflito de interesses na administração do resultado do grupo.
2. A estrutura e as atividades iriam aumentar em volume e complexidade, de acordo com a efetivação da expansão de minério de ferro pela empresa. Os trabalhos iniciais seguiriam processos mais simples para afretamento por viagem e utilizariam uma estrutura mais enxuta. Com o tempo, e consequentemente o desenvolvimento da *expertise* interna, os processos poderiam evoluir para níveis mais complexos e de maior controle sobre o transporte.
3. Seria de extrema importância a divisão das atividades: a estratégia de afretamento deveria ser discutida com os administradores das *commodities* de forma a envolver o negócio (minério de ferro ou carvão) da empresa e garantir que a prestação de serviços estivesse alinhada ao resultado; as funções de negociação de frete deveriam estar alinhadas às políticas internas de contratações; as atividades de operação estariam vinculadas ao negócio; e a evolução das atividades para eventual administração de ativos/navios deveria apenas ser implementada se fosse acompanhada por uma reestruturação física e corporativa, a qual deveria ser reavaliada antes de sua implementação.

Tivemos de adaptar conceitos internos, estruturar processos, treinar pessoas, desenvolver contatos e sistemas, até que, por fim, iniciamos as atividades de afretamento para minério de ferro.

Em paralelo, no início de 2010, os maiores produtores mundiais de minério de ferro anunciaram o término do processo de negociação anual de preços.

Naquela época, o mercado chinês já utilizava como referência de preço um índice local que servia como base para as negociações naquele país. A existência de preços distintos para a mesma mercadoria não se mostrava mais sustentável, uma vez que a negociação anual de valor não conseguia absorver a mesma volatilidade do índice chinês, publicado diariamente. Essas mudanças nos referenciais de preço tiveram influência direta nas dinâmicas de precificação e na modalidade de venda do minério de ferro. Até 2009, o minério era precificado em base FOB, não incluindo o valor de transporte; com a mudança para a referência chinesa, o preço passou a ser referenciado no produto entregue na China, uma vez que o índice publicado utilizava a modalidade de venda CIF (frete e seguro inclusos) como base para suas cotações.

Essa mudança estrutural do mercado foi decisiva para a alteração da modalidade de vendas da mineradora de Congonhas. Efetuar vendas CIF, a partir de então, significava não só o maior controle logístico para escoamento do material, mas também gerenciamento da margem operacional do negócio. Como exemplo: durante o ano de 2011, a desaceleração da economia chinesa, somada ao aumento da capacidade de produção de minério de ferro no mundo, impactou o mercado. A dificuldade de crédito na China dificultava o escoamento de minério de ferro na modalidade FOB, uma vez que o cliente encontrava problemas de fluxo de caixa para o financiamento do material e do frete. Buscando manter a competitividade no mercado e continuar permitindo um aumento das exportações de minério, a empresa de Congonhas exportou cerca de 5 milhões de toneladas na modalidade CIF para a China, aumentando o volume total de exportação para 28 milhões de toneladas.

A adaptação da modalidade de venda também foi imprescindível para a manutenção dos volumes de exportação. No segundo trimestre de 2012, decidimos aumentar o volume de afretamentos e embarcar minério de ferro para vendas futuras, antes da chegada do material à China, em contraposição à queda acentuada de preços. Carregamos estoques flutuantes durante um período, o que permitiu à mineradora realizar vendas em um momento posterior de recuperação do mercado. Naquele ano, os afretamentos de navio pela mineradora de Congonhas chegaram a atingir 30% das exportações de minério de ferro da empresa, gerando uma receita adicional muito significativa, resultante das mudanças estratégicas adotadas.

No ano seguinte, a capacidade de adaptação da empresa às adversidades foi novamente crucial para a sustentabilidade do negócio. O processo de mineração em Congonhas foi totalmente alterado por conta da parada de um dos principais equipamentos de produção. A empresa teve de aumentar consideravelmente a compra de minério de ferro de fornecedores locais para manter sua participação no mercado internacional. Essa alteração resultou em um ajuste na distribuição global das vendas, com maior concentração no mercado chinês, o que aumentou muito as atividades de afretamento. Naquele ano, afretamos navios para embarques de aproximadamente 9,5 milhões de toneladas para a China.

Os anos de 2014 e 2015 continuaram a registrar contínuas quedas de preços de minério de ferro e frete. A adaptação das estratégias comerciais pôde ser sustentada pela maior flexibilidade das modalidades de vendas e, consequentemente, pelo melhor controle da chegada dos navios. As vendas CIF atingiram mais de 50% do volume embarcado em cada mês. Os afretamentos realizados em um mercado em queda possibilitaram maximizar o retorno e coordenar melhor a distribuição por mercado. No ano de 2015, essa modalidade de vendas permitiu o acréscimo de 2,5 milhões de dólares diretamente à linha de resultados da empresa.

É interessante analisar esses acontecimentos ao longo da cronologia dos fatos, porque podemos visualizar como a flexibilidade de mudanças e adaptações da empresa é importante para seu crescimento e sobrevivência. O mercado de minério de ferro passou por mudanças drásticas ao longo dos últimos cinco anos e a capacidade de resposta de cada corporação foi essencial para a definição de sua competitividade e permanência no mercado.

A capacidade da mineradora de Congonhas de se adaptar, criar processos e administrar sua competitividade foi fundamental para seu resultado como negócio. A flexibilidade e abertura para novas ideias, bem como a velocidade de implementar novas ações, trouxe benefícios enormes para a empresa.

Acredito muito que manter uma visão ampla do mercado, bem como monitorar cenários futuros, continua sendo necessário para a continuidade dos negócios, mas o poder da transformação é a sustentação, e talvez a garantia de que bons resultados sejam atingidos. Eu tive muita sorte em alcançar ambientes que estavam abertos a mudanças e transformações. Novos cenários de negócio oferecem oportunidades excelentes para o desenvolvimento de nosso trabalho. Estruturar processos, adaptar os meios, alinhar expectativas, motivar pessoas, acreditar nos resultados... Tudo isso é bem mais simples do que parece. Muitas vezes, quando eu perguntei: "Por que não estamos fazendo isso?", a resposta que recebi foi: "Porque ninguém pediu". Descobri que, com frequência, por estarmos tomados pela velocidade dos acontecimentos, assumimos que as pessoas à nossa volta têm o mesmo entendimento do que precisa ser feito e de para onde estamos indo. No entanto, isso não é verdade. Cada um tem uma interpretação diferente do ambiente em que se encontra. Chamar a atenção para o objetivo final não só coloca os esforços na mesma direção, mas também instiga o comprometimento e a participação.

Eu costumo dizer que, quando acreditamos em algo, nossa energia acaba por cativar e motivar as pessoas para chegar ao resultado esperado. Se você experimentar perguntar para alguém o que ele precisaria para entregar determinado resultado, incluindo todos os recursos (infraestrutura, orçamento, mão de obra etc.), vai descobrir que a resposta é muito mais simples do que você imaginava. Transparência, integridade, dedicação e feedback podem muitas vezes nos ajudar a entender as adversidades e nos permitir implementar as mudanças necessárias ao caminho do sucesso.

Ao longo dos anos, as empresas precisam estar continuamente adaptando seus processos (ou negócios) às mudanças de mercado. Esses movimentos nem sempre são simples ou rápidos. Características como adaptabilidade, resiliência e determinação precisam ser estimuladas internamente para evitar rupturas ou perdas irreparáveis. A meu ver, cabe à liderança do processo de transformação buscar as ferramentas necessárias para conduzir o grupo na velocidade e direção corretas. A responsabilidade pelos resultados e o comprometimento com o objetivo final também precisam ser compartilhados com todo o grupo. Dessa forma, as modificações vivenciadas com certeza irão conduzir ao melhor resultado, garantindo assim a continuidade do negócio.

LUÍS FRAGOSO

Business Operations Manager

(Re)Conquistando um Grande Cliente. Negociando o Contrato do Ano

Aeroporto, por favor...

Já passava das seis horas da tarde quando o táxi me deixou no desembarque do Aeroporto de Brasília. Como sempre, estava atrasado e havia perdido meu voo de volta para São Paulo. O atendente do balcão da operadora já me chamava pelo nome e sabia exatamente do que eu precisava... "Próximo voo para Congonhas, certo?", disse ele com ar de sabedoria, antecipando-se ao meu pedido de praxe. "Exatamente", repliquei com a respiração ainda ofegante, pois estava correndo pelo aeroporto tentando me antecipar à fila de espera. Meu celular estava quase sem bateria e eu precisava passar pelo portão de embarque para colocar meu carregador na tomada mais próxima e acompanhar, via e-mail, o andamento do processo de assinatura do contrato mais importante da região (América Latina) para aquele ano. Nos últimos seis meses, minha rotina era exatamente esta: São Paulo – Brasília na segunda-feira de manhã e Brasília – São Paulo na sexta-feira à tarde.

Voltei antes de todos para São Paulo. Era uma sexta-feira, 20 de dezembro de 2013. A festa de final de ano da empresa seria naquela noite e todos estavam esperando pelo "contratão", mais ainda do que pelo Elvis cover que fora contratado para animar os funcionários.

- **Carreira**

Desde 2016: Business Operations Manager – Cisco.

2010-2015: Vice President, Customer Portfolio Management – Latin America – CA Technologies.

2008-2010: Strategic Planning Director – Latin America – CA Technologies.

2001-2008: Sr. Manager Finance Latin America – CA Technologies.

1998-2001: Finance Supervisor Latin America – EDS – Electronic Data Systems.

1996-1998: Assistant Manager Financial Planning – Walmart.

- **Formação**

Fundação Getúlio Vargas – MBA, 2003-2003.

Universidade de São Paulo – Up-grade, Accounting and Financial Administration, 1993-1994.

Universidade do Vale do Paraíba – Bachelor, Economics, 1988-1992.

Eu estava na empresa já há 12 anos. Fui contratado inicialmente para a área financeira, passando por planejamento estratégico, quando, em 2010, fui convidado a assumir a vice-presidência de portfólio de clientes para a América Latina. Tratava-se de uma área de vendas, responsável por toda base instalada da região latino-americana, ou seja, contratos vigentes que deveriam não somente ser renovados, mas incrementados. Esta base era composta por contratos diretos e indiretos (parceiros), plataforma distribuída e *mainframe*, além de contemplar todas as linhas de negócios da empresa.

Como parte de nossa rotina, mantínhamos uma lista atualizada de todos os contratos que deveriam ser renovados dentro daquele ano e, obviamente, os contratos mais complexos deveriam receber um tratamento diferenciado, com, consequentemente, um tempo prévio maior para análise e discussão de possíveis soluções. Este tempo poderia chegar até a dois anos.

Porém, vou me ater ao contrato nesta questão, cujo valor original beirava os R$ 100 milhões e todo o planejamento envolvendo a solução oferecida ao cliente.

Mas antes disso, vamos voltar alguns meses, quando tudo começou:

O "Efeito Camila Pitanga"

Quando Reynaldo Gianecchini e Camila Pitanga foram à televisão em abril, como garotos-propaganda dos bancos públicos, os atores conseguiram levantar o ibope de uma ferramenta já velha, mas praticamente desconhecida dos brasileiros: a portabilidade de operações de crédito, criada em 2006.

Dados do Banco Central mostram que o número de operações de troca de dívida cresceu desde maio, logo depois que começou a ofensiva da Caixa Econômica Federal e do Banco do Brasil para conquistar clientes dos concorrentes. Camila Pitanga anunciou, em horário nobre, uma "redução drástica de juros" na Caixa, e Gianecchini, "crédito para antecipar seus sonhos" no BB.

Foram promessas que levaram alguns brasileiros endividados às ruas, querendo trocar parcelas mais altas por outras mais baixas no banco concorrente, em um movimento que atingiu proporção recorde no País. De maio a julho, foram fechadas aproximadamente 45 mil operações de portabilidade por mês, somando R$ 520 milhões mensais, sendo que a maior parte é de crédito consignado. Na série histórica do Banco Central, iniciada em dezembro de 2006, esses patamares não tinham sido alcançados por três meses consecutivos antes.

Jornal Valor Econômico, 20/08/2012

Segundo relatório publicado pelo Dieese em maio de 2014 – A Evolução do Crédito na Economia Brasileira 2008-2013, a relação crédito/PIB passou de 35,5%, em 2008, para 56,5%, em dezembro de 2013. Nesse período, o crédito PJ/PIB passou de 19,1% para 30,5% e o crédito PF/PIB elevou-se de 16,4% para 26%.

O reflexo

Nós possuíamos uma ferramenta de gerenciamento de banco de dados que estava presente no dia a dia das equipes de produção e desenvolvimento do cliente desde 1983, gerenciando, entre outras aplicações, o sistema de empréstimos.

Apesar das diversas atualizações tecnológicas e novas versões, havia o risco de esgotamento de recursos de armazenamento de novos registros, problemas de processamento que ultrapassavam o tempo diário estimado, instabilidade na qualidade e performance do aplicativo, gerando atrasos na liberação do ambiente on-line e consequentemente causando impacto na contratação e evolução das carteiras de crédito.

A equipe de vendas havia feito o primeiro contato com o cliente e relatou uma resistência muito grande em manter a ferramenta. Foi solicitado, então, um cenário de remoção total do produto instalado, já que eles haviam adquirido outra solução e pretendiam fazer a migração do nosso produto para a concorrência. O prazo para a migração pretendida pelo cliente era de seis meses e isso acabaria com 90% do nosso contrato. Precisávamos recuperar a confiança.

Diante dessa situação, montamos uma equipe multidisciplinar para analisar os aspectos técnicos, comerciais, financeiros e jurídicos de todo o processo. A parte técnica já estava bem avançada, pois os crescentes aumentos de consumo do cliente já haviam alertado nossa equipe e uma nova funcionalidade do produto já estava sendo desenvolvida nos Estados Unidos para suportar a demanda. Lembro-me de estar em Las Vegas em uma convenção realizada anualmente pela empresa, direcionada para a apresentação de novos produtos, lançamentos e novas tendências tecnológicas, onde recebíamos parceiros e clientes do mundo todo. Nesta ocasião, acompanhei dois executivos enviados pelo cliente em uma apresentação feita pelos desenvolvedores de nosso produto e da nova funcionalidade. Naquela ocasião, foi feita uma apresentação para outros clientes, de diferentes lugares do mundo, sobre o nosso "caso" brasileiro. Foi interessante colocar o cliente frente a frente com os desenvolvedores e poder discutir as características e avanços tecnológicos da ferramenta.

A estratégia

O primeiro passo foi entender o ponto de vista do cliente e assim desenhar nossa oferta. Escutar o que eles tinham a dizer foi fundamental. Fizemos uma reunião, ainda que informal, em nosso estande em uma convenção sobre tecnologia e inovação realizada anualmente pela FEBRABAN e pudemos direcionar de maneira mais clara nossa estratégia. Os principais pontos eram preço e flexibilidade.

A partir deste ponto o primeiro rascunho começou a aparecer. Eu me lembro de conversar com dois dos envolvidos no projeto, um diretamente da minha equipe e o outro responsável direto pelo cliente, e sair da sala de reuniões, ainda no nosso estande, com uma folha de papel e um primeiro esboço, a lápis, do que poderia ser uma estrutura contratual diferenciada.

O segundo passo foi "fatiar o cliente". Como nossa equipe era formada por técnicos, consultores, diretores e vice-presidentes, nós dividimos o cliente em níveis de relacionamento e distribuímos uma missão diferenciada para cada uma das camadas.

O terceiro passo era ouvir o que a área de operações do cliente tinha a dizer, ou seja, ouvir o cliente interno da área de TI. Como nosso produto poderia ser melhorado para atender à demanda gerada pelo mercado? Este tipo de iniciativa fez com que nós saíssemos da visão técnica e tivéssemos uma visão mais comercial, sob o ponto de vista do cliente, e pudéssemos discutir os planos de crescimento e onde eles pretendiam chegar nos próximos anos. Outro ponto importante foi a análise do relatório de relações com investidores publicado por eles, na qual pudemos alinhar e entender melhor os níveis de crescimento e investimento propostos.

Como estar preparado para a negociação? São cinco princípios básicos para conduzir o processo:

1º Saiba quais são as opções do cliente. Se realmente não quiserem fechar o contrato, saiba o que eles precisam fazer para deixar de utilizar nossa ferramenta; que tipo de gastos eles teriam em uma possível migração; quais as implicações técnicas em fazer essa mudança; quanto tempo isso levaria e quem seria o nosso principal concorrente. Não fale de preço neste momento. Essas informações ajudam a diferenciar nossa proposta das demais, os pontos fortes do produto e quais as informações importantes para o cliente que nós deveríamos incluir no contrato.

2º Transmita confiança e saiba até onde você pode ir. Mostre que você tem alternativa e que conhece o negócio do cliente.

3º Não faça concessões significativas sem mudar o escopo. Baixar preço faz parte do jogo, mas cortar drasticamente os valores sem diminuir o que está sendo ofertado pode parecer que você não tem mais argumentos.

4º Não discuta redução de preço com quem não pode tomar a decisão final de fechamento do contrato. Certifique-se de que você está negociando com as pessoas certas. Quanto mais negociadores estiverem à mesa, mais barreiras serão colocadas no processo. Saiba distinguir com quem e quando as reuniões serão feitas e o que se deve atingir em cada uma delas.

5º Sempre deixe uma reunião/negociação com uma lista clara dos próximos passos, atividades, prazos que devem ser cumpridos por ambas as partes e a data do próximo encontro.

Estávamos alinhados e com todos os elementos em mãos para modelar uma solução dentro dos parâmetros colhidos durante todas essas reuniões preliminares. Era hora de preparar os cenários.

A aprovação

A primeira rodada foi baseada nos conceitos e dados do contrato existente. Logicamente, considerando-se descontos por volume, incremento de utilização com base nos dados colhidos e ganhos de eficiência. O objetivo era mostrar para o cliente a direção que o contrato estava tomando e que, se não fizéssemos nada diferente, o valor seria astronômico. Lembre-se de que ao mesmo tempo em que nós mostrávamos um crescimento entre 20% e 30% anual na utilização do *software*, o cliente insistia em uma redução de 25% no volume. Ou seja, estávamos na direção contrária, mas tínhamos que convencer o cliente do risco envolvido na redução de utilização de uma ferramenta já integrada ao ambiente operacional.

Não é preciso dizer o quão desgastante foi este processo de negociação. Tínhamos separado uma sala de reuniões no escritório de Brasília com uma placa pregada à porta denominada *SITUATION ROOM*, onde passávamos a maior parte do dia, discutindo, calculando novos cenários, fazendo conferências telefônicas, almoçando e jantando. Em determinada ocasião, chegamos a fazer uma conferência telefônica com os Estados Unidos que durou seis horas. O objetivo era chegarmos a uma solução que atendesse ao cliente e que fosse aceita e aprovada pela corporação.

Em julho de 2013, eu havia sido convidado para um cruzeiro pelo Alasca, como parte de uma premiação e incentivo oferecido aos que haviam se destacado na área de vendas. Apesar do cunho recreativo da viagem, não faltaram perguntas e questionamentos a respeito do andamento do processo. Eu não podia deixar de pensar no contrato e tirar proveito da presença dos principais executivos da empresa em um mesmo lugar. Aquilo era raro e eu precisava de algumas aprovações. Foi quando decidi marcar uma reunião com a minha chefe, então vice-presidente para mercados emergentes, e fazer uma breve apresentação da solução e dos pontos que eu precisava escalar e aprovar na matriz. Quando eu disse "breve" é porque realmente foi breve: sentados no bar do cassino do navio, já em alto-mar, conversamos por não mais do que 30 minutos, tempo suficiente para que o guardanapo servisse como um "PowerPoint" e eu pudesse desenhar alguns gráficos para explicar o conceito por trás da estrutura que queríamos apresentar para o cliente. Bingo! Consegui uma aprovação prévia e a defesa junto à corporação.

De volta ao Brasil, era hora de buscar as aprovações formais e discutir os cenários mais adequados à realidade do cliente. Nossa luta agora era contra o relógio.

Como todo processo dessa complexidade, fazia-se necessária, pelo lado do cliente, a apresentação e defesa das propostas para que estas fossem votadas e aprovadas por um comitê. Toda submissão era cercada de processos e formulários que somente aqueles mais acostumados e envolvidos há certo tempo nessas rotinas seriam capazes de explicar como tudo funciona.

Nossas reuniões semanais passaram a ser diárias e um calendário com o passo a passo do processo interno de assinatura do cliente estava afixado na parede da sala de reuniões para que todos tivessem noção de quão importante era o dia a dia e as fases superadas. Felizmente nossa equipe era muito unida e competente. Todos sabiam seu papel e a comunicação entre todos nós era fundamental. Não importava quantas vezes repetíssemos a mesma coisa, o crucial era sanar todas as dúvidas que surgissem. Tínhamos de pensar em todos os detalhes.

A proposta apresentada ao cliente era bem completa. Nós havíamos oferecido cenários em que a cliente pudesse "navegar" em uma determinada faixa de consumo e compensar o excedente futuramente. Como o consumo variava em picos e vales, a mediana estimada para o cenário de crescimento futuro serviu de base, e o ponto máximo e mínimo do consumo formavam esta faixa ou "canal". Além disso, foram alocados recursos técnicos "on-site" para auxiliar o cliente na melhor utilização da ferramenta, além do treinamento da equipe envolvida.

O dia "D"

Porém, já estávamos em dezembro e após o dia 20 não haveria mais comitê para aprovar nenhum tipo de proposta. Nós estávamos com uma equipe na porta do cliente, outra no escritório de Brasília e outros de plantão, como contingência, no escritório de São Paulo. Tínhamos de estar preparados para todas as mudanças solicitadas e reagir rápido. Já havíamos perdido dois comitês importantes em que nossa proposta não pôde fazer parte da pauta.

Obviamente, tudo ficou para o último dia, 20 de dezembro de 2013. Chegamos cedo ao escritório e já era parte da rotina fazer aquela "vaquinha" para o café da manhã. Dona Ana, sempre atenciosa, era uma espécie de "mãezona", faz-tudo da filial. Preparava o cafezinho, deixava uma bandeja com água sempre à mão, biscoitos, e às sextas-feiras fazia vitamina de abacate. Já estávamos preparados e a postos para o que desse e viesse.

Ligamos para o cliente às 9h em ponto. Nada de resposta. Entre e-mails e outras ligações, uma nota curta alcançou a caixa postal: "Ligo depois do almoço". Já não estávamos muito à vontade.

O dia inteiro foi tomado por notas curtas e breves telefonemas entre nosso pessoal e o cliente. Soubemos, lá pelas 15h, que nossa proposta estava na pauta. Minha caixa postal já estava com o limite máximo ultrapassado e os e-mails não paravam de chegar com questionamentos a respeito da assinatura.

Já passavam das 17h30 quando eles nos ligaram e disseram para irmos até o escritório e ficarmos preparados para a assinatura. Aquilo foi um alívio, mas não sabíamos quanto tempo poderia levar para nos chamarem.

Como não tinha mais o que fazer, pois o contrato não seria assinado por mim, fui para o aeroporto e combinamos de nos encontrar no escritório de São Paulo para levar o contrato até o departamento financeiro. Embarquei às 19h30 e, durante uma hora e meia, com o telefone desligado, fiquei agoniado imaginando o que poderia dar errado.

Finalmente cheguei. Liguei meu celular, que começou a tocar sem parar, tamanha a quantidade de mensagens em minha caixa-postal. Sim, assinaram. Nós conseguimos!

Fui direto para a festa esperar pelos meus colegas de Brasília, que, a essa altura, já imaginavam uma entrada triunfante, ao som do tema de Hawaii 5.0, óculos escuros e com um contrato de R$ 180 milhões nas mãos.

Quanto ao Elvis, tocou três músicas e teve de interromper o show, pois o amplificador queimou. Acontece, mas quem se importa? Estávamos comemorando assim mesmo!

Conclusão

Não existe fórmula mágica ou receita de bolo que se deva seguir em um processo de negociação complexo como este; o que existe é a força de vontade, o profissionalismo de uma equipe vencedora, que não se deixou abater pelas dificuldades e conseguiu virar o jogo, sempre com perseverança, e, é claro, bom humor.

Motivar a equipe, aplicar a divisão de tarefas e a estratégia correta a ser utilizada são fatores fundamentais para o sucesso. O objetivo precisa ser claro para todos, assim como o que é melhor para a empresa e para o cliente e quais são as responsabilidades de cada um.

Os problemas devem ser tratados como oportunidades e o foco deve estar nas soluções. Os erros e críticas do passado tornam-se lições no futuro.

"O pessimista vê dificuldade em cada oportunidade; o otimista vê oportunidade em cada dificuldade."

Winston Churchill

ALEX JULIAN

HEAD OF CHANGE OPERATIONS AND HEAD OF CROSS PRODUCTS SERVICES

As Oportunidades (e Recompensas) pelos Caminhos do Desconhecido: O Simples que Muda o Status Quo

Ter a oportunidade de fazer parte deste projeto e dividir aqui um pouco da minha trajetória e o que aprendi durante esse caminho é uma grande satisfação. A possibilidade de contribuir com lições aprendidas para o aprendizado de pelo menos um profissional já é por demais compensador. Ainda que de uma forma muito distinta, este registro me coloca à frente de mais uma situação de desafio e oportunidade que não poderia deixar passar.

Tenho gratidão por fazer parte de um pequeno (sim, muito pequeno!) grupo de profissionais que têm clareza de aonde quer chegar. Desde cedo percebi a importância do movimento, da ousadia e da necessidade de se "tomar riscos" para o desenvolvimento da carreira e o crescimento profissional. Um resumo que antecipa a essência de experiências que gostaria de compartilhar: muitas soluções estão em ações simples. Isso não significa que sejam fáceis de realizar.

- **CARREIRA**

Desde 2016: Head of Change Operations and Head of Cross Products Services – Bradesco.

Desde 2015: Project Management Professional exam preparatory course – BePM.

Desde 2013: PMP Certification Trainer – KnowledgeHut.

Desde 2008: Membro – PMI São Paulo.

2015-2016: Head of Change Operations e Head of Cross Products Services – HSBC Global Banking and Markets.

2015-2016: PMP Certification Exam Trainer – GraspSkills.

- **FORMAÇÃO**

Leadership Course George Washington University, 2015.

MBAs – FIA, 2014 e FIAP, 2003.

Graduação – UniSantos, 2002.

Tudo na vida é escolha: quer pagar o preço?

Uma das escolhas marcantes em minha vida teve de ser feita ainda na faculdade, época em que estudava Ciências da Computação e morava com minha mãe em Santos, São Paulo. Até aquele momento, éramos só nós dois, e deixá-la sozinha em Santos para construir uma trajetória profissional na capital, onde estavam as melhores oportunidades de aprendizado, foi uma grande prova.

Duro sair contra a vontade e sem o apoio dela – o instinto de proteção maternal fala alto –, mesmo que em direção a um sonho. Naquela época, a "segunda pista da Imigrantes" era ainda um esboço e, muitas vezes, os 50 minutos de viagem se estendiam por até 11 horas dentro do fretado. Mas, como tudo na vida é uma escolha e todas têm seu preço, uma das minhas primeiras lições foi escolher seguir em frente.

A vida nunca foi fácil, mas essa condição – sempre tive claro – não era exclusividade minha. Nem dos presidentes de sucesso, líderes-referência no Brasil, o que um dia sonho ser.

O bom humor transforma

Desde muito pequeno, tenho um senso de valor, e, não importa o negócio ou o cenário, é com esse apreço que entro em ação. Tenho a "cabeça de dono" e faço o uso dos recursos da companhia como se fossem meus, seja na hora de utilizar o telefone ou na escolha da passagem aérea. Tendo como parâmetro esse hábito, posso garantir, até hoje fico feliz e não deixo de levar para casa os centavos em moedinhas que encontro pela rua. Cada economia que faço, seja a mais insignificante, para mim é como um grande feito. Sinto-me como aquele jogador que, ao marcar um gol, ajoelha e aponta para o céu beijando a camisa!

Junto a esse perfil economizador, ousadia, resiliência e desenvolvimento de pessoas são traços que, naturalmente, movem-me para encarar riscos e me atirar a situações novas, muitas vezes desconhecidas. Nos times em que trabalho, todas as decisões são tomadas em consenso, ouvindo os diferentes lados de uma história. Obviamente, algumas vezes, a situação pode exigir ações de forma unilateral, mas mesmo o racional por detrás dessa decisão é compartilhado com os meus subordinados diretos.

Para mim, comunicação é uma ferramenta importantíssima. Tenho claro que ela é uma via de mão dupla. Fico feliz quando saio de uma reunião "rouco de tanto ouvir". Nos momentos de decisão, procuro uma visão holística dos fatos observando e tentando me colocar no lugar do outro, o que, na minha opinião, gera empatia, abertura para a solução dos problemas e engajamento dos times. Conduzir essas situações com leveza e bom humor é o que faz a diferença. A rotina já é dura e desgastante demais para colocar mais peso e rispidez no "caldo". E, nesse sentido, garanto, o humor transforma.

Comunicando e motivando times a menos de um milésimo de segundo

O risco e a ousadia sempre estiveram presentes nos momentos de maior impulso em minha carreira. Gosto do que é difícil e não tenho medo de entrar num negócio no qual não tenho *expertise*. A vantagem em se aventurar em um segmento novo é que você não sabe o que "não pode ser feito" e tem um olhar sem vícios, com menos amarras e mais criatividade (tenta e faz!).

Um momento de inflexão na minha história, e muito esperado, aconteceu na minha estreia internacional, quando atuei como gerente de programas corporativos. A missão era implementar uma plataforma de negociação para o mercado de ações, um único sistema de alta performance que substituiria outros quatro sistemas.

O desenvolvimento foi realizado em parceria com um grupo americano e a expectativa era de que a velocidade de negociação fosse inferior a um milésimo de segundo. O planejamento inicial contemplava a migração dos sistemas em fases e exigia testes entre corretoras e bancos.

Eu não conhecia os sistemas atuais, seu funcionamento e tampouco os processos financeiros. Como minha base profissional havia sido construída na indústria de telecomunicações, estava nesse momento debutando no mercado financeiro. Tinha ainda a questão do idioma e das diferenças culturais entre os times, o fuso horário e um abismo nas possibilidades de uso de recursos tecnológicos simples, como *notebook*, que no Brasil não era permitido. Lá estava eu, novamente, naqueles "momentos de tirar o fôlego" que aprecio.

Algumas dimensões da cultura organizacional, como a forte hierarquia, a tomada de decisão centralizada, a pouca afetividade, logo sinalizaram questões críticas e essenciais para serem tratadas. Diante dos mais importantes e complexos projetos da organização estavam pessoas sobrecarregadas, pois, além do novo desenvolvimento, eles também tocavam o ambiente produtivo. Apenas uma pequena parte dos times foi alocada com foco exclusivo para o trabalho no novo projeto. A outra parte era envolvida em momentos específicos. Essa flutuação gerava um desnivelamento de conhecimento sobre onde estávamos e para onde iríamos. Estruturar o cenário e comunicá-lo para que todos pudessem ter clareza do que seria mudado, o porquê e como a mudança afetaria o dia a dia de cada um era primordial.

O norte estava dado. Criei, então, um mapa mental de todos os sistemas que compunham a nova plataforma, em qual componente os antigos módulos se encaixariam e as respectivas explicações de impacto para as áreas. A mobilização da alta liderança com a apresentação desse material aconteceu em reuniões presenciais, com a participação da diretoria executiva, de forma que reforçasse e balizasse nossa mensagem de prioridade e importância para o programa. Esse mesmo material foi colocado na intranet corporativa e ficou disponível para toda a organização. Medições feitas pelo departamento de marketing sinalizaram que 8 em cada 10 pessoas acessaram o material nos primeiros dias. Esse fluxo gerou um processo de reporte para a nossa equipe com a identificação de impactos nos sistemas e atividades do dia a dia que não estavam diretamente ligadas à nova plataforma de negociação, e que, portanto, não estavam mapeadas. Nem imagino o impacto que a identificação tardia dessas dependências poderia ocasionar no D1, mas sei o quanto íamos ter de aumentar o *budget* do programa para acomodar consultores externos para fazer esse mapeamento. Não ia ser nada barato!

Já para o trabalho de motivação e engajamento das equipes, minha proposta foi a utilização de uma ferramenta de comunicação das mais simples: um jornalzinho impresso batizado com o nome do programa e que contava seu *status*, entregas e também informações sobre as equipes participantes com fotos. Esse jornalzinho poderia ser levado pelo colaborador para casa, mostrando um pouco de seu trabalho para a família.

A primeira edição foi feita caseiramente, no mais famoso e conhecido estilo "euquipe". A diretoria foi apresentada a essa primeira edição no mesmo dia em que foi informada de minha intenção em realizar o jornal. Gostaram da ideia e a única solicitação que tive foi aprimorar forma e linguagem junto à área de comunicação. Eis que a ideia desse jornalzinho, tão comum e corriqueira, nunca havia sido usada. Um exemplo de ação simples, que mexeu e mobilizou tanto as equipes, chegou à presidência e tornou-se um sucesso! Tanto que o presidente fez questão de estar no primeiro editorial. O novo canal de comunicação deu visibilidade ao programa e aos projetos e teve grande impacto na motivação.

O sucesso do jornal ainda teve forte efeito nas entregas, que eram todas publicadas. O compromisso público mudou a forma de trabalho. Problemas que antes eram muitas vezes "empurrados com a barriga" viraram "batata quente". Se está assando aqui e o problema é meu, resolvo. Se não é meu, não fico cozinhando. Passo logo adiante, trabalhando junto para resolver, seguindo, assim, o fluxo para a solução.

Com o objetivo de potencializar a visibilidade do programa e toda a transformação gerada, bolei um reconhecimento simbólico, um troféu itinerante, que ficaria por trinta dias na área da equipe que fechasse o mês com a melhor entrega. Amarrávamos aí o reconhecimento público, deixando as melhores equipes em exposição e também conseguíamos girar o *ranking* num movimento de competição saudável. Todos davam o melhor de si para ficar com o troféu no mês seguinte.

A apuração das metas e a análise dos critérios de qualidade e quantidade que pontuavam eram realizadas junto com o time do outro país, que também dependia ou fazia parte dessas entregas. A ideia rapidamente avançou fronteira e foi adotada pelo time espelhado do parceiro americano. E assim foi a transformação originária de uma ação simples de comunicação, prova de que se pode ir muito longe, mais longe ainda quando potencializada com outras ações.

Transformando pessoas, processos e controles de um time contábil

Trago mais um caso de transformação que parte de um problema bem conhecido em grandes organizações, neste caso, uma instituição financeira de grande porte. Muitas vezes, nas etapas mais críticas de seu crescimento, as empresas incham áreas de mão de obra terceirizada e acabam por não priorizar a revisão dos recursos, processos e sistemas estabelecidos. O *modus operandi*, que deveria ser transitório, acaba por se estabelecer como permanente, mesmo sem fazer sentido ou gastando "rios de dinheiro".

A situação que compartilho agora retrata um cenário como esse. A organização, percebendo a necessidade de uma revisão, abre uma posição de gerente sênior de *Change Management*, profissional que seria responsável por mudanças. Ao assumir o desafio, iniciei a revisão dos processos da área pela própria área. A resistência é sempre grande em situações como essa, visto que a possibilidade de mudar, seja lá o que for, causa receio e medo na equipe (mesmo sendo a equipe de mudanças), ainda mais quando realizada por alguém novo na empresa, que veio do mercado.

Em um primeiro levantamento mapeando quem fazia o quê, identifiquei o excesso de consultores. O trabalho nesse ajuste durou dois meses e exigiu a renegociação de contratos, gerando uma economia de R$ 1,5 milhão para a empresa. Os quatro funcionários da área permaneceram após a revisão dos processos. Quanto aos consultores, de onze apenas quatro foram necessários, uma redução de 63%. Além da economia, o risco para a empresa foi reduzido, pois a área estava em *compliance* com as normas de contratação. Após esses resultados, recebi o convite para assumir como *head* do time de *Change Operations*.

Ainda colhendo os frutos dessa primeira atuação e sempre me colocando à disposição, recebi outro convite. Dessa vez, para assumir como *head* de uma outra área com problemas: um time de contabilidade composto por 60 pessoas, incluindo 3 gerentes.

Um cenário de perda operacional expôs falta de controle nas áreas. O número expressivo acendeu um alerta na matriz da companhia, que logo enviou ao Brasil sua equipe de auditores. O desafio de começar como responsável de uma área contábil, justamente em um momento de crise, requer um talento especial para saber ouvir, ouvir e ouvir. E negociar, negociar e negociar. Eu tinha de ganhar tempo para tomar ciência do funcionamento do time, das atividades, dos processos e controles necessários para minimizar a probabilidade de ocorrer outra perda, além de identificar o racional que a motivou. As primeiras semanas que usei para tal foram as mesmas em que a auditoria da matriz trabalhou na área. E, de presente, ganhei uma lista enorme com apontamentos para tratar. Uma herança difícil de esquecer. Mais crítico ainda se configurou todo o cenário quando minhas investigações revelaram um processo de manipulação de informações, exigindo uma ação mais enérgica.

Sabendo onde estava e o que precisava ser feito, partimos para a implementação das melhorias: formalizar papéis e responsabilidades, segregar as áreas dentro do time contábil (reconciliação, análise contábil, time de substanciação e de lançamentos contábeis manuais), melhorar e implantar novos controles e a definição de alçadas.

Um trabalho forte no reposicionamento e readequação do time teve que ser feito. Tínhamos um grave problema da concentração do conhecimento das atividades em poucas pessoas e estabelecemos o *job rotation* como parte do composto de ações de gestão do conhecimento, mantendo os *subject matter experts* como treinadores e pontos de referência.

Em 12 meses, eliminamos 17 itens de riscos graves apontados pela auditoria e, pela primeira vez desde então, os controles implementados garantiam conhecimento e reporte correto dos saldos contábeis.

Um detalhe inusitado dessa passagem foi que a auditoria nos exigiu funcionar conforme o *framework* da matriz. Imediatamente assenti e solicitei o *framework*, que – para surpresa de todos – não existia. Falhas desse calibre não são exclusividade do Brasil. A criação desse documento foi mais uma de nossas entregas e o *framework* brasileiro foi levado para ser adotado na matriz.

Nunca poderia imaginar que as duas semanas do módulo de contabilidade em um MBA de Gestão de Negócios e Finanças, até então minha única experiência contábil, seriam complementadas com uma extensão tão intensa.

Grandes transformações podem se iniciar de questões internas, instaladas no ambiente organizacional, que precisam de atenção focada e ações simples. A simplicidade de fazer o básico dentro de casa tem alto grau de dificuldade. Mudar o *status quo* requer uma combinação de competências emocionais essenciais para mexer em todas as revisões necessárias, sejam elas em processos, controles ou pessoas.

O desafio em tratar questões internas pode parecer menos motivador, mas não é. Tampouco gera menos visibilidade para a organização, ainda mais em tempos de crise, quando novos contratos não entram e muitos projetos são congelados por redução de custo ou precaução. Então, olhar para dentro de casa e buscar melhor uso dos recursos pode ser a melhor oportunidade para uma organização sobreviver, crescer ou aumentar sua competitividade. Quanto mais complexa a organização, mais chance terá de possuir recursos subutilizados.

Nada cai do céu

Esse recorte da minha história me ensinou que ações simples podem, sim, gerar grandes movimentos e ondas de transformação. E que ter a ousadia de encarar novos caminhos é essencial para crescer.

Nas organizações e na vida, as oportunidades não caem do céu; elas podem e devem ser buscadas sob a forma de mais desafios e responsabilidades. Essa busca é nobre. O aumento salarial vem como consequência. Seja lá em qual fase você esteja de sua carreira, essa sempre será uma ótima forma de ir adiante.

Tudo tem sua primeira vez e a abertura para o novo pode trazer gratas surpresas. Assim foi em 2006, quando decidi buscar uma oportunidade na área acadêmica. A volta à escola revelou uma vocação que até então estava adormecida. Sim, é possível que no futuro distante venha a viver só disso.

Das salas de aula, aprendo muito no trato com as pessoas e sou constantemente desafiado, principalmente quando nas turmas tenho diretores executivos como alunos, um tipo que às vezes entra na classe certo de que não tem mais nada a aprender. Em sala, busco estabelecer uma relação de troca e respeito entre profissionais que têm experiências a compartilhar.

Juntando um conteúdo teórico consistente à experiência prática, e com uma enorme vontade de escutar o que as pessoas têm a dizer, avanço por mais essa fronteira.

Cada profissional traz na bagagem um repertório exclusivo que adquire ao longo de suas experiências e vários são os caminhos para a construção de uma carreira bem-sucedida, incluindo aí o desconhecido e o novo. Com ousadia e simplicidade é possível promover grandes transformações e trazer excelentes resultados.

Caso tenha conseguido inspirar ao menos um leitor deste capítulo, então minha missão foi cumprida. E vamos em frente.

HENRIQUE FERNANDO LUCAS

Executivo

Seriedade, Verdade e Transparência na Relação com os Stakeholders *é Condição* Sine Qua Non *para Saída da Crise em uma Instituição Financeira*

"Se você perder o dinheiro da empresa, eu irei compreender. Se você prejudicar a nossa reputação, eu serei impiedoso."

Warren Buffet

■ **Carreira**

2014-2015: Vice-Presidente, Vice-Presidente do Conselho – Banco Semear.

2013-2014: Vice-Presidente, Vice-Presidente do Conselho – Banco Semear – Conselheiro Eletrosom.

2012-2013: CFO – Eletrosom S/A.

■ **Formação**

Extensão Advanced Topics in Financial Decisions & Corporate Policy – Universidade de La Verne, 2015.

Mestre em Economia – Faculdade de Estudos Administrativos de Minas Gerais, 2012.

Economista – Pontifícia Universidade Católica de Minas Gerais, 2007.

■ **Família**

Esposa: Camila Barros. Filhos: Enrico e Maria Luisa.

■ **Nascimento**

Belo Horizonte/MG, em 11 de julho de 1983.

Admitir que o sistema financeiro tem particularidades que o diferem de outros setores da economia é necessário para compreender a importância da reputação na gestão de crise nesse setor. Assim, percebemos que a imagem corporativa é um dos ativos mais importantes no âmbito do mercado financeiro.

Uma crise em uma instituição financeira tem resultados completamente diferentes do que em outras empresas, por uma questão de confiança. Isso explica o fenômeno chamado de "corrida bancária", em que o banco sofre a perda de depósitos captados, mesmo que a instituição tenha bons indicadores de solvência e bons ativos. Caso não ocorra uma intervenção externa, tal fenômeno pode levar a instituição à falência.

Posto isto, chamo a atenção para o tema relativo à forma com a qual os executivos do mercado financeiro conduzem suas relações com os *stakeholders* (Banco Central, o "BC"; o Fundo Garantidor de Crédito, "FGC";

e auditorias externas). Em um cenário de crise, são esses os mais interessados em apoiar a instituição, para uma saída de mercado em que não seja necessária uma intervenção externa, em que não haja ruptura. Entendi isso logo quando entrei no mercado financeiro. A intervenção pelo BC em alguns bancos trouxe reflexos à instituição em que eu iniciara minha carreira. Depois que a crise do "mensalão" acertou em cheio o antigo Banco Rural, pude perceber o quanto um choque negativo na reputação pode levar uma instituição sólida a uma profunda crise.

Ao longo de mais de 10 anos acompanhando esse setor, percebi que diversas instituições passaram por crises estruturais impostas pelo mercado ou por falha na implementação de suas estratégias. Algumas lograram êxito na saída dessas crises pelas mãos dos próprios administradores, porém outras precisaram de intervenção do Banco Central.

A crise de 2008 e a restrição à liquidez

O sistema financeiro brasileiro obteve um crescimento exponencial se considerarmos o período econômico iniciado em 2003. Alguns bancos tiveram a oportunidade de fazer crescer suas operações de varejo com base em um tripé "ORIGINAÇÃO-CESSÃO-LUCRO". Esse modelo criava uma contabilidade falaciosa, proporcionando lucros *outstanding* para as instituições financeiras, notadamente as do segmento de crédito consignado. Tudo consistia em originar um ativo (contrato) de crédito e cedê-lo ao mercado (geralmente para instituições de maior porte), reconhecendo de imediato um resultado decorrente da diferença entre a taxa de juros do contrato do cliente com a taxa de cessão do contrato para a instituição adquirente, ainda que os juros pagos pelo cliente estivessem por ser recebidos na linha do tempo. Esse reconhecimento imediato criava um cenário de ganhos irreais para os bancos, pois essas operações eram realizadas com coobrigação, ficando para o futuro qualquer ajuste negativo, como inadimplência ou qualquer problema advindo do contrato cedido.

Com o advento da crise financeira de 2008, parte do mercado interbancário brasileiro sofreu uma restrição de liquidez. Como o sistema bancário brasileiro tem como fonte principal de financiamento o mercado doméstico, grandes bancos passaram a dar liquidez a instituições de pequeno e médio porte através da compra dos ativos, ou seja, intensificou-se o sistema de cessão de crédito e o Conselho Monetário Nacional criou outros meios de promover liquidez aos bancos menores como o chamado DPGE (Depósito a Prazo com Garantia Especial, prestado pelo FGC). Nesse cenário adverso, em que alguns sofriam com a corrida bancária, o Banco Central impôs um monitoramento diário em todas as instituições de pequeno e médio porte.

Como responsável pela interface com o Banco Central por conta das informações de risco e das estratégias traçadas pela alta administração, percebi o quanto é importante manter sempre um diálogo transparente e verdadeiro com a autoridade supervisora, pois ela tem mecanismos para ajudar os bancos no acionamento de um plano de contingência, se necessário. Meus *reports* incluíam relatórios estruturados e *conference calls* com o supervisor do BC, a fim de informar as estratégias de manutenção de liquidez.

Com a crise, os mecanismos criados para bancos pequenos e médios proporcionaram instrumentos de acesso a *funding* mais estruturados, como cessões de créditos, FIDCs e DPGEs, e muitos bancos avançaram de maneira demasiada na originação de créditos, o que gerava um resultado contábil imediato interessante, mas ilegítimo.

A conta chegou

Nós não atuamos de forma diferente. Aceleramos a produção de crédito consignado quando o mercado foi nessa direção e também fomos alimentados pela falsa impressão de rentabilidade durante um período curto. Os problemas com as operações de crédito consignado começaram a aparecer, pois chegava o momento de começar a pagar a conta.

Muitos bancos tentaram procrastinar essa conta por meio de manobras contábeis. Isso me causava estranheza, pois sempre quando analisávamos o nosso *peer group* não entendíamos como concorrentes semelhantes tinham resultados diferentes, uma vez que tínhamos o mesmo modelo de negócio e não conseguíamos performar nos mesmos patamares desses pares. Talvez fosse a escala menor? Custos maiores? A história me conta outra versão: alguns daqueles "heróis" de mercado de momento estavam mesmo é se valendo da "contabilidade criativa".

Quando se tem um problema estrutural e ele não é enfrentado com seriedade e transparência, sendo escolhida a contabilidade criativa, esse movimento pode custar o fim da instituição. Diversos bancos pedalaram suas operações, não atuando de maneira consistente e prejudicando todo o mercado. Alguns exemplos estão disponíveis na mídia, como Banco Panamericano, Schahin, Morada, Cruzeiro do Sul, BVA e outros. Nós tínhamos o mesmo problema, falta de resultado, porque mantínhamos um modelo de negócio montado sobre um tripé que se mostrava cada vez mais insustentável. Diversos *players* de mercado entenderam o momento e seguiram o mesmo caminho, reportando para os *stakeholders* internos e externos as fragilidades decorrentes de uma estratégia equivocada, assim como as medidas adotadas para diminuir tais resultados negativos.

Esse momento de crise exigiu de muitos executivos ações duras na condução de bancos. Lembro-me de uma frase inesquecível de um conselheiro do banco: *"Nesse momento temos de estancar a hemorragia. A dor de cabeça de agora eu trato depois, pois a hemorragia me mata e a dor de cabeça eu ainda aguento mais um pouco".*

Diante daquele cenário, buscamos reestruturar o banco sob a égide de um novo posicionamento estratégico que pudesse fazer com que o ritmo operacional se restabelecesse e ganhássemos credibilidade para continuar a conduzir o projeto. Corrigindo os erros de maneira verdadeira, clara e transparente, sem omitir resultados ruins, mas com atitudes mitigadoras.

1ª chance

Dizem que depois da tempestade vem a calmaria. Trabalhávamos em meados de 2009 com dois focos: ajustar a operação de crédito consignado (pois estava deficitária) e estabelecer um plano de negócios para o banco voltar a ter um direcionamento sustentável. Tudo isso sob a lupa do Banco Central e do Conselho de Administração. Fui responsável diretamente, na condução do reordenamento estratégico, contando com a assessoria de um consultor, o professor Roberto Kapos, que me concedeu quase que um MBA em apenas oito meses na montagem desse plano de negócio. Nesse período de trabalho, discutimos os seguintes tópicos: análise estratégica envolvendo a análise do macroambiente, fatores-chave de sucesso, concorrência, mercado, clientes e canais, fornecedores, entrantes, substitutos, bem como a análise do ambiente interno, além de traçar a missão, a visão, os valores e objetivos para aquela nova etapa do banco. Enquanto realizamos esse trabalho, outra equipe atuava na contenção dos resultados negativos trazidos pelo produto crédito consignado.

Conseguimos redigir uma análise minuciosa de mercado em um documento de mais de 200 páginas, o que nos deu novo direcionamento, ou seja, um rumo para atender as empresas de varejo em âmbito nacional. De posse de tudo isso aprovado pelo Conselho de Administração, levamos o dossiê a conhecimento do Banco Central, demonstrando o motivo que nos levava a mudar de estratégia e por que defender aquele novo posicionamento de mercado. Tínhamos consciência de que precisávamos de um trabalho consistente, que demonstrasse a viabilidade do projeto e de como evitaríamos novos erros. Pois bem, conseguimos adesão dos *stakeholders* que acompanharam a empresa, BC, Conselho e Auditoria.

A implementação - *Taking off*

Iniciamos 2010 com uma grande responsabilidade. Depois do aval de todos os interessados, tínhamos a tarefa árdua de arrumar a casa na operação do consignado e colocar de maneira rápida a nova estratégia em prática. Tudo parecia ir bem do ponto de vista da estratégia. Da parte de governança, estávamos passando pela classificação de *rating* feita pelo Banco Central, um processo de diligência forte do qual pude fazer parte, mantendo o compromisso de transparência, boa-fé e lealdade que pautava aquela gestão.

Sempre nos valemos da maior clareza possível. Informações que não possuíamos, não criávamos nem escondíamos. Em meio a essa diligência, o mercado foi surpreendido pela notícia da inconsistência contábil no balanço do Banco Panamericano, fato que intensificou a inspeção. Do nosso lado, já tínhamos demonstrado ao BC que não iríamos mais atuar naquele segmento, porém ainda tínhamos a maior parte do nosso ativo nele.

Entramos em 2011 já percebendo que precisávamos de ajustes nos indicadores e no monitoramento da implementação, pois o novo produto não vinha apresentando os resultados necessários para atingir o objetivo estratégico. Como estávamos mudando de posicionamento, perdemos muita energia na largada e buscamos ganhar *market share* sem nos preocuparmos muito com a qualidade de mercado que estávamos adentrando. Isso gerou a necessidade de ajustes pontuais, que demoraram para acontecer e só foram intensificados porque o mercado piorou muito e tivemos forte impacto.

As notícias ruins não paravam de aparecer, até que uma acertou em cheio nossa instituição: a intervenção pelo BC no antigo Banco Morada. Nesse momento, o farol vermelho acendeu, colocamos em prática medidas de contenção e fizemos intensos ajustes na nova estratégia.

Soft Landing

Diante de um pontual fechamento do mercado para os bancos pequenos e médios, fato decorrente de boatos e fatos constatados em instituições com problemas em seus balanços (Panamericano, Schahin e a intervenção do Banco Morada), da necessidade de acompanhamento da liquidez e da necessidade de verificar se existiam mais instituições naquela situação, o Banco Central iniciou um forte monitoramento e solicitou informações das operações de cessão e dos ativos de crédito consignado.

Naquele momento, não tínhamos resultados positivos e adotamos uma política mais enérgica em relação às operações de varejo que entravam em nosso *pipeline*.

Todos estavam apreensivos e quase inertes. Nada está tão ruim que não possa piorar. Tínhamos adquirido uma carteira de crédito do Banco Morada, no entanto, seu interventor deixara de efetuar repasses ao nosso banco. Na busca do entendimento, procuramos de imediato o interventor da instituição, que nos respondeu que não havia encontrado nenhum contrato ativo, ou seja, tínhamos adquirido uma operação irregular e haveríamos de provisionar um valor superior a 20% do patrimônio líquido da instituição.

Como se não bastasse a perda do repasse, tínhamos também os prejuízos já conhecidos da operação de consignado, a baixa performance da nova estratégia, um cenário de extrema desconfiança e um intenso monitoramento do Banco Central.

A dialética com os *stakeholders* tinha de ser assertiva. Começamos a ser monitorados por agências de classificação de risco quase que diariamente. Contudo, não arredamos o pé de nosso plano de negócio e começamos um forte ajuste na operação de varejo, conduzido pelo presidente do banco e pela minha área.

Nessa busca contínua de manter a reputação, tínhamos nossas premissas muito bem alinhadas. Não adiantavam soluções heterodoxas, precisávamos mesmo de gestão de crise. O BC nos pressionava por uma saída de mercado que não passava somente por manutenção da solvência através da reconstituição de capital, mas também de encontrar um nicho de atuação que rentabilizasse a instituição. Mostrávamos nossas projeções semanalmente e tudo indicava que nosso patrimônio estava se deteriorando. Nessa dialética, o mais importante que destaco foi manter a consciência de que os números apresentados sempre foram verdadeiros. Um dos nossos consultores, hoje atual diretor do Fundo Garantido de Crédito, Dr. Caetano Vasconcelos Neto, dizia: *"O prejuízo o mercado precifica, da incerteza o mercado corre"*.

O grande medo, tanto do BC quanto da auditoria, era que tivéssemos algum "esqueleto no armário". Porém, a verdade e o *disclosure* total nos ajudaram a manter a operação, mesmo com péssimos resultados e uma perspectiva ruim, pois tínhamos transparência e um lastro reputacional favorável. Ficamos desenquadrados do ponto de vista normativo[1] em 2011 e, pelo que pude verificar, até o balanço de 2015 ainda existiam bancos que continuavam desenquadrados. Isso me faz concluir que, por pior que sejam o resultado e seus indicadores, se os executivos tiverem uma atitude positiva, transparente e verdadeira, se as alternativas de resolução de uma crise instalada forem ações concretas e plausíveis, o BC apoiará, confiando na condução daquele executivo.

Depois de novas decisões estratégicas para a continuidade do nosso plano operacional, o Conselho de Administração resolveu buscar um sócio estratégico para promover a capitalização da instituição e agregar algum nicho de negócio corporativo.

Naquele momento, desliguei-me do banco, pois tinha recebido uma proposta para assumir uma posição de CFO em uma grande rede de varejo do mercado nacional. Mesmo diante desse novo desafio, continuei auxiliando os acionistas do banco na busca de um novo parceiro estratégico. Montamos um *teaser* e contratamos uma assessoria de mercado. Levei essa informação ao presidente do conselho da empresa a qual eu tinha assumido o cargo de CFO, que demonstrou interesse em avaliar a possibilidade de negociação, e, no final de 2012, chegamos a um denominador comum para que a empresa varejista se associasse ao banco. Esse

[1] O desenquadramento normativo no que tange à manutenção do índice de Basileia.

movimento me levou de volta ao banco, naquele momento como vice-presidente, representando os interesses do novo sócio.

O novo momento

Meu desafio era montar um plano de negócio crível que pudesse unir os interesses dos dois grupos, convergindo para o resultado estratégico do banco, e que o BC pudesse creditar confiança acerca da proposta. Assim conseguimos fazer, justamente por meio da entrada de um novo sócio, permitindo a melhora de performance operacional e revisão de nossa governança.

Antes de seguir, preciso retornar a um acontecimento ocorrido durante o período em que estive fora da gestão do banco. O BC havia imposto restrições operacionais amparado na resolução 4019, que dispõe sobre medidas prudenciais preventivas destinadas a assegurar a solidez e regular o funcionamento do sistema financeiro. Iniciamos com a premissa de "Orçamento Base Zero" e conseguimos reduzir de maneira estruturada o custo fixo. Buscamos melhorar os *spreads* das operações e trabalhamos em operações com melhores garantias reestabelecendo a higidez operacional. A operação de varejo a que tivemos acesso por meio do novo sócio apresentava resultados surpreendentes e, devido ao superávit gerado em 2013, foi possível liquidar uma dívida tributária da ordem de 28 milhões de reais. Tivemos os resultados concretizados em 2014, quando o BC realizou o 2º trabalho de *rating*, e foi possível mensurar a melhora em todos os quesitos analisados, o que culminou na sugestão de encerramento das medidas prudenciais mantidas sob a resolução 4019.

Podemos destacar que a grande resiliência empresarial, alinhada a uma comunicação assertiva tanto interna quanto externa, reforçando os "três Cs" da Comunicação – conteúdo, consistência e credibilidade – são fatores-chave de sucesso em gestão de crise de instituições financeiras. Também é importante assumir os problemas como um todo. Não existe como "pedalar" uma inconsistência contábil. Um resultado "maquiado" só prejudica a instituição mais ainda, pois existem diversas verbas que são assumidas quando se tem um resultado positivo, como impostos, bônus, PPR, dividendos. Todas essas saídas realizadas sob um resultado irreal aumentam drasticamente o buraco. Procure sempre se antecipar e tenha um plano de saída de crise consistente e crível.

REGINA MACEDO

Regional Head of Communications

Carreira em Movimento: A Adaptação Necessária ao Mundo dos Negócios

Quando era menina, minha mãe fazia um "inventário" na geladeira e planejava a refeição do dia seguinte dizendo: "na natureza nada se perde, tudo se cria, tudo se transforma". Sob essa égide, o frango assado virava a torta de galinha do dia seguinte; o bolo de carne virava croquete. Em uma casa onde viviam seis filhos, outra lei da natureza foi logo descoberta: adaptação seletiva – competição, diversidade, brigas para chamar a atenção do chefe. As chaves eram manter uma administração competente, com refeições saudáveis e servidas no horário, e uma logística de abastecimento em dia, sem falta de itens essenciais.

▪ Carreira

Desde 2014: Regional Head of Communications – HSBC.
2009-2014: Corporate Communications Director, Brazil – Hewlett-Packard.
2007-2008: Head of Marketing Communication – ABN Amro Bank.
2001-2007: Marketing Director – Siemens.
1997-2001: Product Manager – Gradiente.
1995-1997: Project Manager – IBM.

▪ Formação

Fundação Getúlio Vargas – MBA, In Company – Management Program, 2002-2003.

Fundação Getúlio Vargas – Bachelor of Business Administration (B.B.A.), Marketing, 1984-1988.

▪ Família

Divorciada. Uma filha.

A empresa Lar S.A. apresentava um balanço equilibrado, porém nada era perfeito, havia crises. Os valores mantinham os integrantes em pé – claro que nada disso era evidente para mim na época. De alguma maneira, eu apenas intuía e percebia a importância de uma organização orquestrada por trás do que era usufruído; via isso por meio de um trabalho de bastidores, o que também podemos chamar de gestão. Dizem que a inclinação profissional começa na infância, pelo que cada um é capaz de observar ao seu redor e com isso inspirando sua busca individual.

Alguns falam que Administração é o curso escolhido por aqueles que não sabem o que querem, mas também podemos considerar que seja escolhido por aqueles que querem muitas coisas. Parto da premissa de que pertenço à segunda categoria. Escolhi um curso que não era muito comum para as mulheres, mas eu nem sabia disso. Aprender muitas coisas ao mesmo tempo era o que mais me interessava – nisso, acho que não mudei muito. A Fundação Getúlio Vargas é uma faculdade conceituada e tive de estudar muito para concluir a graduação. O período dos 17 aos 21 anos foi o esteio profissional e pessoal dos anos futuros. Fiz amigos que tenho até hoje, conheci o meu marido, deixei de ser adolescente para virar adulta.

O mercado de trabalho no final dos anos de 1980 era pautado pela inflação alta, dívidas externas, recessão econômica e, o pior, ainda não havia eleições diretas para presidente no Brasil – Plano Cruzado; Plano Bresser; Passeatas na Avenida Paulista; Morte de Tancredo Neves; Collor presidente; Plano Collor; Caras Pintadas; Impeachment. Olhando assim, parece um filme conhecido, com a grande diferença de que agora o vemos em inúmeras telas. O mundo ficou rápido e complexo, sendo fato que a vida profissional do brasileiro nunca foi moleza. Saindo da universidade, na corrida pelo lugar ao sol, enfrentamos o *overnight*, o confisco da poupança e o dólar alto. Uma carreira na área de economia não para nunca, segue em maior ou menor velocidade e com obstáculos.

Meu primeiro emprego ao sair da faculdade foi bem diferente do que havia idealizado. Comecei a trabalhar em uma empresa de informática sem saber direito o que isso era e aprendi logo a importância de trabalhar em rede: eu conversava, perguntava, observava para aprender. Devemos entender que todo conhecimento alavanca oportunidades, mesmo que não saibamos na hora.

Trabalhei na melhor empresa de pesquisa de mercado da época e logo aprendi a lidar com clientes. A flexibilidade e agilidade para atender tantas demandas e clientes diferentes foi uma excelente "musculação corporativa". Pois o início de carreira é crítico – nesse momento é a hora de acelerar, absorver conhecimento, aproveitar as oportunidades. E para completar, essa foi a época em que me casei e me tornei mãe. Nada como ter vinte e poucos anos: a gente dá conta de tudo e nem sabe como. Ter começado a carreira tendo essa rica experiência foi um acelerador – estava mais bem preparada para ingressar no dinâmico segmento de tecnologia.

Posteriormente, trabalhei em uma das empresas mais cobiçadas do mercado, no momento em que a internet estava nascendo. Comecei na área de pesquisa, no segmento de consumo, e depois participei do gerenciamento de um projeto pioneiro cujo objetivo era lançar um serviço de conexão entre os canais parceiros de distribuição. Trocar informações on-line era um enorme avanço. Ganhamos um prêmio de reconhecimento da regional América Latina. Na sequência, fiz um curso de gerenciamento de projetos na Duke University, o que deu outra dimensão à minha carreira. Minha filha tinha então três anos e eu estava divorciada.

Havia entrado de cabeça no universo corporativo e passei pela primeira experiência de venda da empresa onde trabalhava. A divisão de consumo em que me encontrava foi vendida para uma empresa asiática e fui então para a área de vendas, com a missão de visitar as regionais do setor e identificar as oportunidades juntos aos executivos e clientes, sem imaginar o quanto essa vivência regional seria útil em meus próximos desafios.

Sair dessa grande e poderosa empresa não foi uma decisão fácil, mas a curiosidade e a vontade de conhecer um mercado diferente prevaleceram. Então, fui para uma companhia na qual a marca era comercializada por uma empresa nacional e me apaixonei pelos produtos e personagens, sendo que o público-alvo era formado pelos "loucos" por games. Estamos falando de um mundo analógico, pré -rede social e celular. A dona da marca global tinha uma *expertise* fantástica nessa área, então fui lá aprender. Fiz estágio com uma promotora de vendas, aprendi e adaptei tudo para o nosso jeito. Com um *trade marketing* poderoso, o arsenal da marca ficou mais forte: realizar parcerias, descobrir novas formas de resolver os problemas, ouvir os clientes e arriscar. Acho que deu certo, pois me chamaram para trabalhar em uma área nova: a de celulares.

Quando comecei na área de telecom, ainda havia diversas operadoras regionalizadas. Eu era gerente de produtos. Fazia a tropicalização dos produtos, desde a embalagem manual até as especificações para diferentes operadoras. Tínhamos excelente *recall* da marca nos segmentos-alvo e forte presença nos pontos de venda. Porém, aqui veio a segunda experiência de venda da empresa. O parceiro internacional adquiriu a parte da empresa local e o sonho acabou, mas permaneci no fervilhante mercado, dessa vez em uma empresa alemã.

Sair de uma empresa nacional em que o grau de autonomia e a agilidade na solução ou implementação de processos são altos, e com pouca hierarquia, e atuar em uma corporação gigantesca são momentos bem distintos; temos de entender os meandros hierárquicos, as diferentes áreas de interface e as complexas regras do jogo. Inicialmente, precisamos apresentar o potencial do mercado brasileiro para conquistarmos a confiança e o apoio da matriz. Depois, os números falaram por si mesmos. Nosso primeiro cliente foi a nova operadora com sede no Rio de Janeiro, que buscava inovações. Imagine falar de inovações para um mercado desconhecido como ainda era o Brasil, e atender um cliente mais desconhecido ainda. Além disso, fazer produtos cor de rosa, com *ringtones* de melodias locais e em uma embalagem em formato de bolha. O que parecia loucura foi o maior sucesso e atuamos no mercado com força total. Comecei com uma equipe pequena e a estrutura da área foi se moldando ao crescimento do mercado. Publicidade, inteligência de mercado, *trade*, estratégia digital e relações com a imprensa tornaram-se enormes desafios profissionais, tanto no que se refere à dinâmica nervosa do mercado quanto sob o ponto de vista de gestão. Entre os maiores aprendizados: interdependência, confiança, respeito, escolher as pessoas certas para os lugares certos e cuidar delas. Parece simples, mas leva tempo, experiência e dedicação para atingir isso. No auge da disputa e do crescimento do mercado de telefonia móvel, a empresa foi vendida para um grupo asiático. Foi um período difícil, especialmente por vermos tudo o que havíamos construído ruir aos poucos, com os negócios minguando. A euforia da criação de uma nova empresa deu lugar à dura realidade da perda da posição que havíamos conquistado. Viver todo o ciclo de um negócio que se inicia e que depois se encolhe é uma experiência transformadora. O mercado é dinâmico e imprevisível – nunca podemos nos gabar e relaxar. A onda ou o maremoto pode surgir de onde e quando menos se espera.

A atuação na área de marketing e o pulso nos negócios pautaram minha carreira. Ao longo dessa jornada, mudanças cruciais na mídia, nos canais de comunicação e em especial no meio digital aconteceram rapidamente. A estratégia digital já estava incorporada aos planos de marketing, porém um novo e mais contundente elemento ganhava envergadura: a reputação corporativa. As lentes começaram a se voltar para dentro das corporações, já que a reputação vem de dentro para fora; os funcionários são as pessoas que estão nas redes sociais, falam bem ou mal, sentem ou não orgulho de onde trabalham. Não se trata de apenas fazer campanhas publicitárias, estar em um caderno especial do setor. Isso é importante, mas o *post* de um funcionário demitido e ressentido, o vazamento de informações confidenciais ou uma denúncia podem comprometer qualquer plano de marketing. O crescimento exponencial das redes sociais e a velocidade nunca antes imaginada no compartilhamento global de informações foi um grande divisor de águas. Situações de risco, mesmo que, a princípio, pequenas questões, não podem ser ignoradas. A área de comunicação ganhou força, pois essas situações requerem foco e tratamento especializado.

Não há valor maior que a reputação, quer seja de uma pessoa ou de uma corporação. Aliás, as pessoas que representam uma determinada corporação a carregam para onde forem. Qualquer deslize e na mesma hora a notícia estará na rede, e ninguém imaginará de onde veio. Sem falar na segurança digital; corporações grandes ou pequenas podem ser facilmente expostas e enfrentar crises esperadas ou não. A construção da imagem positiva é trilhada por fatos comprovados, depoimentos, premiações reconhecidas e o mais importante: orgulho e satisfação das pessoas que formam a organização, com seu trabalho árduo e diário. Uma rajada de más notícias pode causar estragos profundos se a base de sustentação dos valores da empresa não for sólida.

O desafio seguinte foi na área de Comunicação Corporativa. A marca, já conceituada no setor de tecnologia, precisava mostrar ao mercado que tinha um escopo maior do que aquele pelo qual era mais reconhecida. O primeiro passo era entender o cenário da época, qual a situação presente e as oportunidades latentes. Entender de dentro para fora quais eram essas áreas e quais pessoas precisavam ser conhecidas e reconhecidas. Empresas são nações – países interligados e com fronteiras de atuação. Certos integrantes dessas nações nunca se aventuraram além das suas baias, quer seja porque a natureza do trabalho é endógena ou por mera ausência de curiosidade. Incrível como as pessoas podem se isolar se não forem atraídas pelo novo. Temos de aplicar os velhos e bons conceitos de encantamento de clientes para dentro, fazer com que as pessoas se interessem e façam parte, com que elas saibam do enorme impacto que causam não só nas próprias vidas, mas no entorno delas. Construir e cultivar reputações é algo multidimensional. Isso requer engajamento em todos os níveis, a começar pelos mais altos.

Ao mapear os territórios, devemos conhecer um pouco melhor quem são os habitantes e como eles consomem informações a fim de ter mais ferramentas para propor uma estratégia e implementar as ações. Havia um grau de desconhecimento sobre os diversos setores do negócio, mas uma boa dose de curiosidade e admiração dos funcionários pela companhia. O orgulho em fazer parte de algo maior pede exposição e reconhecimento daqueles que fazem acontecer. Ver colegas protagonistas do sucesso dá outro nível de credibilidade e, consequentemente, de engajamento. Abrimos as câmeras para os bastidores, criamos um canal de TV, blogs, intranet de cara nova, vídeos, entrevistas, fotos, histórias, artigos... Enfim, criamos conteúdo. Gente compartilhando com gente.

Os executivos tiveram papel fundamental, reconhecendo os talentos nos recantos da organização. Falamos com as audiências interna e externa. Eles representaram a empresa e falaram sobre suas áreas de negócio em entrevistas, eventos, como formadores de opinião, onde houvesse relevância e oportunidade de construção da reputação, como verdadeiros embaixadores diplomáticos da empresa. Os resultados alcançados ao longo de todos os anos de trabalho, com solavancos diversos pelo caminho, tiveram saldo muito positivo. A marca ganhou força, visibilidade e amplitude externa e interna. Grande experiência e oportunidade de trabalhar com líderes maravilhosos.

Outras e mais diversas experiências me aguardavam, dessa vez no setor financeiro. A entrada em um banco de origem inglesa abriu uma nova oportunidade, por se tratar de uma organização realmente internacional, com forte reputação quanto à diversidade e à responsabilidade social. Foi interessante também ingressar em e conhecer um segmento tão dinâmico.

O setor financeiro talvez seja um dos que mais sofreu transformações ao longo dos últimos anos. São vários os vetores de mudança na área de tecnologia, em função da enorme expansão das plataformas digitais e mobilidade nos produtos e serviços, e por consequência por conta da segurança requerida para proteger essas e outras transações, além da fiscalização das operações bancárias, seguindo as normas dos reguladores nacionais e internacionais – apenas citando alguns exemplos. Nesse cenário, a área de comunicação tem papel crucial, por uma questão muito simples: estamos falando de serviços prestados aos clientes, o que envolve pessoas o tempo todo. O impacto das pessoas é poderoso, positiva e negativamente. Tivemos exemplos de situações que tomaram proporções globais nas organizações em função da atuação duvidosa ou mal intencionada de funcionários – uma evidência cabal do que uma pessoa é capaz de causar. Muito pode e deve ser feito quanto a formação, esclarecimento, engajamento e orientação da imensa população de profissionais: trata-se de um trabalho estratégico valioso e primordial para o andamento da empresa.

A área de comunicação é parceira estratégica dos negócios e ajuda a construir as pontes entre a estratégia e a execução por meio de exemplos do dia a dia. Trabalhei na interligação entre as equipes globais e regionais dos países que compunham a América Latina (Brasil, México, Chile, Argentina e Uruguai), aproximando os executivos da região dos funcionários dos países, utilizando ferramentas de comunicação tais como eventos, vídeos, webcasts, entre outros, com produção e compartilhamento de conteúdo para valorizar os times regionais, divulgar suas conquistas nos canais locais e globais de comunicação, estreitar as fronteiras e promover a diversidade. Além da integração cultural e estratégica, disseminamos a conduta ética de acordo com os padrões estabelecidos pela companhia. É entregando o resultado de maneira correta e sustentável, contribuindo para a consolidação de uma filosofia de trabalho que se estabelece no setor. Tratou-se de um grande privilégio e de uma realização profissional. Os indicadores do impacto da comunicação da região apresentaram excelentes resultados, frutos de um trabalho coordenado entre diversos times de comunicação.

O relacionamento com a imprensa e os meios digitais, formadores de opinião do setor, também fizeram parte do composto de comunicação. Administrar a reputação corporativa é tarefa multidisciplinar. Foram situações de crise, cujo gerenciamento da reputação da companhia, tanto perante aos funcionários quanto em relação à opinião pública, deu o tom e a credibilidade da mensagem. Mantivemos o foco nos fatos relevantes, utilizando os termos e as palavras de maneira cirúrgica e fundamentalmente trabalhando em equipe, com sincronia entre os times de outras áreas, como jurídica, recursos humanos, operações e de negócios. As mensagens de uma corporação são o resultado final de inúmeros componentes diretos e indiretos que compõem a própria narrativa. É uma experiência nova a cada situação, sendo que vários episódios se passaram até o desfecho da venda do banco para um grupo nacional – uma verdadeira pós-graduação em gestão de crise, preservando a imagem da corporação e o respeito aos funcionários. As equipes de comunicação ficaram mais fortes, unidas e experientes. Acima de tudo, resilientes.

Refletindo sobre minha trajetória profissional, a primeira sensação que surge é a de gratidão. Principalmente por ter criado uma filha feliz, equilibrada, formada na área que escolheu e com futuro promissor. Essa é a maior conquista de todas. Trabalhei com dedicação e paixão, e a curiosidade e a vontade pelo novo são meus motores propulsores. Empresas norte-americanas, uma alemã, uma brasileira, uma holandesa e uma inglesa – sou uma fã e embaixadora da diversidade. Pessoas e países distintos me mostraram ângulos novos, ampliando minha percepção. *Startup* de negócios, fusões, aquisições e movimentos constantes da globalização marcaram meu caminho. A geração de profissionais da qual faço parte viu o desabrochar da tecnologia e seu impacto na forma de pensar e fazer negócios. Tivemos de acelerar as mentes e os corações para mantermos o passo com um mundo que apertou o botão da velocidade estelar. Estamos diante de uma nova realidade do mercado de trabalho. Não há paradas, mas sim ciclos, prestes a extrair o melhor de cada fase. Afinal, nada se perde, tudo se cria e tudo se transforma.

INOCÊNCIA MANOEL

Fundadora, CEO e Diretora de Marketing – Inoar Cosméticos

Alquimista dos Cabelos

Minha história é a história de muitas mulheres, embora eu tenha lutado com muita perseverança para fazê-la diferente todos os dias. Meu nome é Inocência Manoel, sou a fundadora da Inoar Cosméticos, uma empresa brasileira reconhecida no exterior, em mais de 40 países, e minha trajetória começou na cidade de Alvorada do Sul, no Paraná.

Sou a segunda filha de Thomaz Manoel e Elza Brasil do Nascimento - de um total de sete filhos –, e minha história também tem suas raízes na cidade de Assis, no interior de São Paulo, onde morei grande parte da minha infância e juventude. Minha mãe era de uma família de classe média alta, e meu pai, descendente de portugueses e espanhóis. Ele era de uma família grande e foi o único que se desvirtuou dos títulos acadêmicos e montou diversos negócios. Faliu várias vezes e faleceu pobre, mas não tinha medo das desventuras da vida. Meu pai era uma pessoa que não se conformava com as diferenças sociais. Em Assis, ele fez grandes negócios, porém perdeu um a um para o vício nos jogos.

Estudei na Universidade Estadual de São Paulo, mas muito antes disso eu já começara a trabalhar. Minha motivação era a estética. Mais precisamente, os cabelos. Tenho um verdadeiro fascínio por fios, cabeleiras, mas nessa época eu andava bastante insatisfeita com meus cabelos e, principalmente, com as alternativas

- **Carreira**

Desde 1999: CEO, Diretora de Marketing e fundadora – Inoar Cosméticos.

Desde 2014: Embaixadora da Paz – Associação das Mulheres pela Paz Mundial (Women's Federation for World Peace).

Desde 2013: Palestrante nacional e internacional.

2012-2013: Autora das publicações "Desvendando os Segredos do Argan" (2012) e "Manual dos Cabelos" (2013).

2000: Fundadora – Projeto social Beleza Solidária.

- **Formação**

Jornalista, cursou Letras na Universidade Estadual Paulista e é graduada em Teologia pela Igreja Batista de São Paulo.

- **Família**

Pais: Thomaz Manoel e Elza Brasil do Nascimento. Filho: Alexandre Nascimento.

que havia para cuidar deles. Perto da minha casa, havia o salão de beleza da dona Nita. Pequenininha, eu gostava de ficar por ali vendo as clientes saindo arrumadas. Aquilo enchia meus olhos. Então, aos 13 anos de idade, fui pedir emprego. Foi meu primeiro "não". Foi também a primeira oportunidade de não aceitar o "não". Insisti com dona Nita e disse que varreria o chão; ela concordou.

Eu pegava todos os fios de cabelos que caíam dos cortes e levava para a minha casa. Separava-os por cor e textura, e comecei a trabalhar nessas minhas primeiras amostras. Fazia testes nas mechas e em mim. Claro que muita coisa dava errado, mas eu já era uma alquimista dos cabelos.

Quando eu estava com 15 anos de idade, dona Nita passou a ser minha concorrente. Abri meu próprio salão, nos fundos de casa, e aí exercitava também meu lado visionário e empreendedor. Boa parte do meu tempo era dedicado à busca de produtos que pudessem deixar os cabelos lisos e sedosos, ou os cachos mais definidos. Eu estudava, queria entender o funcionamento das químicas, errava e aprendia, mas queria mais. Não me conformava com duas coisas: que um produto comprometesse a saúde dos cabelos e que os preços fossem tão caros àquela época.

Aos 24 anos de idade, mudei-me definitivamente para a cidade de São Paulo, decidida a trabalhar em um grande salão de beleza. Fui a um deles como cliente e havia uma noiva se arrumando. Ofereci-me para fazer o penteado e a dona do salão me contratou. Foram três anos de aprendizado, quando decidi que era hora de ter meu negócio novamente. Abri um salão na Alameda Tietê, o "Biba Cabeleireiro". Por conta dos preços dos produtos da época, recomecei a fazer minhas próprias fórmulas. No Biba, atendia muitas clientes que pediam encomendas dos meus cremes. Elas indicavam amigas, que indicavam para outras amigas. Eu embalava tudo e colocava uma etiqueta com o nome "Inô".

Era a fase da escova japonesa, direcionada para a elite. Muito cara, fez com que eu decidisse estudar a fórmula. Fiz as minhas misturas e acabou dando certo (fiz o teste em uma amiga). Gastava meu dinheiro comprando matérias-primas. Liguei para a clientela e ofereci o produto pela metade do preço. Isso foi uma febre, todas queriam fazer essa nova técnica de alisamento. Começamos a fazer novos estudos e surgiu a escova progressiva. Trancava-me para fazer fórmulas e acabei deixando de atender a clientela, que exigia minha presença.

Até que cheguei a uma fórmula que considero uma obra-prima, com melhores resultados do que os produtos da época, mais barata, que alisava os cabelos de forma menos agressiva e acessível a todos. O alisamento marroquino foi um marco na história da Inoar, pois ele superou todo e qualquer produto da época em qualidade, preço e resultados. Eu usava e estudava as fórmulas de todos os tipos de escovas progressivas daquela época, mas não me dava por satisfeita. O produto precisava ser melhor, menos agressivo, com menos cheiro, com resultados mais naturais, mais duradouros. Ele abre a história da Inoar, juntamente com a entrada do meu filho, Alexandre, que abandonou a faculdade de Medicina para me ajudar com os negócios.

Nesse tempo, o salão fechou. Foi uma das minhas quedas. Perdi minhas economias, mas tive de focar a criação de produtos. Inicialmente, terceirizávamos tudo e logo as encomendas começaram a chegar. Eu atendia ao telefone, tirava o pedido, indicava as entregas. E começou o negócio. Como eu não sei lidar com dinheiro, Alexandre fazia a parte financeira e as entregas. Era uma loucura. Estávamos prosperando quando um dos distribuidores, amigo da família, roubou a fórmula para repassá-la ao mercado europeu. Colocaram armas em nossas cabeças. O caso saiu na TV e esse foi só um dos sustos na minha vida. Passei a ter medo da concorrência e chamei um profissional italiano para fazer a dosagem correta no produto. Fiquei trancada em um centro técnico para fazer os testes e chegamos a um resultado satisfatório. Tínhamos de fazer a patente. Pagamos o químico e fui para a Itália fazer a negociação da patente. Depois de toda a negociação, fui enganada. Tive a decepção de ver a minha solução espalhada pelos quatro cantos do Brasil, além de perder o dinheiro que poderia ter sido usado para a compra da nossa primeira fábrica.

Mais uma vez nos reerguemos. Recomeçar nunca foi problema para mim. Compramos a fábrica, estruturamos a Inoar e à mínima possibilidade de trazer ativos inovadores para o Brasil eu viajava e constatava *in loco* as aplicabilidades, incorporando-as às nossas criações. Assim foi no caso da Linha Argan, matéria-prima milenar identificada no Marrocos e por mim trazida ao Brasil. Até hoje, essa linha é nosso carro-chefe em meio a um portfólio de mais de duzentos produtos.

Um dia, liguei para uma revista do segmento e quase enlouqueci. As perguntas eram: "Você tem arte-final? Quer página ímpar?" Não sabia de nada disso. A executiva me fez algumas indicações de *designers* e começamos a pensar em um anúncio. Pediram-me uma modelo para fotografar com o produto, mas eu não tinha mais dinheiro. Eis que um dos designers sugeriu: "Vamos fazer as fotos com você". A ideia deu certo e estourou. Anunciamos e as encomendas começaram a chegar.

Além dos anúncios, fizemos outras campanhas e veio o aquecimento da indústria brasileira. O mercado foi revolucionado com a chegada da escova progressiva com o formol, e, depois, com a escova sem formol. Hoje, a mulher sabe que existe a possibilidade de alisar o cabelo sem muitos aditivos que antes agrediam os cabelos. Existe muita concorrência na área, mas vejo isso como algo positivo: ela renova minhas ganas de excelência. Uma concorrência à altura é saudável e quem ganha é o consumidor. A área de cosmética ficou muito dinâmica e todos os dias temos novidades.

Uma das grandes vantagens que eu vejo na minha carreira é de estar onde estou: no Brasil. Em poucos lugares do mundo há tantos tipos de fios em uma mesma cabeça, tantos tons em uma mesma pele e reações diversas a um mesmo produto. Tudo consequência da mistura de raças que faz parte da nossa miscigenação. Por isso, o que é produzido na Europa não atende às necessidades físicas dos brasileiros. Mas o contrário acontece: quem fabrica cosméticos para o Brasil consegue fazer para qualquer lugar do mundo.

Os nossos fios, por exemplo, por serem muito misturados, têm uma absorção dos produtos de uma maneira diferente. Precisamos fazer muitas pesquisas antes de lançar um produto que atenda ao maior número de pessoas possível. Por atingirmos um público com variedades físicas diversas, viramos referência, até mesmo entre as grandes marcas multinacionais, que não têm um portfólio tão amplo. Graças a inovações como a nossa escova progressiva, hoje podemos encontrar opções de tratamentos pós-progressiva.

Sempre digo que são nossas meninas e mulheres que ajudaram a elevar o Brasil à categoria de país lançador de tendências na área cosmética. O que se cria aqui vira tendência facilmente em outros mercados. E é claro que isso impulsiona a indústria.

Nós procuramos sempre sair na frente, por isso estamos sempre em contínua pesquisa para saber as demandas do mercado. A Inoar possui uma forma particular de fazer negócios e me orgulho muito disso. Não houve um modelo para nós, pelo contrário: nós nos tornamos modelo para muitas empresas que vieram depois. Posso dizer que o surgimento da minha empresa é um divisor de águas na história da indústria de cosméticos no Brasil, por termos inovado com as escovas progressivas, com o tamanho de nossos frascos, com os tipos de embalagens. Nossa agilidade de criar produtos e colocar no ponto de venda é inigualável e isso movimenta o mercado, movimenta toda a cadeia de fornecedores. Nisso incluo a nossa publicidade: no ano de 2015, coloquei como protagonistas de nossas campanhas uma atriz com síndrome de Down e uma atleta paraolímpica. Mulheres lindas, com histórias para contar e trajetórias únicas. Isso é um retrato da Inoar.

Nós estamos sempre conectados, com vários tipos de consumidores e seus cabelos. O *slogan* da Inoar é “Inspirada em você”. Veja bem, com isso eu estou afirmando que conheço minha consumidora. E conheço tanto que eu mesma falo com ela. Quantas e quantas vezes sou eu ali por trás das mensagens do Facebook. Eu quero ouvir o consumidor. Queremos ter produtos acessíveis. Novidades que o bolso possa pagar, sem abrir mão da qualidade. Isso é ser empreendedor: sair na frente sempre, com os produtos mais inovadores do mercado, porém com um preço justo.

Nessa montanha-russa que é a minha vida, lembro-me de estar um dia na Inglaterra e ser reconhecida nas ruas de Londres. Já encontrei Inoar na Harrods e qual não foi minha surpresa ao encontrar ali uma princesa do Oriente Médio usando um produto que eu criei? Ela conhecia toda a minha história e disse que a Inoar não mudou somente os seus cabelos, mas a sua vida.

Isso aconteceu lá, mas não é diferente aqui. Na última Hair Brasil, em que fui palestrante, hospedei-me em um hotel e, ao sair, havia um ônibus cheio de participantes da feira. Ao me verem, gritavam: "Olha lá a Inoar". As pessoas confundem meu nome e eu adoro. Isso é algo que marketing nenhum faz sozinho.

Hoje, vendo os prêmios que a Inoar recebeu tanto no Brasil quanto no exterior, tenho a certeza de que estava certa. O uso do ácido glioxílico como alisante foi outro divisor de águas para o mercado, a maior descoberta capilar do século e a história dele começou dentro de minha casa. Em 2005, um químico amigo meu me mandou uns saquinhos contendo vários ácidos, porque ele sabia que eu gostava de fazer testes. Naquela época, eu estava usando a cisteína e comecei com ela. Misturei-a à base de um produto da Inoar e apliquei no meu cabelo. Não deu resultado e ainda deixou um cheiro ruim. Até que, em um domingo, peguei metade do conteúdo do pacotinho de ácido glioxílico e juntei à base da minha escova marroquina. Coloquei numa mecha da nuca e deixei, fui preparar o almoço e afazeres domésticos. Depois de pouco mais de uma hora, percebi que os fios tinham ficado lisos. Pensei que aquilo não poderia ser possível e que o cabelo ia voltar a encrespar, mas me enganei.

Fiquei em um estado de euforia tão grande que nem conseguia dormir. Por outro lado, não tinha com quem dividir aquela descoberta. Os componentes que alisam os cabelos possuem o pH alto, abrem a cutícula dos fios e são mais agressivos; porém, o ácido glioxílico tem o pH baixíssimo, o que significa que ele alisa sem a agressão dos produtos anteriores a essa descoberta. Então, eu comecei a estudar para achar a proporção ideal do ativo. Testava tudo no meu cabelo. As misturas alteravam a cor do meu cabelo, depois ele desbotava completamente. Até que, em 2009, um empresário italiano veio ao Brasil, interessado nas escovas progressivas brasileiras. Ele disse que tinha um químico espetacular em seu país. Fizemos um contrato, pois a ideia era que, juntos, chegássemos à formulação para registrar a patente. Por 15 dias realizamos vários testes. As porções de ácido glioxílico eram medidas, eu aplicava as misturas nos cabelos e analisava se eles tinham ficado lisos, se tinham desbotado. O produto ficou pronto e eu viajei para a Itália a fim de patenteá-lo. Lembro que faltavam 90 dias para a Beauty Fair e eu queria fazer o lançamento na feira.

No início, o produto ficava maravilhoso nos castanhos, mas nos loiros e vermelhos não oferecia brilho. Nunca desisti e cheguei à formulação ideal, que hoje é exportada para os países que liberam o ácido glioxílico como alisante. Infelizmente, ainda aguardamos a aprovação da agência reguladora no Brasil, porém o ácido glioxílico foi incluído na Cosing (European Commission Health and Consumers Cosmetics – agência reguladora europeia) como possuidor de função alisante dos cabelos, graças a uma solicitação minha. No dia 3 de setembro de 2014 recebi o seguinte e-mail:

> "Cara Sra. Inocência/Inoar,
> Obrigado por chamar a nossa atenção para esse assunto. Gostaríamos de informar que o banco de dados Cosing, o banco de dados da Comissão Europeia com informações sobre substâncias e ingredientes cosméticos, é regularmente atualizado com denominações INCI e todas as informações (CAS, CE, Funções, etc. e tal) divulgadas pelo Conselho de Produtos de Cuidados Pessoais (PCPC), que é responsável por tal classificação.
> Verificamos no banco de dados do Conselho de Produtos de Cuidados Pessoais (PCPC) a informação relacionada com o seu ingrediente "ácido glioxílico" e confirmamos que atualizamos suas funções no banco de dados Cosing como relatado na base de dados PCPC."

Quando li essa mensagem, quase não pude acreditar. Essa descoberta de uma nova função para o ácido glioxílico representa uma verdadeira revolução cosmetológica, que coloca nossos achados, a empresa, e até mesmo o Brasil em um patamar de excelência.

Ao mesmo tempo em que vejo toda a tecnologia e inovação, paro e penso no que está aqui ao meu lado. Por isso, meu esforço nos últimos meses tem sido de estruturar a minha empresa com base em três pilares que norteiam todo o trabalho de desenvolvimento e as relações entre colaboradores, fornecedores e consumidores: o respeito ao indivíduo, o respeito aos animais e o respeito ao meio ambiente.

O primeiro deles, respeito ao indivíduo, nasceu como parte da minha história e com nosso projeto social. É pensar no próximo, no entorno, nas relações humanas. Criamos um projeto que beneficia as mulheres de comunidades desfavorecidas e ele surgiu de uma crença pessoal minha de que o compromisso social impacta positivamente a empregabilidade. Então, criei o projeto Beleza Solidária. A missão dele é recuperar as identidades de mulheres das bases da pirâmide social por meio da capacitação profissional e de estímulos para o empreendedorismo, incluindo-as como forças produtivas e geradoras de rendas familiares. Hoje ele está sediado no interior, em local anteriormente ocupado pelo tráfico de drogas, palco de tragédias, degradado pela ação do tempo, nas dependências do Memorial e Centro de Capacitação e Artes Elza Brasil do Nascimento – nome de minha mãe. São inúmeras as histórias de mulheres atendidas pelo projeto Beleza Solidária, aqui no Brasil e no mundo. Na sede, completamente transformada, oferecemos cursos de cabeleireiro, manicure, depilação e maquiagem. Ao final, as formandas já saem podendo trabalhar. Muitas delas acabam se tornando donas de salão. Mais que isso: donas de suas vidas. Há histórias de sucesso de gente que não tinha nada e hoje está contratando outras mulheres para trabalhar em seus negócios. É uma cadeia de pessoas que se ajudam. O projeto já atendeu asilo de idosos na África do Sul, no Mandela Day. Voluntários fizeram o atendimento de velhinhos no local, cuidaram dos cabelos, deram carinho e atenção. Isso muda a situação. Transforma!

Eu tenho uma verdadeira adoração por animais e sempre levantei a bandeira dos produtos veganos: não testamos e não usamos produtos de origem animal em nossos produtos. Isso forma o segundo pilar da nossa empresa: o respeito aos animais. É, sobretudo, o respeito à vida. Eu acredito que os homens, os animais e o planeta compõem uma unidade e repudio aqueles que priorizam ganhos financeiros em detrimento do bem-estar dos animais. Temos de estar conectados com todas as espécies que nos rodeiam. Todo ato de crueldade contra qualquer criatura é contrário à dignidade humana. Jamais faríamos isso! Essa nossa forma de trabalhar nos levou à lista de empresas da organização PETA, organização internacional que defende os direitos dos animais. Na Inoar, temos três cães que retiramos das ruas. Há pesquisas que comprovam que a interação do ser humano com animais é fundamental. Vemos isso acontecendo todos os dias. Nossos cães andam soltos pelo escritório e os colaboradores sempre encontram um tempo para um afago. Nós conversamos com os bichos, rimos das brincadeiras deles. Isso desestressa qualquer ambiente.

Finalmente, e não menos importante, há o pilar do respeito ao meio ambiente. Tenho orgulho de investir em sistemas de tratamento e otimização do uso racional de água e energia. Isso nos garantiu o selo Chico Mendes 2015 pelo compromisso com a gestão socioambiental responsável em uma análise feita por especialistas das áreas de direito ambiental, administração, gestão de finanças, gestão ambiental e biologia. Separamos e recolhemos resíduos de forma apropriada, utilizamos materiais recicláveis e encorajamos os consumidores a reciclar embalagens vazias. É transformar itens descartáveis em utensílios e móveis, como fazemos com nossas lixeiras, criadas a partir de embalagens descartadas.

Ter uma empresa é ter responsabilidade. Baseio toda minha responsabilidade em três pilares de respeito: ao indivíduo, aos animais e ao meio ambiente. Quando dizemos que a Inoar é inspirada em você, estamos afirmando esse respeito: eu não penso o tempo todo em produtos, mas em experiências. Quero estabelecer essa relação de respeito com nossos consumidores, com os animais e com a natureza, com o que nos rodeia. Acredito que somente assim faremos a diferença, deixaremos mais que uma marca, mas um legado para este mundo.

JOSÉ ROBERTO MANZANO DOS SANTOS

GENERAL MANAGER – SIEMENS SOUTH AMERICA

Decisões nos Negócios: Buscando Melhores Decisões em Pequenas e Grandes Empresas

A busca

Daniel Kahneman nasceu em Tel Aviv em 1934. Psicólogo e matemático, viveu em Paris durante a Segunda Guerra. Serviu às Forças de Defesa de Israel em 1954, onde iniciou a realização de diversos testes cognitivos para calouros na escola de treinamento de oficiais. Em 1958, iniciou o seu PhD na Universidade da Califórnia. Ganhou o Prêmio Nobel em 2002 por introduzir *insights* de pesquisa psicológica na ciência econômica, especialmente no que diz respeito às avaliações e tomada de decisão sob incerteza.

A razão de meu interesse pelo tema começou quando eu ainda era um graduando na área de Ciência da Computação, resolvendo diversos problemas de tomada de decisão utilizando métodos quantitativos. Meu interesse aumentou na Pós-Graduação, o que me levou a escrever uma monografia sobre o assunto e conhecer o livro excepcional de Kahneman, "Thinking, Fast and Slow". Este se tornou para mim a obra-prima da análise da razão pela qual fazemos o que fazemos. Decisões sob estresse, nossos vieses, as armadilhas da tomada de decisão nos negócios e, principalmente, como nossas próprias experiências moldam o padrão das nossas decisões. Todos temas que me despertam profundo interesse até hoje.

Ao chegar ao trabalho em março de 2003, a notícia que eu já esperava tornou-se oficial: minha passagem de um ano pela empresa estava próxima do fim. Nessa época, um amigo

▪ **CARREIRA**

Desde 2013: General Manager – Siemens.
2003-2013: Gerente de Projetos e Gerente de Serviços Profissionais – Innotec do Brasil.
2002-2003: Especialista CAD/CAE/PDM.
1997-2002: Especialista em sistema CAD em empresas da indústria de Telecom.

▪ **FORMAÇÃO**

Curso de especialização na Universidade Vanderbilt – USA, 2013.
MBA Internacional – FIA, 2013.
Pós-Graduado em Ciências da Computação – PUC-SP, 2009.

▪ **FAMÍLIA**

Esposa: Vanessa Soler Capora. Filha: Isabela Soler Manzano.

me ofereceu uma oportunidade em uma pequena empresa. Como se tratava de uma companhia alemã, o inglês era fundamental e eu não estava pronto. Trazer uma tecnologia nova para o Brasil exigia que toda a comunicação fosse em inglês. Lembro-me como se fosse hoje, a mensagem durante a entrevista: "A questão do inglês não é problema, você pode estudar nos três meses antes da viagem". Tempos depois percebi que havia sido meu primeiro "teste", para saber de meu real apetite para desafios e minha resiliência.

Três meses para aprender inglês? Nem o curso mais maluco entregaria a façanha. Mas eu tinha que decidir se entrava nesta aventura. Minha decisão foi baseada no peso das probabilidades e possibilidades que tinha. Não haveria retorno nenhum se eu desistisse, apenas o consolo imaginário de que aquilo não era para mim. Havia a chance, talvez pequena, de a aventura dar certo e eu realmente iniciar uma carreira internacional, ter um futuro: este futuro ganhou.

Essa foi uma das minhas primeiras lições sobre como tomamos decisões. Embora a juventude fosse minha aliada, lembro-me da profunda ansiedade que senti, especialmente pelo receio de falhar. A forma como encaramos os riscos associados a uma decisão interferem no modo como respondemos às situações. Aversão ou apetite são fatores importantes, assim como o autoconhecimento. Sempre que me deparo com uma decisão que envolve altos riscos, opto por ter opiniões da família e de amigos com perfis diferentes do meu. Este é o meu caminho para tomar melhores decisões nos negócios e na vida.

Crescimento e decisões em pequenas empresas

Meu interesse por Kahneman foi imediato. Os primeiros capítulos do livro me fizeram pensar que havia encontrado algo relevante. Problemas de decisão baseados em modelos e métodos estatísticos sempre me intrigaram, pois naturalmente desconsideram o fator humano, ou seja, como analisamos e suportamos riscos, nossos limites, linhas de base, nossa intuição. Embora hoje existam diversos métodos profissionais e eficientes para a tomada de decisão em grupo, o elemento intuitivo ainda tem uma grande importância em muitas empresas.

Indústrias de processo Contínuo produzem 24 horas por dia, 365 dias por ano. Áreas de O&G, Petroquímica, química, de geração e distribuição de energia são exemplos dessas indústrias. Existe um mercado de comercialização de *software* para essas empresas, que demandam alta tecnologia. Desde o ERP, passando por sistemas de planejamento, de engenharia (sistemas CAD, CAE), de automação, eficiência energética, manutenção e inspeção, mobilidade, realidade virtual, realidade aumentada, simulações. Ainda há temas novos como a "internet das coisas", *big data* e *analitics*, entre outros.

Em 2008 éramos um pequeno *player* atuante nesse ecossistema. Nós estávamos na situação de uma *startup*: empresa pequena, com produtos inovadores que buscavam trazer a ruptura do *status quo*. Nessa época, nosso mercado já existia há pelo menos 25 anos, com empresas tradicionais. Hoje, quase 15 anos após o início, posso ver claramente que tivemos uma boa oportunidade. Mudanças disruptivas não acontecem por mero esforço de reformular o pensamento dos consumidores. Havia um momento para a mudança, com vários outros fatores implicados. Não mudamos totalmente o jogo, mas rompemos o *status quo* e redirecionamos os líderes de mercado que, até hoje, copiam a tecnologia que criamos.

Nossas decisões eram intuitivas, com alguma evidência e poucos fatos. Agilidade era a força. Estávamos em uma fase de desenvolvimento e ainda não tínhamos o *boom* das redes sociais, o que restringia o acesso à informação. Assim, as decisões eram tomadas diretamente pelo CEO e pelo CFO, com baixa interação das equipes. Com o crescimento da empresa, a decisão tornou-se colaborativa, passando por um processo que chamo de julgamento organizacional. O CEO juntamente com responsáveis passaram a analisar dados, coletar evidências e decidir em conjunto. Essa transição foi como a nossa adolescência do processo de decisão, pois realmente estávamos mais eficientes. Tal transformação pode ser vista em muitas organizações, onde as decisões estão cada vez mais descentralizadas e dependendo de consenso entre áreas.

Estávamos em franco crescimento, dobrando a empresa a cada ano. Havíamos ganhado um grande projeto, tudo era para ontem. Capacitávamos nossos engenheiros seis meses antes de colocá-los em projetos. Muitos saíam da empresa, o mercado estava em alta. As primeiras perdas para o mercado – que foram muitas – foram duras. Estruturar qualquer equipe é um desafio, mas desafio maior é estruturar uma equipe em uma tecnologia sobre a qual não há profissionais disponíveis. Quando as competências não são encontradas, você precisa mudar a estratégia e mobilizar pessoas pelo que você acredita que elas possam fazer. Tarefa difícil para empresas que não dispõem de grandes especialistas em RH.

Este foi outro ponto em que buscamos promover uma mudança no nosso processo de decisão. Partimos de entrevistas individuais para alguns testes cognitivos e de habilidades que eram importantes para nós. Impressionante como uma pequena fonte de evidências sobre as habilidades dos candidatos nos levou a tomar decisões muito melhores. Mas, mesmo com as avaliações objetivas, sempre buscávamos utilizar a nossa intuição.

A grande mudança

A beleza de uma empresa pequena é o tipo predominante de conhecimento: o tácito. Difícil de organizar, de controlar, mas uma bênção para quem precisa de decisões rápidas. Outro tema que influencia diretamente as decisões é a confiança. É importante haver um ambiente de confiança mútua, onde os trabalhos são conduzidos pelo senso de pertencimento e responsabilidade. Nós fomos uma organização que acumulou um conhecimento tácito incrível que culminou em uma aquisição.

Muitas aquisições ocorrem pelo interesse de uma empresa maior por uma menor, geralmente para ampliar seu portfólio ou até para remover um concorrente. Em empresas de tecnologia, há um elemento adicional: normalmente o conhecimento tácito e o capital intelectual são grandes, gerando algo chamado *goodwill* que precisa ser mensurado e comprado. O que ocorre logo após a aquisição é conhecido como integração, em que a empresa comprada passa a aprender os processos, a forma de trabalhar e de tomar decisões da empresa compradora. Uma das primeiras ações da empresa compradora é justamente limitar o crescimento do conhecimento tácito, transcrevê-lo em explícito e aplicar os processos para adequar a empresa comprada à sua realidade. Processo irreversível e delicado, no qual você pode acabar destruindo este *goodwill*.

Depois disso, ocorre uma transformação interessante: o conhecimento tácito realmente começa a ser substituído pelo formal e as decisões perdem o caráter mais intuitivo para se tornarem baseadas em fatos concretos, evidências, apresentações, discussões. A intuição, que antes estava presente por todo o processo decisório, agora será aplicada apenas no final, após todas as etapas anteriores. Esta é uma das principais mudanças que acabam frustrando muitas pessoas que vieram de aquisições. A sensação é de impotência quando a sua intuição tenta falar mais alto que os processos organizacionais.

Outro aspecto intrigante são as pessoas ou os perfis que funcionam melhor em ambientes tão distintos. Isto não se relaciona diretamente com as habilidades das pessoas, mas sim a como cada profissional se adapta ao novo ambiente. O caso mais nítido são os fundadores de empresas que são adquiridas que geralmente saem de cena algum tempo depois da aquisição. Isso porque essas pessoas não estão preparadas para viver a parte mais difícil em grandes corporações: a política interna. Empresas que possuem estruturas rígidas e matriciais impõem desafios para pessoas recém-chegadas. Geralmente, conseguir o que se deseja é mais difícil e complexo e requer que você saiba e queira participar de uma dinâmica de suportadores e seguidores. É preciso uma boa dose de inteligência emocional para lidar com as decepções e desavenças. Tarefa árdua para quem não está acostumado.

No final, as pessoas que resistem a uma aquisição deste tipo têm uma verdadeira estória para contar, pois tiveram a oportunidade de ver os dois lados e sobreviveram. São atributos como flexibilidade e resiliência que tornam possível cumprir essa jornada. Não por acaso, estas também são características importantes para períodos de crise como o que vivemos atualmente.

Naquela manhã, cheguei ao escritório como de rotina. Nada especial, a não ser a frase escrita à mão na lousa: havíamos sido comprados. Até neste ponto pequenas empresas são simples. Nada de anúncios, de e-mails com explicações, de apreensão ou desespero. Apenas uma frase na lousa.

Pousando na nova empresa

Em uma aquisição como a nossa, um fator seria preponderante: manter as pessoas motivadas para atravessar a fase de integração. Adquirir uma empresa pelo seu capital intelectual impõe um desafio primordial: você não pode perder as pessoas.

Entretanto, perder as pessoas em um processo de integração é comum. O desafio é justamente gerenciar o processo de forma a motivar a maior parte da equipe. Mantivemos o foco nas áreas principais, vendas e pós-vendas, onde tínhamos o núcleo da empresa. Normalmente, nessas aquisições, o primeiro sentimento é de ansiedade positiva. Como será na nova empresa? Como serão os benefícios e a carreira? Terei mais oportunidades? Meu salário irá aumentar?

Logo depois, no decorrer do processo, surge um fato imponderável: não é incomum que as empresas menores desfrutem de condições de trabalho, direitos e benefícios diferentes das grandes – às vezes melhores. Empresas com milhares de funcionários geralmente têm pouca flexibilidade e tendem a gerar políticas pelo mínimo denominador comum. Neste caso, regras que podem ser ótimas para os profissionais de nível médio são perversas para os mais sofisticados. Este era o nosso caso.

Constatado este fato, o sentimento inicial de euforia deu lugar à decepção e dúvida, o que compromete a capacidade de manter todo o time. Foi uma tarefa árdua, mas buscamos equilibrar visões negativas da equipe, com visões positivas do trabalho na nova empresa. Obviamente tínhamos também vantagens e benefícios com a integração, mas as pessoas tendem a focar mais o negativo que o positivo. É importante que haja atenção a estes fatores, pois motins podem acontecer. Um motim poderia pôr a perder nosso *core business* e já estávamos vendo isto em outras aquisições que estavam ocorrendo ao mesmo tempo.

O processo de integração do time, com olhar voltado ao fator humano, foi conduzido junto com o gerente de integração. Vencemos o desafio: não perdemos ninguém de vendas e de pós-vendas. Todos sobreviveram.

Decisões em grandes empresas

Um dos trabalhos mais motivadores e desafiadores que temos é o planejamento do negócio. Receitas, despesas, previsões, investimentos, capacitação, mudanças de rumo, novos produtos, muitos temas são estudados e cuidadosamente planejados anualmente. Envolve diversas áreas e profissionais que, na prática, tentam prever o futuro. Em grandes organizações, com responsabilidade perante os acionistas, este processo é bem transparente e acontece dentro de um cronograma rígido. No nosso caso, não é diferente. A primeira vez na nova empresa pode ser uma atividade bem estressante. Precisamos evitar vieses e buscar decisões que façam sentido no novo contexto.

Neste cenário de pós-aquisição, um bom começo pode ser revisitar todas as premissas do negócio. Não é incomum que premissas importantes tenham mudado e você tenha que se adaptar. Por exemplo, antes você se preocupava muito com o pós-venda e os serviços. Pode ser que a sua nova situação priorize ganhar novos clientes. Pode haver mudança de foco de receita para margem, de crescimento direto por indireto, modelos de distribuição, estratégias de marketing que podem afetar as vendas. Provavelmente você irá chegar com a energia e confiança de quem sabe tudo do negócio. Não é porque funcionou antes que continuará funcionando, sem adaptações. Reveja tudo, para não tentar encaixar o seu quadrado no círculo que está recebendo.

Ilusões de entendimento podem ser a principal consequência da crença no passado. O problema é a nossa dificuldade cognitiva em processar eventos que não ocorreram e menosprezar o papel da sorte nos negócios. Podemos comparar ilusão de entendimento com a ilusão de ótica, como as linhas paralelas com flechas abertas e fechadas. Por mais que saibamos que são iguais, nosso cérebro insiste em ver uma linha maior que a outra. Cognitivamente podemos ter a mesma ilusão: creditar nosso plano somente às nossas habilidades, subestimar o papel da sorte, projetar o futuro como uma cópia do passado e menosprezar dados e fatos em função da intuição.

Como nos protegermos então? Podemos testar as nossas premissas e vieses, questionando: quais eventos passados poderão se repetir? Quais não? Os grandes contratos serão fechados no futuro? As perdas irão se repetir? Quais eventos podemos prever? A forma como eu vejo o negócio é a mesma na nova empresa? Desafie o seu modo de ver o que você fez no passado, tente contar outra história. Com certeza estes passos irão te ajudá-lo a melhorar o desenvolvimento do negócio na nova empresa. Por exemplo, a visão que eu tinha da empresa antes da aquisição: sólida, em crescimento, com foco em pós-vendas e com um time incrível. A visão dos compradores: inchada, com foco em partes do negócio de baixa rentabilidade, área de vendas fraca, mas com uma carteira de clientes e capital intelectual que justificaram a compra. Isso já diz muito sobre nossas ilusões.

De todo modo, você tem que tomar decisões, afinal, creditam a você a responsabilidade de conduzir o negócio. E neste ponto grandes empresas dispõem de recursos, informações, transparência de mercado, tudo para nos dar suporte. Mas mesmo com todas essas informações, atravessamos uma situação delicada no País que requer cuidado redobrado. Temos uma trajetória de queda em todos os indicadores econômicos que se iniciou em 2013 e que pode perdurar até 2018. Neste cenário, qual estratégia seguir? Um dos grandes dilemas das organizações é equilibrar os seus orçamentos no curto prazo sem comprometer o futuro. Em empresas multinacionais, estamos perdendo a importância no mercado global, o que impõe mais desafios e pressão nas nossas decisões.

No final, não há uma resposta exata que possa ser aplicada a todos os contextos. De forma geral, porém, muitas empresas estão buscando o equilíbrio para manter a posição no mercado. Perder uma parte do capital intelectual pode significar fortalecer competidores e não ter força na recuperação da economia. Mas resistir a essa realidade e à pressão custa caro. Não à toa, grandes mudanças ocorrem em tempos de crise. Boas decisões, então, são aquelas que tratam de impulsionar o lucro e acelerar a geração de caixa. Alterações em preços, revisão dos custos e combate à queda nas vendas são atividades primordiais. Afinal, manter a liquidez em tempos de crise é fundamental.

Seja sincero, busque o autoconhecimento, evite vieses. Releia as premissas de negócio, questione. Utilize observadores externos e trabalhe com tensão construtiva de ideias para evitar o consenso irracional. Pense muito nas pessoas. Seja otimista com moderação e conte com a sorte. Ela sim pode ser fundamental.

MARCUS DANIEL DE SOUZA MACHADO

Executivo

Preparo, Foco e Dedicação: Habilidades para Fazer a Diferença

Ao descrever as minhas atividades, pode-se perguntar sobre a razão da minha decisão de me formar em Engenharia, e o que busquei para a minha vida profissional posteriormente. Entretanto, percebo que a inquietude absolutamente normal que me acometeu durante o período da graduação em Engenharia tornou-me uma pessoa mais completa e determinada.

De fato, não me enxergava como um engenheiro de carreira, com capacete e botas, com a determinação de tocar uma obra ou algo semelhante. Eu aspirava a algo mais intenso e um horizonte bem mais amplo. Como explicar isso? Simples: uma combinação equilibrada de ambição e o prazer em exercer as atividades que julgava e ainda julgo serem convenientes para o meu desenvolvimento em todos os âmbitos de minha vida, o que me levou a alcançar cargos de extrema confiança, como CEO de grandes empresas.

Ainda muito jovem, por volta dos 22 anos, meus anseios por agregar a formação acadêmica com experiências profissionais diferenciadas balançaram com este lado administrador e empreendedor, que viria a eclodir com o decorrer do tempo. Considero que possuo uma inteligência aguçada, não restrita somente aos números, mas também às relações humanas. A ânsia por estar sempre antenado, aprendendo e, ao mesmo tempo, colocando em prática minhas novas descobertas tornou-se algo latente. Ou mais do que isso: norteou minhas decisões desde o início, talvez antes mesmo de eu perceber esta capacida-

- **Carreira**

Desde 2015: Vice-Presidente – ETAK Communications.
2011-2015: CEO – Alcatel Celulares.
2009-2011: Diretor – LG Electronics.
2008-2009: Diretor – Tecnisa SA.
2004-2008: Diretor – Nokia.

- **Formação**

MBA – ITA e ESPM, 2000.
CEAG – Pós-Graduação em Administração – FGV/SP, 1996.
Engenharia – UFRJ, 1989.
Programação – PUC-RJ, 1988.

- **Família**

Divorciado. Dois filhos.

- **Nascimento**

Belém/PA, em 23 de outubro de 1966.

de de conciliar tão bem a dedicação e o foco para adquirir conhecimento, com a mesma velocidade com que obtinha êxito em minha profissão.

Para tal, eu vislumbrei a possibilidade de me enveredar por uma área que estava deslanchando. A computação e seus mistérios já eram uma realidade em praticamente todo o mundo, portanto, ao mesmo tempo em que me dediquei aos estudos de Engenharia na Universidade Federal do Rio de Janeiro, também dei início às minhas pretensões de me tornar um indivíduo diferenciado na tecnologia, por meio da PUC, outra instituição de enorme prestígio. Esta conexão - aliada ao meu ímpeto de dominar as artimanhas das mais variadas tecnologias - foi fundamental para a construção de meu currículo. Ora, se ficasse preso a um cargo que não me traria satisfação no futuro, eu mesmo teria boicotado qualquer possibilidade de sucesso mais adiante. Evitei este cenário ao apostar em conhecimento.

Ao mesmo tempo, eu sabia que me dedicar somente aos aspectos técnicos de minhas qualificações não era o suficiente, assim como deixar de lado a capacidade de extrapolar fronteiras era uma meta perfeitamente atingível. E foi assim que se deu. Pois, se me acomodasse unicamente com uma função, jamais teria obtido o sucesso que alcancei com experiências futuras. E o melhor de tudo é saber que dentro de mim esse desejo é o mesmo de outrora, o mesmo de um jovem estudante, o mesmo de um jovem profissional. A principal diferença, no momento, é que sou um profissional muito mais preparado, com diferenciais que se aprimoraram naturalmente com as conquistas que surgiram e, até mesmo, com eventuais tropeços menores.

Deixo claro também que minha postura de estar sempre em busca de conhecimento e novas experiências não me torna uma pessoa muito técnica. Para explicar isso, simplesmente utilizo a capacitação que tenho para facilitar um possível acesso com um cliente, utilizando para tal o aprendizado que obtive através de estudos via marketing e vendas. Comecei como estagiário na IBM, uma das empresas mais conceituadas daqueles idos do final da década de 1980, e foi algo marcante, trabalhando em áreas técnicas muito avançadas, algo bastante especializado. Isso ainda no Rio de Janeiro. Tão logo me formei, já fui efetivado para trabalhar em vendas e marketing, como analista de sistemas, muito por conta do meu perfil e de minhas habilidades - houve um processo rápido, uma transição para uma nova etapa.

> *"Estar sempre em busca de conhecimento e novas experiências não me torna uma pessoa muito técnica, mas sim me propicia possuir um perfil de profissional consultivo, para facilitar o acesso com o cliente."*

A questão de ser muito dedicado - inclusive abdicando das férias para realizar estágios - acabou por render uma promoção da IBM, que me enviou para São Paulo em 1992. Até então, além de trabalhar duro e com o devido reconhecimento, eu seguia na mesma toada de realizar cursos, aprender a me comunicar bem em público, o que trouxe resultados fabulosos posteriormente. Não à toa, criei a desenvoltura e a aptidão necessárias para atuar como professor e palestrante. É interessante analisar esse período. Eu era um recém-formado, com um bom conceito dentro da empresa e me deparei com São Paulo, basicamente um novo país. Essa foi a grande guinada em minha vida, sem dúvida. Um outro panorama surgiu, com muitas oportunidades... Comecei a minha pós-graduação na Fundação Getúlio Vargas em Administração, eu sentia que faltava essa formação em meu currículo. Depois ainda realizei mais um MBA no ITA.

Ao mesmo tempo, todo esse contraste causado pelo choque natural de quem ainda está conhecendo São Paulo estimulou uma nova percepção quanto ao campo profissional. Em 1995, mesmo já sendo gerente, achei que o processo para crescer dentro da IBM já não estava de acordo com o ritmo que eu tinha em mente e me transferi para a Polaroid. Muito novo ainda, cheguei e assumi como responsável por grande parte do faturamento da empresa. Desde então me especializei na área de vendas e marketing, no ramo de *business to business*, entre os anos de 1995 e 1998. Dentro da Polaroid sempre tive muita gana para me desenvolver rapidamente dentro da empresa e estudei para que isto acontecesse.

> *"A experiência traz boas ideias, mas a formação acadêmica é fundamental, pois o conhecimento pode ajudar a analisar se boas ideias podem trazer bons resultados."*

Depois da Polaroid, fui para a Ernst & Young, uma das maiores consultorias do mundo, e tinha uma missão bem específica: ajudar os sócios a abrir portas, com bastante ênfase em empreender ações e realizar essa relação mais próxima com os clientes. Foi um período curto, mas com bons resultados, pois posteriormente eu me lancei em um projeto na internet que acabou sendo de grande aprendizado. Afinal de contas, quando algumas coisas não dão certo, do jeito que você planejou com exímia maestria, simplesmente é pelo fato de que o que não é fácil exige uma demanda extra de esforço e estratégia.

Foi após este período em que iniciei minhas atividades no setor de telecomunicações, ingressando na TIMnet como Gerente Sênior, que retornei para o Rio de Janeiro. Foi um período marcante também por eu ter começado a "dominar" melhor o mercado da América Latina, no período compreendido entre 2001 e 2004. Foi quando assumi compromissos maiores, e me lancei para trabalhar na Nokia, simplesmente uma gigante, a maior empresa de celulares do mundo à época. Lembro-me de que se tratava de algo extremamente complicado, já que abrangia todo o processo junto ao grupo da Telefonica, um cliente muito complexo. Até então, havia sido meu maior desafio profissional.

A conta da Telefonica, no Brasil e no mundo todo, foi um ponto de impacto, já que ali se concentrava uma grande parte dos maiores executivos da área da comunicação e do marketing. Os planejamentos estratégicos, as reuniões, metas agressivas... E sempre tive ao meu lado essa questão dos relacionamentos pessoais muito bem resolvida, o que facilita a conquista da confiança das pessoas. Eu tenho uma relação com o trabalho que às vezes é dura, mas isso eu guardo para quem não ajuda o grupo como um todo. Mas, hoje em dia, vejo que é mais simples expurgar quem não consegue contribuir para o desenvolvimento da empresa. O mercado está mais acirrado do que nunca, isto é evidente, estamos presos em uma crise e eventualmente se faz necessário ser o mais seletivo possível.

A experiência na Nokia durante quatro anos, entre 2004 e 2008, como diretor de vendas foi um diferencial, ao lidar com contas grandes e projetos inovadores internacionalmente. Depois de um breve retorno à engenharia, aceitei um convite para ser o Diretor Geral da toda a divisão de celulares na LG. Esta foi uma experiência mais diferenciada, não somente pelo tamanho do trabalho, mas também por questões culturais, afinal, o contraste com a cultura sul-coreana foi o mais difícil de ser assimilado. E não que tenha sido ruim, muito pelo contrário. Fomos líderes de mercado, o relacionamento com os clientes serviu de crescimento, enfim, pude extrair vários pontos positivos para o meu desenvolvimento, com a criação de portfólios e mesmo com assuntos pontuais, como o âmbito cultural, com mais exigência e disciplina. Resumindo, em cada local onde busquei aprimoramento, soube desfrutar do que me foi oferecido.

> *"É um ato de se desafiar e se integrar aos novos hábitos de seus parceiros e, claro, como costumo enfatizar, a importância de encarar este tipo de experiência como um aprendizado profundo de vida."*

É importante pontuar que, por conta dessa bagagem adquirida ao longo dos anos, passando por setores diferentes de empresas com propostas distintas umas das outras, eu tive a oportunidade de receber uma compensação muito especial para que a minha carreira mantivesse o fôlego do início. Ou seja, quando destaquei que o meu ímpeto de estudar e trabalhar ao mesmo tempo seria recompensado no futuro, não me decepcionei. Muito pelo contrário, pois através de minhas ações, com dedicação e boa vontade, construí um círculo muito forte em torno de mim; como pessoa e como profissional. E esta estrutura é de suma importância para que se fortaleça uma virtude chamada confiança, sem a qual não poderia estabelecer laços fidedignos dentro do mundo corporativo.

Todavia, chegou o momento em que recebi uma proposta irrecusável para que minhas aspirações não parassem por ali. Trata-se, mais uma vez, do tópico sobre o quanto o profissional pode ser desafiado, o quanto ele pode contribuir e consolidar sua carreira com um *status* realmente elevado. Assim, ao ser indagado sobre a possibilidade de ser o número 1 da Alcatel Celulares no Brasil, não havia qualquer possibilidade de hesitar.

"Fui seduzido pela oportunidade de ser o número 1 de uma empresa que não era grande ainda no Brasil, mas já se tratava de uma grande multinacional chinesa. Eu assumi esse desafio."

Naquele começo de 2011, posso confirmar que foi a minha empreitada mais ousada, já que estava em uma situação de estabilidade, vindo de experiências sólidas em grandes empresas. Mas não há como negar que chegara o momento de fazer algo diferenciado. Sim, já havia experimentado algo semelhante em diversas ocasiões, mas possivelmente elaborando bem meus planos de ação. Quando essa questão de ser o responsável principal da Alcatel surgiu, um misto de que minhas ambições profissionais e pessoais poderiam se encaixar perfeitamente em um projeto inovador fez com que eu partisse para cima deste desafio. Tratava-se de algo muito gratificante, especialmente no que concerne o reconhecimento obtido para ser o eleito de uma multinacional que, em outro momento, não havia conseguido penetrar no mercado brasileiro.

Obviamente, eu segui não somente os meus instintos e tomei uma atitude isolada ao aceitar o convite. Com todo o *know-how* de uma carreira já bem estruturada, procurei me informar sobre a Alcatel antes de assumir um compromisso que, evidentemente, poderia trazer riscos para ambas as partes. Meu perfil condiz com isso; trata-se de elaborar uma estratégia já com planos de metas... Não poderia simplesmente dizer aos meus contratantes que aceitava o cargo pela importância do mesmo, mas prioritariamente porque eu possuía condições de estabelecer um plano vencedor para a Alcatel, mesmo com todas as dificuldades iniciais de uma *startup* no país, já que começamos a empresa com apenas quatro funcionários, ou seja, um modelo que posso até denominar como um "risco calculado".

O interessante é observar que, como presidente – o CEO da Alcatel Celulares Brasil –, não somente fiquei retido nos setores de vendas e marketing. Minhas responsabilidades foram aumentando exponencialmente, com contatos de RH, clientes, com o governo... Eu era o estatutário... Respondia pela empresa perante o governo... Todos estes procedimentos para que a empresa vigorasse deram resultado, conseguimos o retorno esperado para que nossos números nos colocassem em situação privilegiada em um momento conturbado da economia e da política, especialmente no Brasil. De 2011 a 2015, consegui aumentar o faturamento da empresa de zero para US$ 150 milhões anuais, fora o aumento do pessoal.

Ou seja, além do alto crescimento amealhado em um período relativamente curto para colocar uma nova estrutura em desenvolvimento, proporcionamos a criação de vagas em setores administrativos e na fábrica em Manaus. Além disso, trouxemos todas as operadoras para junto de nós, e tivemos também uma atuação destacada no varejo, com o aumento da venda de 200 mil para 4 milhões de aparelhos anualmente, com a implementação dos *smartphones*. Isso com diretores eficazes atuando para que essa engrenagem não parasse de funcionar. Foi um período no qual eu também cresci, aproveitando minha experiência por já ter atuado no mercado da América Latina, ingressando como membro no *Board* Executivo do bloco.

> *"Este foi o meu ponto alto. Assumi uma empresa chinesa como CEO no Brasil, partindo praticamente do zero aqui no país, para atingir um faturamento de US$ 150 milhões anuais, com abertura de fábricas e, consequentemente de empregos. Sob o meu comando."*

É muito importante ressaltar que todo esse processo não se deu em um passe de mágica ou contando com a sorte. Conforme já disse, em um período de instabilidade econômica, saber se posicionar com a "bagagem" previamente adquirida faz toda a diferença. Para atingir os resultados supracitados, apostei em minuciosos planejamentos estratégicos e estreitei ainda mais os laços com os clientes. E os clientes me conhecem, confiam em mim e no meu trabalho, estão cientes de que onde eu estiver, levarei as soluções para os problemas que ali se instalaram. Este vínculo é primordial, pois é de extrema importância que as relações edificadas no decorrer da vida não se percam no meio do caminho.

> *"Sou um solucionador de problemas. Depois que você se transforma no número 1, você tem de solucionar tudo o que aparecer pela frente."*

Destaco essa qualidade como um aspecto de liderança, em virtude de possuir uma capacidade excelente de atuar como um gestor de pessoas. Muitos indivíduos ficam como "baratas tontas" quando confrontados com situações extremas. E um excelente gestor de pessoas precisa ter uma excelente formação acadêmica, executiva e experiência de vida. Quando surge a famosa pergunta: "O que está acontecendo?", é o momento de agir com calma. Não adianta se desesperar, mas sim ouvir todas as partes, realizar uma análise do problema em questão. Sem medo, coloco na mesa quais são as soluções para resolver a situação da melhor maneira possível e minimizar os danos. O interessante é que, às vezes, a solução é tão simples que as pessoas se indagam: "Poxa, como você conseguiu chegar a este resultado?", sem perceber que, não raro, as respostas se encontram em pequenos gestos, responsáveis por encerrar atritos desnecessários.

Ainda fiz um MBA no ITA, em parceria com a ESPM, um curso muito difícil e seletivo que me deu muito conhecimento. Mas o primordial aqui é constatar que não se trata de um conhecimento puramente matemático... Não sou uma pessoa inteligente somente por conhecer números, mas também por conhecer as pessoas a fundo, com suas artimanhas, suas qualidades... Talvez seja algo inato, mas também foi desenvolvido, soube lapidar e desenvolver minhas aptidões com muita garra e poder de observação. Isso continua me motivando a seguir ajudando empresas a desenvolver seus serviços, a edificar ambições, a desenvolver alguma coisa maior. Mostrar caminhos é realmente algo muito gratificante. E sinto que realizei com a devida competência este meu talento por onde passei até hoje.

ANTÔNIO MÔNACO JÚNIOR

CEO – Jequiti Cosméticos e
Vice-Presidente – Grupo Silvio Santos

Boas Ideias Nunca Ficam Ultrapassadas

Há muito tempo atuando como executivo, iniciei minha carreira como engenheiro, já que esta foi a minha formação. Graduei-me pela Universidade Presbiteriana Mackenzie, como bacharel em Engenharia Mecânica, realizando meu primeiro estágio exatamente nesta área. Lembro-me de que tive de desenvolver um equipamento para revestimento eletrostático de lâmpadas especiais, inclusive, como estagiário, tendo que ir aos Estados Unidos para entender essa tecnologia. Como toda experiência é válida, essa foi também de grande importância, porém... Se for parar para pensar, em nada tem em comum com o que faço atualmente. Apesar disso, foi uma grande honra, ainda tão jovem, ter desenvolvido um equipamento para uma empresa importante, o que me faz pensar que eu realmente possuía um diferencial criativo desde aquela época.

Por conta do Plano Collor, acabei não conseguindo uma efetivação, o que foi uma pena... Foi um período de cortes de vagas e redução de quadro. Mas demorou pouco para eu conseguir uma colocação na Consul (empresa do Grupo Multibrás), na área do treinamento comercial, que tinha como principal objetivo treinar os vendedores dos nossos Revendedores em todo o Brasil, explicando e capacitando sobre como funcionava cada equipamento. E com a experiência que pouco a pouco fui adquirindo, acabei sendo transferido para

▪ Carreira

Desde 2016: CEO – Jequiti Cosméticos e Vice-Presidente – Grupo Silvio Santos.

2012-2015: Commercial and Marketing Director – Jequiti Cosméticos (Grupo Silvio Santos).

2009-2012: Leader of Business Unit (France) – Natura.

2008-2009: Commercial Director – Natura.

2006-2008: Commercial Senior Country Manager – Natura.

▪ Formação

INSEAD – International Marketing, Marketing, 2010-2010. Great MKT Intensive Program – Atividades e grupos – International Marketing Programme.

Maastricht School of Management – MBA – International Business – 2000-2002.

Universidade Presbiteriana Mackenzie – Bacharelado em Engenharia Mecânica, 1986-1990.

coordenador de propaganda e marketing. A área de treinamento já englobava essa questão do marketing, então não encontrei dificuldades para me adaptar. Até então, eu só tinha a formação como engenheiro - ainda não havia procurado uma pós-graduação para exercer com mais autoridade esta função. Creio que foi mesmo uma questão de ser um autêntico autodidata. Era tão envolvido e intenso no que fazia que, por muitas vezes, mesmo sem a experiência esperada, eu até discordava da opinião das agências de publicidade com relação às campanhas e peças publicitárias que as mesmas apresentavam.

Este foi um período marcante de crescimento, para saber negociar, trabalhar em equipe e atingir de maneira efetiva o consumidor final. Em seguida, fui promovido ao cargo de Gerente de Vendas, no qual poderia apontar que adquiri ferramentas fundamentais para me tornar um gestor mais completo. Claro, ali eu estava somente começando, ao passo que no futuro passei a administrar projetos grandes, que exigiram maior conhecimento e capacidade de ser membro de empresas de dimensões gigantescas.

Ao mesmo tempo, aprendendo as artimanhas para ser um gestor de alto nível, o que pesou mesmo naquela época, no início da década de 1990, foi saber lidar com a maturidade, o cumprimento de metas e a disciplina. São elementos que todo administrador focado precisa ter para obter êxito em seus projetos. Mas não foi meu *boom* ainda; considero que foi apenas o início da minha carreira como um alto executivo.

Posteriormente, comecei a trabalhar em uma empresa de caráter familiar, do ramo têxtil. Posso pontuar que neste momento aconteceu uma guinada muito forte, não somente na questão financeira, mas como uma postura mais ousada que poderia me levar longe como um empreendedor. Comecei por baixo - pedi isso para não ser o "protegido" da casa. Queria galgar meu espaço através dos meus esforços. E marcas fortes estavam juntas conosco, inclusive estrangeiras. Aprendi muito nessa companhia, pois os afazeres englobavam todos os setores, passando das coisas mais básicas, até a logística de distribuição, questões tributárias etc.

Neste momento, a Disney, uma de nossas clientes à época, passou a olhar para a nossa empresa de uma forma diferente, isso em 1998, aproximadamente. Então, a Disney veio com uma proposta/projeto de agregar o nosso produto têxtil, juntamente com cosméticos... Seria uma porta de entrada para divulgar produtos deste gênero no País. Dentro dessas reuniões, para acertamos o ponteiro do projeto, surgiu uma grande "sacada"... O fato de que muitas empresas da área de cosméticos na verdade utilizavam serviços e produtos terceirizados, ou seja, vislumbramos ali uma oportunidade de ouro para fazer o negócio vingar.

De cara, percebi que havia em nossas mãos três sinais que não poderíamos deixar passar: a marca, a Disney obviamente tem; distribuição, nós tínhamos; e, por fim, a questão da terceirização. Dito e feito. Com o auxílio da Disney, nós conseguimos contratos com Brasil, México, Uruguai, Venezuela e Chile. As rivais tinham similares no mercado, mas nós construímos uma estratégia diferenciada, para baratear custos, sem perder a qualidade dos nossos produtos. A intenção era enfrentar a concorrência, porém sem deixar a qualidade do que colocávamos à disposição de lado. E eu tenho orgulho de dizer que estava apenas nos meus trinta anos de idade neste fértil período. A criatividade fez toda a diferença para nos destacarmos nesse segmento.

Lembro-me de que no dia em que recebemos os primeiros produtos em nosso estoque fizemos uma caixa contendo todos os itens elaborados pela nossa linha, com shampoos, óleos, sabonetes, entre outros, e enviamos para o diretor da Disney. Nós precisávamos desse retorno. Quando ele colocou no viva-voz para dar seu "veredito", ele não conseguia falar: desandou a chorar de felicidade. "Eu não estou acreditando que vocês conseguiram transformar isso em realidade", foram as palavras dele. Foi muito forte. Daí em diante, tentamos conseguir a licença para a distribuição nos países supracitados, com a ajuda da nossa parceira Disney. Esse foi o meu MBA de verdade, obtido na prática. Com limitações financeiras para investir, mas com uma vontade e determinação para viabilizar esse projeto, que acabou dando muito certo... Uma iniciativa sem igual.

Depois disso, após dois anos, acabei me desligando da empresa, muito por conta de questões familiares. Por uma enorme ironia do destino, a empresa acabou sendo adquirida por uma pessoa ligada ao Grupo Silvio Santos, só para vermos como o mundo dá voltas.. Isso foi em 2006.

Bom, após essa longa jornada, trabalhei por cerca de dois anos como consultor na área de cosméticos, antes de entrar para a Natura. Ou seja, permaneci atuando dentro do marketing deste segmento e foi um nicho no qual me fixei, com uma adaptação bastante tranquila, muito por conta do meu *know-how*, e também por ter tomado diversas iniciativas ousadas e realizado planejamentos postos em prática neste ínterim. Nessa etapa de minha jornada profissional, posso afirmar categoricamente que estava preparado para encarar desafios maiores e dar o meu melhor.

Então, em 2003 fui contratado pela Natura como Gerente Comercial, alocado em São Paulo, para tomar conta da gestão de um dos mercados mais competitivos no Brasil. Já não me lembrava mais de como era trabalhar em uma empresa grande, estruturada, "robusta"... Com marca reconhecida, valores e atributos, volumes gigantescos... Se antes eu demonstrava um perfil mais dinâmico, no retorno ao esquema mais organizado precisei obviamente ser mais prudente e entender que os processos das instituições são bem distintos entre si. Eu sou do tipo 250 quilômetros por hora por natureza e precisei ser mais cauteloso, em contrapartida a essa personalidade ousada que sempre demonstrei.

Enfim, fiquei dois, três anos em São Paulo e depois fui expatriado para o Chile, como responsável por toda a área comercial da Natura Chile. Era a Natura, mas em um tamanho menor, mais ágil, com autonomia. Ou seja, aí eu gostei. Destruir para reconstruir, mais velocidade nos processos... Não adianta me colocar em um lugar "fechadinho" que eu não aguento. Depois dessa experiência, parti para o México, com basicamente as mesmas funções, mas com uma série de "pepinos" e problemas para resolver. Então, existia a questão da marca, precisamos nos reestruturar, e o melhor de tudo, eu tinha autonomia.

De lá, voltei para casa para ser o Líder de Unidade de Negócios da "Operação França" da Natura; praticamente ficava na ponte aérea entre São Paulo e Paris. Uma missão e um desafio bastante complexos. Como se destacar com uma marca brasileira de venda direta na capital mundial dos cosméticos?

Foi importante e diferenciado. Os valores da empresa, atributos da marca para levar aos franceses, eram algo delicioso de se fazer, no tocante à questão da brasilidade. Era tudo uma questão de fazer a marca ser reconhecida em Paris. Isso me trouxe um aprendizado fantástico e, de quebra, eu ainda contava com o apoio do fundador.

Após todos esses processos bem-sucedidos na Natura, surgiu uma possibilidade de trabalhar com projetos dentro da empresa. Mas isso definitivamente não é a minha vocação. Tem gente que ama projeto, eu quero saber do marketing, da venda, do pulso das operações. O então CEO da Jequiti sabia do meu descontentamento naquele momento, conversamos e fui chamado para fazer uma entrevista, já que ele estava precisando de alguém para assumir a direção comercial da companhia. Já havia um entrosamento entre nós da época da Natura, um grande amigo e um excelente gestor. Tenho muito carinho e gratidão por ele. Bom, ele conhecia meu histórico e trabalho, e em 2012 eu acertei com a Jequiti.

A partir de então, passei a montar minha equipe, realizei algumas modificações, trouxe gente da minha confiança para compor o trabalho que me fora designado. Trocamos muita gente, porém era necessário realizar essa reformulação, por meio de uma autonomia concedida e através da confiança do CEO da companhia. E a empresa – desde aquela época – tem uma velocidade de crescimento imbatível. Os resultados começaram a aparecer, com um planejamento muito bem elaborado.

E com isso preparado, lembrando que a Jequiti precisou buscar outras soluções para não ficar estagnada no mercado, posso dizer que veio o *grand finale*, com o retorno do Baú da Felicidade. O nosso fundador, o Silvio Santos, lançou uma ideia que, para a maioria dos diretores, era totalmente descabida. Ele indagou aos líderes da equipe e demais responsáveis se a volta do Baú da Felicidade não funcionaria juntamente com uma ação realizada com a marca Jequiti. Confesso que a maioria dos consultados não acreditou neste plano de imediato.

A empresa estava sem presidente nessa época – o Lásaro (do Carmo Júnior) já havia deixado o cargo – e vieram saber a minha opinião, pois nesse período eu ainda era o diretor comercial. Fui firme e confiante na resposta: "Voltar com o

Baú? – Vai arrebentar!", exatamente assim. Enfatizei que iria funcionar, era válido estruturar um projeto alinhado com a marca Jequiti. Como em todas as empresas de grande porte, tomar essa decisão era algo delicado, mas são decisões tomadas em conjunto. Graças ao apoio de mais um vice-presidente, o José Maria Corsi, que está no Grupo Silvio Santos há mais de 45 anos, além do apoio incondicional do Silvio Santos, decidimos avançar o projeto.

Tem uma passagem muito interessante para contar: nos estúdios do SBT, dois minutos antes da gravação do programa Roda a Roda Jequiti, encontrei o Sr. Silvio para falar sobre o assunto, e ele me indagou se eu acreditava na volta do carnê. Respondi com toda veemência que sim. Assim que ele entrou para gravar, anunciou no ar a volta do Baú da Felicidade, isso em maio de 2015. "Aguardem, o carnê do Baú da Felicidade está voltando", simples assim. E não havíamos preparado nada ainda... Até então era somente uma ideia com um futuro promissor. Para ele (Silvio Santos), a intuição fala mais forte, a sensibilidade, a capacidade de enxergar o potencial do projeto... Claro que ficamos confiantes! Apesar de poucos "adeptos" até então.

A partir daquele momento, elaboramos a estratégia para alinhar o retorno do carnê com a linha da Jequiti. Ficou decidido que, durante um ano, os pagamentos mensais de R$ 10 seriam realizados, inteirando um montante de R$ 120 no ano, e caso a pessoa que estava na expectativa de ser sorteada não o conseguisse, ela teria o direito de recuperar o valor de R$ 150 em produtos da Jequiti. Há de se convir que se tratava de um excelente negócio. Sem falar nos sorteios semanais, que poderiam render prêmios em dinheiro em quantias sedutoras. Em uma semana, uma pessoa poderia ganhar até R$ 1 milhão rodando o peão.

O único problema ficou por conta da elaboração e geração dos carnês. Mas tudo acabou sendo resolvido, apesar de alguns atrasos da gráfica. O próprio Silvio Santos redigiu os vídeos para divulgar o retorno do projeto do Baú da Felicidade. E, claro, precisamos remanejar a grade de veiculação de nossos comerciais; uma vez o "Patrão" mandou, está mandado.

Fizemos o lançamento no dia programado, e em 4 de dezembro de 2015, o Carnê do Baú da Felicidade estava de volta. Nosso *call center* colapsou, todo mundo – o público sempre fiel a ele – querendo, aguardando ansiosamente pelo retorno do carnê.

Estamos no contrafluxo da catástrofe política e econômica do Brasil, promovendo oportunidade para as pessoas ao menos sonharem. Ou seja, além de concorrer no Roda a Roda, a pessoa participa do Caldeirão da Sorte (programa diário que rende até R$ 20.000,00 ao sorteado), sem falar do Pra Ganhar É Só Rodar (programa semanal que pode pagar até R$ 1 milhão rodando o peão). Quem compra o carnê certamente ainda será premiado com o que a Jequiti oferece com o bônus. Em suma, é um negócio interessantíssimo para todas as partes. Trata-se de uma estratégia ousada, de resgatar um produto que já havia feito muito sucesso, e colocar o conceito da marca de cosméticos lado a lado. Por isso, fui a favor dessa "inspiração" do Silvio. Foi uma ideia genial, que só precisou ser lapidada para que não sofresse nenhum erro no meio do caminho até o lançamento do projeto.

Os carnês vendendo muito acima do planejado, a Jequiti em alta... Enfim, ter liderado este projeto, acreditado em uma ideia antiga que se tornou atual e, acima de tudo, poder retribuir ao Silvio Santos a alegria que ele proporciona para a família brasileira ao longo dessas décadas é um sentimento muito intenso, foge dos padrões corporativos e entra no âmbito pessoal. É uma sensação de gratidão e dever cumprido.

> *"É algo que foi uma inovação, ao mesmo tempo em que se tornou uma atualização. O grande aprendizado é o de sempre acreditar em sua intuição, de não pensar que exista uma ideia antiga. Se for bem adaptado no momento certo, vai dar certo...".*

Voltando ao meu passado como executivo, posso afirmar categoricamente que o meu primeiro MBA de verdade foi através do projeto realizado com a Disney e, posteriormente, fazendo tudo isso acontecer com a Jequiti e o Baú da Felicidade. Antes dessa interação entre os produtos, era necessário "sair da caixa", inovar, fazer com que as taxas de crescimento fossem superiores à médias dos concorrentes e, principalmente, remar contra a crise do Brasil... Crise? Que crise? Encontramos mais uma fórmula eficaz para elevar a Jequiti ao *status* a que ela pertence, trazendo sempre um diferencial competitivo e com muito respeito ao consumidor.

Sei que trouxemos uma energia diferenciada nesse momento tão importante e com isso podemos transformar a companhia no dobro do que ela já é hoje. Sem falar que a tecnologia também tem influenciado de forma positiva essa ascensão. Temos em nosso planejamento estratégico a intenção de montarmos nossa própria fábrica, como forma de reduzir custos dos compostos terceirizados, além de gerar mais mão de obra.

Todo o Grupo Silvio Santos tem demonstrado bons resultados e excelente crescimento. Apostamos nesse trabalho em equipe, entre todas as empresas do Grupo. Por atrás disso tudo, obviamente, existe muita credibilidade, através de um único nome: Silvio Santos... O homem do Baú!

WELLINGTON MOREIRA

Executivo Financeiro

Olhando no Espelho

Comecei a trabalhar bastante jovem, com quinze anos, no extinto Banco Nacional. Ao mesmo tempo em que estudava em colégios públicos, consegui fazer um bom cursinho preparatório e posteriormente entrar em uma faculdade. Felizmente, correu tudo bem e ingressei na Escola Politécnica da USP, onde me graduei como engenheiro.

Curiosamente, durante a faculdade cheguei a dar aulas de matemática e física, exatamente no cursinho no qual havia estudado, no período da noite, uma vez que a faculdade era de período integral e me impedia de trabalhar durante o dia.

Após minha formatura, comecei a trabalhar como *trainee* em um banco de investimento e em seguida na mesa de operações de câmbio. Saindo do banco, fui para o Grupo Ultra, onde atuei como supervisor financeiro e posteriormente como gerente de projetos. Simultaneamente a isso, comecei a ampliar meus horizontes nos aspectos acadêmicos, já que resolvi estudar Administração.

Foi a maneira que encontrei para unificar meu conhecimento técnico como engenheiro com a questão mais relacionada ao marketing e à área de humanas também. Procurei não ficar parado somente em uma função... Considero que este tipo de iniciativa impulsionou o meu desenvolvimento. Dessa forma, voltei novamente à Universidade de São

▪ Carreira

2011-2014: Diretor Financeiro Regional – América Latina – Sanofi.

2006-2011: Diretor Financeiro – Brasil – Sanofi.

2002-2006: Controller Brazil – Puma SE.

1999-2001: Business Unit Controller – Bristol-Myers Squibb.

1997-1999: Gerente de Projetos – Ultrapar.

▪ Formação

FIA – Fundação Instituto de Administração – Master of Business Administration (MBA) – Finanças, 2003-2004.

Faculdade de Economia, Administração e Contabilidade da Universidade de São Paulo.

Bachelor of Business Administration (BBA) – Administração de Empresas, 1994-2000.

Escola Politécnica da USP – Bachelor of Engineering (BE) – Engenharia Mecânica, 1988-1993.

Paulo, na Faculdade de Economia, Administração e Contabilidade, a conceituada FEA.

Depois de alguns projetos importantes no Grupo Ultra, que me ajudaram a adquirir experiência, ingressei em uma multinacional de enorme importância. A Bristol-Myers Squibb abriu as portas para mim, em setembro de 1999, logo após minha saída do Grupo Ultra.

Eu estava ansiando por essa oportunidade de trabalhar em uma companhia multinacional de grande porte, com estrutura sólida e condições de aplicar meus conhecimentos dentro de uma equipe consolidada.

Quando fui para lá, inicialmente, assumi um cargo na área de Controladoria. Na Bristol realizei diversos projetos interessantes e me envolvi em outros segmentos que me deram bagagem para crescer profissionalmente. Coloco como destaque a atuação nos departamentos de suprimentos e marketing. Cito como exemplo um trabalho liderado por mim, cuja missão envolvia a transferência do fornecimento de leite em pó da Nova Zelândia para a Argentina, o que proporcionou uma economia de US$ 10 milhões para a empresa. Permaneci na Bristol entre 1999 e 2001.

Na sequência, posso apontar o evento mais contundente em minha carreira profissional, ao assumir um posto dentro da Puma, logo no começo de 2002, demonstrando a importância de sempre estar preparado para novos desafios. Quando cheguei à companhia, ela passava por um processo de estruturação. Era uma *startup*, coordenada por meio da Alemanha, quando a Puma decidiu entrar definitivamente no mercado brasileiro. Vale lembrar que outras grandes marcas esportivas da época, naqueles idos do início dos anos 2000, dominavam o segmento com fortes ações de marketing.

Posso afirmar com todas as letras que conduzi esse movimento de *startup* da Puma aqui no Brasil. Este foi meu maior desafio profissional, sem sombra de dúvida. Ao longo dos pouco mais de quatro anos em que permaneci na empresa, exerci todas as funções possíveis, o que me deu um ganho de experiência excepcional. Com a abertura da subsidiária aqui no Brasil, passei a acumular diversas funções dentro da companhia, até por uma questão de necessidade. Olhando para trás, percebo como me saí bem neste aspecto, ao conseguir êxito em liderar uma equipe que recolocou a Puma em seu devido lugar.

A marca voltou a ser cobiçada por diferentes classes sociais, faixas etárias e, o mais importante, não se destacava somente por ser uma referência dentro do ramo esportivo. A logística preparada para evidenciar os produtos surpreendeu o mercado, uma vez que os consumidores passaram a comprar também pelo estilo original, seja pelo despojamento, ou mesmo pela criatividade das roupas, tênis e demais acessórios. A Puma não era somente um uniforme para a prática de esportes; ela também passou a ser utilizada como uma roupa para o dia a dia, até de forma social, com uma ousadia que partia da nostalgia que ela causou.

Quando comecei a integrar meu planejamento dentro da Puma, percebi que não ficaria designado para tomar conta de somente uma função específica – o que foi muito bom. Eu mais uma vez senti aquela necessidade de agregar mais atividades ao meu cotidiano de trabalho e vislumbrei que dentro daquela empresa poderia explorar todo o meu potencial.

Dessa vez, meu leque de opções se abriu de vez e tive condições de colocar em prática o que eu já sabia, além de aprender a desempenhar novas funções. Ou seja, foi um divisor de águas sem igual, tornando-me um executivo muito mais preparado para lidar com as mais diferentes situações. Precisei tomar conta de todos os aspectos. Questões legais, registros, contabilidade e atividades fiscais... Além de ter me envolvido em todas estas tarefas administrativas, passei a realizar a integração da parte de TI, suprimentos, logística, RH, e por aí vai. E, claro, algo bastante importante para readequarmos a marca: a questão do marketing e seu posicionamento competitivo.

Outro ponto interessante nessa trajetória dentro da companhia foi a formação da equipe, algo em que me considero uma pessoa bem preparada, com clareza para discernir quem eu deveria contratar para determinada área, o perfil de cada novo integrante do time... Já que tudo isso representa qual será o resultado final do que vamos apresentar ao consumidor e, especialmente, para fazer frente aos novos rivais diretos no segmento. Ao mesmo tempo em que me dedicava a tudo isso, havia a preocupação de manter o foco nas operações triviais com o departamento de vendas, distribuição e área comercial.

Enfim, foi realmente um processo de maturação bastante interessante e os resultados apareceram, foi um trabalho que me gerou bastante reconhecimento. Essa operação de *startup* da Puma é digna de ser destacada, já que saímos praticamente do zero, tendo de montar toda uma estrutura para que a marca fosse recolocada em evidência, e encerramos o trabalho, no período compreendido entre 2002 e 2006, com um faturamento acima dos R$ 180 milhões.

Com toda essa estrutura já preparada, partimos para ganhar terreno junto aos novos consumidores. Abrimos lojas próprias, vendas através de terceiros; participei desse processo, que tinha um conceito bastante similar ao que se presenciava na Europa. E a Puma atravessava um período muito interessante por lá, com muita popularidade e já apostando em um marketing bem efetivo, de retomada e consolidação. A empresa decidiu não somente manter as características do produto de apelo esportivo, mas, como citei, apostou em linhas mais clássicas, ampliando sua gama de clientes.

Em termos de patrocínio, o acordo com a Ferrari, por exemplo, foi um tremendo sucesso. O Michael Schumacher estava em seu auge, ganhando um campeonato atrás do outro, o Rubens Barrichello na mesma equipe... Ainda hoje, a Puma é uma das marcas de maior destaque na Fórmula 1, pontuando que estamos falando da categoria máxima do automobilismo mundial. Na temporada de 2016 são várias as equipes que utilizam Puma.

Nesse tempo em que estive na Puma, sinto que ganhei muito em maturidade, obtive conquistas pessoais e para a empresa como um todo. Entretanto, parei para refletir e observei que havia cumprido com o meu dever dentro deste período de quatro anos, além de ter adquirido ferramentas fundamentais para seguir em frente com a minha carreira. Chegara o momento de me reinventar ou ao menos procurar outras desafios pessoais e profissionais. Eu já possuía um *know-how* bastante amplo e queria levar minhas ideias para outros lugares, para empresas que atuassem em segmentos diferenciados.

Nesse momento, recebi uma oferta para atuar na francesa Sanofi, uma das empresas farmacêuticas mais conceituadas em todo o mundo. Ou seja, após a Bristol, eu estava de volta a um ambiente que me era familiar, ao menos no que se refere ao campo de atuação. Porém, desta vez, eu estava muito mais bem preparado, com um espírito de liderança que se fortalecera dentro de mim, sem contar as habilidades adquiridas, especialmente pelos excelentes trabalhos realizados no longo período em que permaneci na Puma.

Cheguei à Sanofi em um período em que estava ocorrendo um processo de aquisição de outra empresa, a Aventis. Logo de cara embarquei nesse processo, e havia certa urgência, com viagens entre São Paulo e o Rio de Janeiro. Equipes alocadas em cada uma dessas cidades e o meu desafio inicial era o de assumir a área financeira e conduzir o processo de fusão entre as empresas.

A matriz se estabeleceria em São Paulo, ou seja, também precisei me empenhar bastante para que essas duas empresas – uma francesa e uma alemã – estivessem alinhadas no processo de fusão. Este era o grande desafio do momento.

O segundo instante interessante nessa minha passagem pela Sanofi ocorreu em 2009, quando se deu a aquisição da Medley Genéricos. Participei ativamente deste processo em todas as suas etapas e eu tinha uma função fundamental, de viabilizar essa operação, estar inteirado sobre os valores envolvidos em um trabalho desse porte.

Em um processo assim, não há margem para erros. Após a aquisição, também tive de estar atento a como seriam as etapas seguintes quanto ao processo de incorporação da empresa e sua estrutura.

Novamente, meu principal enfoque foi dentro da área financeira, apesar de ter trafegado em todos os setores possíveis na empresa, assim como acontecera na Puma. Então, aquela experiência anterior, de certa forma, deixou-me bastante preparado para saber lidar com situações mais intensas, pois processos de aquisição e fusão entre multinacionais são geralmente bastante complexos.

Em 2011, a Sanofi mantinha um escritório regional que ficava baseado em Paris, e houve uma reestruturação interna na empresa, sendo fragmentada em três regiões (África, Ásia e América Latina).

Nesse momento, assumi uma posição similar à minha, porém com escopo regional - *Latin America.* Foi muito bacana explorar a América Latina e conhecer as peculiaridades de cada região, bem como sua economia, cultura etc.

O grande enfoque nesse período foi o de estabelecer uma rede de operações e relacionamentos, estabelecer e manter o canal de comunicações funcionando entre os países da região. Era necessário estar muito próximo desses escritórios locais para realizar essa tarefa de gestão da área financeira regional. Eu viajava muito nesse período, especialmente para o México, a Colômbia e o Panamá.

Durante esse período participei também do processo de *due-diligence* e, posteriormente, do processo de aquisição de outra empresa de genéricos - baseada na Colômbia. Naturalmente a experiência anterior com o processo de aquisição da Medley no Brasil me ajudou muito nessa condução. Após essa nova aquisição, também contribuí no processo de incorporação e adaptação da empresa ao *modus operandi* da Sanofi. Uma readequação de estrutura e de procedimentos de gestão se fez necessária.

Minha passagem pela área regional foi muito enriquecedora, não só com relação aos aspectos profissionais, mas, principalmente, pessoais e culturais. Eu viajava muito nesse período, especialmente para o México, a Colômbia e o Panamá e naturalmente a distância familiar era um aspecto relevante. Permaneci exercendo essas atividades até meados de 2014.

Foi quando houve uma decisão da transferência do escritório regional para a Cidade do Panamá, na América Central, e por motivos pessoais resolvi não seguir adiante. Minha intenção era permanecer com a minha família no Brasil. Então, no final de 2014 resolvi deixar a empresa, pois a ida para o Panamá não era, naquele momento, uma alternativa de prosseguimento.

Então, em 2015 iniciei uma nova etapa de minha jornada, praticamente ocupando todo o meu tempo profissional atuando como consultor, principalmente em empresas do segmento de autopeças, com destaque para uma companhia alemã. Estamos em um momento em que a indústria automotiva está em uma crise extremamente complicada, com redução de investimento, necessidade de cortes etc. Minha experiência como consultor e gestor me levou para esses caminhos, como um profissional que consegue equalizar problemas dessa natureza, sem que houvesse a necessidade de tomar medidas drásticas dentro dessas empresas.

Posso avaliar que nesta nova fase de minha vida acabei me desvinculando um pouco do processo hierárquico de estar presente 100% dentro de uma empresa. Não que eu tenha fechado as portas para essas opções - planejo, sim, regressar em breve para uma empresa de grande porte e implementar o meu conhecimento na área. Mas em uma fase de crise intensa como a atual, com a política atrapalhando demais o cenário econômico, vou aos poucos buscando alternativas com o que posso oferecer com as minhas habilidades.

Esse meu perfil ousado é bastante interessante para as companhias que necessitam de um profissional que estanque possíveis prejuízos. Claro que eventualmente é necessário realizar cortes mais fortes, especialmente nas esferas superiores. Mas o que tenho feito no momento é mais uma reestruturação organizacional. Para tal, elaboro estratégias de finanças que sejam compatíveis com a realidade das empresas para quais sou chamado. No momento, estou trabalhando para uma do setor de gases, em processo de crescimento e profissionalização.

Infelizmente, creio que ainda teremos alguns anos pela frente antes que a economia brasileira consiga dar passos significativos rumo à recuperação que todos nós almejamos.

Ainda estou atento a um projeto que me desperte interesse. No momento, o que tenho observado é que o mercado permanece muito retraído. No meu caso, o importante é que ao longo da minha carreira estabeleci vínculos expressivos, contatos importantes e, principalmente, deixei as portas abertas por onde passei. Este ponto é crucial. Jamais deixei uma empresa em situação de conflito, até porque não sou uma pessoa que tenha um perfil desagregador. Os trabalhos de consultoria que presto – em sua maioria – acabam sendo fruto de relações construídas durante minha trajetória. A história que você edifica acaba rendendo frutos lá na frente.

Posso me considerar um executivo completo, apesar de toda essa base de ser um grande conhecedor da área financeira. Analisando minha carreira, quando consegui desempenhar os planos de ação da Puma, ficou muito evidente que eu possuía qualidades de quem pode se adaptar aos mais diversos nichos corporativos.

Sou uma pessoa muito preparada para lidar com finanças, mas descobri, aos poucos, que também tenho desenvoltura para montar e liderar equipes, desenvolver projetos e alinhar tudo isso com a parte comercial e o marketing de uma companhia.

No futuro, quem sabe, não descarto até me desafiar como um empreendedor. É algo que me atrai por uma série de motivos, e não somente pelo desafio que isso traz – partir basicamente do zero e se realizar dentro dos seus próprios projetos. Algo que ainda não fiz: conduzir um negócio próprio. Sempre tive esse desejo, mas talvez ainda não seja o momento de me arriscar com o mercado tão instável. Atualmente, não dá para saber o que vai acontecer no dia seguinte...

E digo isso mesmo com o perfil de quem gosta de ostentar uma postura bem ousada em suas empreitadas dentro das corporações.

Ainda tenho lenha para queimar dentro de uma empresa, mas sei que no momento certo essa questão do empreendedorismo vai bater forte... No meu caso, é uma questão de independência financeira e de atuação, aplicando minha *expertise* como executivo e consultor. Só não sei ainda em qual área vou querer investir. Só tenho certeza que esse dia ainda vai chegar – é um sonho antigo que cultivo principalmente por ter percebido que possuo a capacidade de atingir minhas metas através de extrema dedicação e comprometimento. Creio que tanto como executivo, consultor ou empreendedor, é necessário ter uma boa dose de flexibilidade, algo que prezo bastante para conduzir os meus projetos e a minha vida.

EDUARDO CAMILLO PACHIKOSKI

Sócio-fundador da PP&C Auditores Independentes

Do Zero: A História da Construção de uma Empresa

Os meus desafios começaram muito cedo. Primeiramente, tive que vencer os obstáculos naturais de quem nasce em uma família pobre, sem muitos recursos, vivia na Zona Norte de São Paulo. Naquela época era um local considerado tipicamente interiorano... Não havia sequer asfalto. Nas ruas de terra batida rebanhos de bois eram movimentados entre pastos pelas áreas circunvizinhas. Era uma vida bem simples. Meus pais eram filhos de imigrantes (italianos e ucranianos). Eles vieram do interior e éramos muito humildes. Eu estudei a vida toda em colégios públicos e já com dezesseis anos de idade comecei a trabalhar.

- **Carreira**

Desde 1991: Sócio-fundador – PP&C Auditores Independentes.
1988-1990: Superintendente Contábil e Fiscal de Blue Chip.
1981-1988: De trainee a gerente de Big Four.
1980-1981: Controladoria de Empresa de médio porte.
1976-1980: Trainee – Banco Real.

- **Formação**

Ciências Contábeis – PUC (Pontifícia Universidade Católica de São Paulo), 1984.

- **Família**

Esposa: Silvia Rodrigues Pachikoski.
Irmãos: Leila e Ligia Pachikoski.
Pais: João e Lidia Pachikoski.

- **Nascimento**

11 de fevereiro de 1960.

Era janeiro de 1976, e tive a minha primeira grande conquista pessoal: fui admitido como *office-boy* no então Banco Real. Já me sentia muito feliz nessa função. Passados seis meses, o gerente geral da agência, vendo meu interesse e desempenho, convidou-me para participar de um processo de seleção para um projeto pioneiro de *trainees* que o banco estava implantando. Uma das nobres iniciativas de uma das pessoas que até hoje eu mais respeito e admiro – o Dr. Aloysio Andrade de Farias. Disputei a vaga com centenas de candidatos, fui submetido a um rigoroso processo seletivo. Fui aprovado, e tive a honra de fazer parte do primeiro grupo de *trainees* dessa instituição. Aqui eu comecei a entender a importância de se dar oportunidade a uma pessoa que tem vontade de vencer. Éramos 40 e a competição era incentivada. O programa consistia de treinamentos em sala de aula por duas semanas e depois passávamos dois meses em diferentes departamentos do banco: da teoria à prática. Reconheço que foi uma enorme escola para mim. O maior aprendizado foi valorizar e considerar nobre quem dá oportunidade para jovens terem acesso a uma profissão.

No final do ciclo inicial de dois anos do treinamento, os *trainees* foram alocados nas áreas em que tiveram melhor desempenho. Eu fui muito disputado e acabei sendo alocado no principal departamento do banco, na área financeira dentro da área internacional da instituição. Aí começou a minha história no mundo das finanças, dos números e dos impostos.

Já com 19 anos, e sempre estudando muito, dei um importante passo em minha vida profissional ao ser aprovado no vestibular de Ciências Contábeis da disputadíssima Pontifícia Universidade Católica (PUC-SP). Eu tenho muito orgulho disso, já que vinha de escolas públicas. Era muito cansativo trabalhar e estudar ao mesmo tempo, fazer uma excelente faculdade, na época com professores notáveis e atuantes na profissão. Estudar em uma grande escola foi muito importante para a minha formação profissional.

Foi, também, uma fase financeira complicada, pois além de pagar a universidade, livros e minhas despesas, eu ainda precisava ajudar a minha família. As contas eram feitas considerando centavos. Eu vivia morto de cansaço. Chegava em casa depois da meia-noite e acordava às cinco e meia. Assim, eu só via meus pais e irmãs nos finais de semana. A rotina era dura. Precisava pegar quatro ônibus por dia. Basicamente, era quando eu arrumava tempo para estudar e dormir. Mas como diz o *slogan* de uma grande marca: *No pain, no gain*.

Quando entrei na universidade, tive o primeiro contato com a carreira de auditoria. É nas boas faculdades que as empresas de auditoria faziam, e ainda fazem, seus recrutamentos. Já no segundo ano me candidatei e fui admitido em uma das maiores do mundo. Foi outro processo seletivo extremamente competitivo e, assim, nascia e se enraizava o meu amor à carreira de auditor.

Fiquei quatro anos e meio nessa empresa. Insatisfeito com as políticas internas da multinacional que não valorizavam pessoas e talentos – as faixas de salários eram muito abaixo da média de mercado – e com a inexistência de benefícios me senti motivado a trocar aquela por outra empresa. Imaginem, no almoço, todos os dias comíamos salgadinhos e dividíamos o suco de caju, com muito açúcar, que considerávamos a nossa sobremesa. Tive o privilégio de dividir esse suco com muitos profissionais que hoje são presidentes ou lideram grandes grupos empresariais e, também, a concorrência! Mais uma vez, a prova de que os desafios e o esforço individual lapidam os homens.

Mas em uma certa manhã o copo transbordou com a última gota d'água. Depois de uma séria discussão com um sócio que foi muito injusto e estúpido comigo, muito constrangido, fui "almoçar", voltei, sentei-me na frente de uma máquina de datilografia, preparei um currículo, envelopei e fui pessoalmente entregá-lo na empresa na qual eu queria trabalhar, que até hoje é líder mundial de auditoria.

Na portaria pedi que o meu currículo fosse entregue para um gerente, para que ele pudesse avaliar a possibilidade de me contratar. O rapaz voltou e me disse que ele tinha interesse em me aplicar um teste e me entrevistar e para isso iria me ligar e marcar uma data. Pedi, gentilmente, ao rapaz que voltasse lá e dissesse para o tal gerente que eu queria ser entrevistado naquela hora. Ele ligou para o gerente, que acabou me aplicando o teste e me entrevistando naquela mesma tarde.

Por volta das dezessete horas, ele me informou que eu tinha sido aprovado, porém, dependeria de uma entrevista final com dois sócios para encerrar o ciclo de admissão e eu seria avisado quando essa entrevista pudesse ser realizada. Eu, mais uma vez, persistente, insisti que queria ser entrevistado pelos dois sócios ainda naquela tarde. Ele me deixou na sala por quase uma hora, voltou e me levou para o andar dos sócios, momento em que passei quase duas horas respondendo questões. Todos eles gostaram muito de mim e me aprovaram. Mas a história da contratação não tinha acabado...

Naquela época, entre as cinco maiores empresas de auditoria, havia um código de conduta informal, porém, com procedimentos muito rígidos. Era impensável e até impossível que um profissional de uma empresa saísse e fosse trabalhar na outra. Como superar isso? Os sócios decidiram que, para ser possível minha admissão, teriam que ligar para o sócio principal da empresa para quem eu trabalhava e informar que iriam me contratar. Pedi que fizessem isso naquela hora e fui atendido. No dia seguinte, pedi demissão; na segunda-feira seguinte iniciava na nova empresa.

Carregava em mim a confiança e a certeza de que tudo na minha vida dependia praticamente do meu esforço. As conquistas foram difíceis, o dia a dia era de muita luta, nada veio de graça, mas sempre acreditei que não havia obstáculo que eu não pudesse superar.

Passados três anos, com apenas vinte e seis anos de idade, alcancei a tão sonhada posição de gerente de auditoria.

Tudo ia muito bem, eu era reconhecido e estava profissionalmente realizado. Mas nem tudo depende só de nós, há coisas na vida que temos que passar e enfrentar com as quais não podemos negociar. Pois, o pior aconteceu, o meu pai ficou muito doente. Além da dor da própria situação, os gastos passaram a crescer exponencialmente. Eram despesas absurdas. Na ânsia de ajudar meu pai, tomei empréstimos em banco, na empresa e, ainda, devia dinheiro para amigos. Era uma situação paradoxal. Eu era muito jovem, crescia profissionalmente, mas minha vida pessoal estava um turbilhão, a situação era delicada.

Como nunca abandonei meu trabalho e minhas responsabilidades, já em 1987, fui designado auditor líder da conta de um novo e muito especial cliente. Nada menos que a companhia aberta mais desejada e cobiçada pelas empresas de auditoria, a vedete da bolsa, a *blue chip* mais negociada na Bovespa.

Era outubro e, em função do tamanho do grupo, que era composto por trinta e três empresas, algumas delas gigantes, não tínhamos *staff* para encarar tamanha "encrenca". Com muita responsabilidade enquanto iniciávamos os trabalhos, fomos ao mercado buscar novos profissionais. Tivemos que nos desdobrar, ou seja, trabalhar jornadas insanas, sábados, domingos, Natal, Ano Novo, enfim, nos superar. Não sei se hoje, com a realidade atual, seria possível fazer o que fizemos.

Nessa ocasião eu já tinha sob a minha responsabilidade direta uma série de outros expressivos e importantes clientes.

No desenvolvimento do trabalho da *blue chip*, com meu envolvimento direto, foram identificadas inúmeras oportunidades, como planejamentos tributários, reorganizações societárias e organizacionais que, se levadas adiante, gerariam para a companhia benefícios financeiros muito expressivos, quero dizer, muitas dezenas de milhões de dólares.

E conseguimos. O trabalho de auditoria foi concluído dentro do prazo. O balanço de várias páginas foi publicado nos jornais no dia 15 de janeiro. Depois, preparei um relatório contendo recomendações para a empresa com as oportunidades que mencionei acima.

Passados alguns dias, o presidente da *blue chip* chamou a mim e aos dois sócios responsáveis pelo trabalho para uma reunião na sede do grupo. Na minha cabeça, iríamos discutir a renovação de nosso contrato de auditoria.

Iniciada a reunião, sem nenhuma cerimônia, na frente dos dois sócios, o presidente da empresa me fez uma oferta de emprego. Queria que eu fosse o responsável pelo desenvolvimento e implantação das recomendações contidas no relatório! Iniciou-se ali uma grande confusão, quase briga. "Não contrata!". "Contrato!". Vai dali, vem daqui... E eu, cheio de dúvidas, querendo ser sócio da empresa de auditoria. A cada ponto discutido a oferta salarial crescia.

O número que estava sendo ofertado já era múltiplo de várias vezes o salário que eu tinha como auditor. Naquele momento, passei a ponderar que meu pai precisava de ajuda, que por um tempo poderia ser uma boa solução para as dívidas que eu tinha. Eu ainda era muito jovem e depois poderia voltar para a carreira de auditor que eu tanto amava.

Muito contrariado aceitei trabalhar na empresa, triste por abandonar a minha tão sonhada carreira na área de auditoria. Pouco tempo depois, trabalhando no grupo empresarial que me contratou, já havia identificado inúmeras outras oportunidades. Em um curto período de tempo havia gerado resultados muito expressivos. Para alguns deles tivemos que divulgar fato relevante para o mercado, na forma exigida pelas normas e instruções da Comissão de Valores Mobiliários - CVM, pois envolviam mudanças estratégicas importantes com ganhos financeiros expressivos que geraram grandes variações percentuais nas cotações das ações negociadas na Bolsa, e ainda muitas notícias e comentários na mídia especializada.

Nesse mesmo momento, por solicitação dos acionistas controladores, passei a dar consultoria, fora do horário de expediente, para algumas empresas que não pertenciam ao grupo para o qual eu trabalhava; empresas de seus filhos, amigos e parentes. Essa, para mim, era uma situação muito desconfortável, pois não me sentia à vontade para cobrar e a responsabilidade era imensa. Eu não tinha mais lugar para colocar os charutos e garrafas de uísque que ganhava nessa época!

Infelizmente, logo após, meu pai faleceu. Ficou um amor no coração e uma saudade grande que até hoje me acompanha. Como diz um autor português: saudade é amor que fica. E fica mesmo!

Logo as minhas finanças estavam em dia e eu já possuía reservas. Mas eu não estava feliz, sentia falta de minha carreira de auditor. Esse era o meu sonho, queria voltar. Tinha todas as portas abertas nas maiores empresas de auditoria do mundo. Entretanto, o tempo em que eu fiquei fora me fez ver o quanto as grandes empresas de auditoria e consultoria exploram seus profissionais, o quanto se produz melhor quando você tem tempo para entender melhor os negócios de seus clientes, para pensar, criar.

Então nasceu a ideia de construir uma empresa de auditoria que reunisse um time de pessoas tecnicamente capazes e engajadas que tivessem tempo para se dedicar mais aos seus clientes, e, sobretudo, que respeitasse seus profissionais, com treinamentos, avaliações e aconselhamento profissional, pagamento de horas extras, universidade, *ticket* refeição e reembolso justo de quilometragem, férias concedidas, jornadas de trabalho razoáveis, com previdência privada, seguro de vida, assistência médica, entre outros benefícios, além de, sobretudo, tratar as pessoas com cordialidade, respeito, coleguismo e profissionalismo.

A cada dia que passava eu pensava mais em ter a minha própria empresa de auditoria. Eu tinha apenas 30 anos de idade e, falando dessa ideia para alguns amigos de profissão, todos me chamavam de louco. Eles acreditavam que seria impossível que eu tivesse a mínima chance de sucesso em função de, naquela época, o mercado de auditoria ser totalmente dominado por cinco grandes empresas multinacionais que simplesmente iriam me atropelar, não me dariam espaço.

Convidei minha irmã mais nova, a Leila Pachikoski, que também é da área e trabalhava em uma grande empresa de auditoria, para colocar em prática o sonho. E ela, sem pestanejar, topou. Virou o nosso sonho!

Nesse projeto eu me inspirei muito nas raízes da minha família, principalmente em conselhos que recebi de minha avó Luiza, mulher forte, que havia driblado imensas dificuldades. Do Porto de Santos, a família se deslocou nos lombos de burros para Araçatuba, para abrir áreas e plantar laranja e café. Um domingo à tarde, eu com 14 anos, ao conversar gostosamente com a minha avó, ela me disse: “Você tem a obrigação de ser alguém na vida, você tem a obrigação de ser melhor do que eu e seu avô fomos”. E isso foi um marco para mim. Sabia que para vencer tinha que ser destemido, aceitar o desafio e o risco de perder a posição muito confortável e segura que eu tinha naquele momento. Em verdade, não era diferente do que havia sido até agora. Nada tinha sido fácil e tinha a certeza de que a nova estrada também não seria.

Saí da grande corporação que fazia parte, com um salário que até hoje poucos executivos ganham, para ir para um escritório que alugamos de cinquenta metros quadrados, recém-lançado, no bairro de Perdizes.

Começamos sozinhos, sem nenhuma experiência em empreender, e logo veio o primeiro cliente, o segundo e assim foi indo. Não tínhamos faxineira, copeira, secretária, *office boy*. Só tínhamos vontade de construir uma empresa de auditoria respeitada, séria e que fosse a melhor para se trabalhar. Foram tempos difíceis, fiquei três anos sem comprar um terno, um par de sapatos, gravatas, trocar de carro. Passávamos todos os finais de semana no escritório. Em diversas ocasiões dormimos no carpete, depois de dias infindos de trabalho. Minha mãe, muitas vezes, vinha trazer nosso almoço aos domingos. Lembro-me do frango recheado da Dona Lydia. Obrigado, mãe!

Depois dessa fase inicial, o caixa permitiu e começamos a contratar profissionais para nos ajudar.

E ganhamos o respeito de clientes e de nossos concorrentes. Crescemos bastante. Em 2011 fomos convidados a fazer parte da NEXIA, que é uma rede mundial de auditoria de origem inglesa que reúne empresas de auditoria de cento e dez países, seiscentos escritórios e mais de 25 mil profissionais. A NEXIA é a décima maior empresa de auditoria e consultoria do mundo, e, assim, a PP&C se internacionalizou, passou a ter acesso às mais avançadas metodologias e treinamentos. Nossos clientes internacionais já correspondem a mais de 25% de nossas receitas.

Hoje aquele sonho chamado PP&C ocupa três andares de um edifício na Avenida Paulista, reúne cento e dez profissionais, tem uma carteira de clientes que inclui diversas empresas que são líderes em nível local e mundial em seus setores de atuação, grandes corporações nacionais e internacionais. Nosso maior legado, sem dúvida alguma, é o nosso *track record*. Temos mais de cem clientes recorrentes em auditoria externa, dezenas de departamentos de auditoria interna, que estão sob a nossa responsabilidade, um histórico de mais de R$ 5 bilhões em suporte em transações de aquisições e fusões somente nos últimos cinco anos, uma área de consultoria tributária de craques e um time de profissionais que é um verdadeiro show!

Vale destacar que todo o sucesso alcançado, do ponto de vista comercial, somente dependeu de referências de bons trabalhos realizados. Até meados do ano passado não tínhamos área comercial e todos os nossos clientes, até então, bateram à nossa porta. É incrível, é possível rastrear as referências que tivemos a partir de nossos primeiros trabalhos com nossos primeiros clientes!

Muitos de nossos concorrentes (exceto as quatro grandes de auditoria) se dizem maiores que a PP&C em termos de número de pessoas e receitas. Se considerado que não trabalhamos com terceirização de serviços de contabilidade, nem de outros serviços administrativos (contas a pagar, folha e outros de BPO), tenho certeza de que na área de auditoria e consultoria estamos muito bem ranqueados, muito à frente de quase todos.

Tenho muito orgulho da empresa que construímos. E falo na primeira pessoa do plural porque não conquistei nada sozinho. Competimos diretamente com as quatro maiores empresas, líderes mundiais na área de auditoria. Sempre que nos deparamos em lados diversos, a "briga" é boa. Somos reconhecidos por nosso forte posicionamento técnico, criatividade e, sobretudo, nossa competência.

Nesses 25 anos muita coisa aconteceu, muita gente nos ajudou, e diversas situações foram muito marcantes e que me dão muito orgulho.

Vou contar uma delas. Era 1993, fomos designados como auditores por uma conhecida gigante da área de embalagens, para conduzir uma *due diligence*, cujo objetivo era auxiliá-los na compra de uma divisão de outra empresa concorrente. Durante o trabalho, identificamos uma série de oportunidades para discutir e reduzir o preço da transação. Na reunião de fechamento do negócio, à mesa estavam os vendedores, seus advogados e seus auditores, cheios de pompas e de medalhas brilhantes fixadas no peito; do outro lado nosso cliente, advogados e nós. Apresentamos as situações que entendíamos que justificavam reduzir o valor da venda, que, uma a uma, foram rebatidas pelos auditores do comprador. Muitas horas depois, finda a discussão, tínhamos ajudado nosso cliente a reduzir o valor proposto pelo vendedor em quase 10%. Contratos assinados, o vendedor e o seu time estrelado foram embora. Estávamos nos despedindo de nosso cliente quando o presidente do conselho de administração da empresa nos abordou e perguntou: "Quanto vocês cobraram para fazer esse trabalho?". Respondemos que cerca de quarenta mil dólares. Ele enfiou a mão no bolso de seu paletó, sacou seu talão de cheques pessoal e nos deu ali mesmo um cheque do equivalente ao que tínhamos cobrado como prêmio em reconhecimento da alta qualidade dos trabalhos que havíamos prestado. Até hoje, essa empresa é um dos importantes clientes da PP&C.

Passaram-se alguns meses e fomos convidados pelo acionista controlador da empresa, que havia vendido parte de suas operações, para uma visita à sua sede. Ficamos apreensivos, pois na reunião de fechamento ele foi muito agressivo conosco, quase chegando às vias de fato (por inúmeras vezes...). Fomos lá, e ele nos disse que queria nos contratar, pois não queria mais perder dinheiro e nem tampouco apanhar novamente de nós. A partir daquele dia passamos a ser os responsáveis pelas aquisições da sua empresa.

Temos inúmeras histórias de sucesso, mas o que resume bem o que somos é a carteira de clientes que temos, as centenas de profissionais que tiveram contato com a PP&C e que a recomendam para outras empresas.

Nesses 25 anos, fomos até as melhores universidades e contratamos dezenas de *trainees*, abrimos oportunidade de carreira para diversos profissionais, ajudamos muita gente simples a ter oportunidade de estudar em excelentes universidades, custeando seus estudos, e, sobretudo, fomos e somos justos com os nossos profissionais. Investimos muito tempo e dinheiro para o treinamento de jovens profissionais. Nosso rol de serviços é muito grande, uma infinidade deles, e, além do treinamento formal, investimos muito tempo e dinheiro na melhor universidade: o treinamento em campo, a incansável tarefa de criar os melhores profissionais com a missão de encantar os nossos clientes.

É bom lembrar que, nesse tipo de negócio, só ficam dois tipos de pessoas: as muito competentes, e, sobretudo, as muito competentes e loucas! Tem de amar muito a profissão. É uma carreira que exige demais, mas traz um excelente retorno em termos de prestígio e ganhos financeiros. Nós somos movidos pela paixão à nossa profissão.

Nós simplesmente não participamos de projetos e não aceitamos fazer nada que não seja tecnicamente defensável. Sabemos ganhar dinheiro sem nos violentar, assim, não precisamos fazer nada em que não acreditamos. Perdemos inúmeras oportunidades e clientes por conta disso, mas nunca nos arrependemos.

Tenho orgulho de agir e assim pensar. Para a PP&C, ética profissional é uma premissa intransponível. A PP&C foi um projeto que deu certo. Mas havia toda a chance de não dar. Eu tinha somente 30 anos de idade, extremamente jovem, mas, apesar de ser muito jovem, tinha muita bagagem e vontade de vencer.

Hoje, com a maturidade que tenho aos meus 56 anos de idade, às vezes me "pego" pensando na loucura que empreendi. Coloquei minha recém-conquistada segurança financeira e a carreira de minha irmã em jogo. Confesso que até me assusto um pouco! Mas só os loucos empreendem.

Tenho convicção de que a PP&C já está consolidada em sólidas bases para a sua perpetuação. Nossa meta é chegar a ser uma das maiores firmas de auditoria e consultoria do Brasil. Eu não sei precisar quanto tempo vai demorar para atingir esta meta, bastante ousada, reconheço, mas sei que temos todos os fundamentos para chegar lá, ou muito perto disso, muito em breve.

A PP&C é gerida por um *board* de executivos, composto por sócios, diretores e gerentes, que participam ativamente das decisões da empresa. Desde cedo, reconhecemos quem tem potencial para chegar à sociedade e começamos a gerar nossos futuros sócios, ensinando-os a dirigir nossa firma para onde queremos que ela vá. Nós somos um time e o melhor que nós temos é a união de nossas competências por um valor coletivo.

É fácil perceber que a história da PP&C se confunde com a minha própria história. Até hoje estou lutando com extrema dedicação e entusiasmo para que meu sonho se perpetue.

Tenho certeza de que meus sócios, que são profissionais surpreendentemente capazes, juntamente ao excelente time de profissionais que reunimos, verdadeiros expoentes em suas áreas (auditores, consultores, tributaristas, especialistas em investigação de fraudes, especialistas em processos, gestão empresarial, gestão de riscos, controles internos), estão construindo um caminho seguro para o atingimento desse objetivo.

Antes de concluir, queria dizer àqueles que me chamaram de louco que eles estavam errados; agradecer à minha querida avó Luiza pela dica; e ao Dr. Aloysio - ele nem sabe, mas eu tenho muito orgulho de já por três oportunidades tê-lo ajudado muito, com trabalhos de consultoria para a C&C, Banco Alpha e Expo Center, todos com resultados muito expressivos.

Para finalizar, espero que você tenha gostado dessa minha história, que resume a minha vida profissional, o amor que tenho pela carreira de auditor, que em agosto de 2016 completará 35 anos, e o orgulho que tenho da PP&C, uma empresa com um histórico infindo de grandes realizações.

Obrigado!

ANGÉLICA PÍGOLA

Head of HR Shared Services

Um Ativo Intangível Indispensável ao seu Patrimônio: Como Superar Tendências Predominantes

Dissertar sobre uma história de sucesso pode parecer uma tarefa simples para muitos, porém, se analisarmos o significado da palavra sucesso, oriunda do latim *sm (lat successu)* **1.** Aquilo que sucede ou sucedeu; acontecimento. **2.** Resultado bom ou mau de um negócio. **3.** Conclusão. **4.** Êxito, resultado feliz, poderemos refletir que uma história de sucesso pode não necessariamente apenas vir acompanhada de fama, ascensão profissional, dinheiro ou *status* social, o que são apenas consequências positivas. Então, abordarei o sucesso em um contexto mais amplo da palavra, fundamentado em um dos conceitos mais antigos – a ética – baseada nos erros e acertos das experiências vivenciadas, abrindo para uma reflexão sobre o sucesso como o resultado final do alinhamento entre o profissional, suas vocações e o seu propósito de vida.

Matematicamente falando, seria mais ou menos assim:

Sucesso = (profissão + aptidão ou vocação para a atividade escolhida) / propósito de vida.

"O que estou dizendo é que não existe sucesso sem o alinhamento entre vontade, satisfação e entendimento do seu papel na vida."

- **Carreira**

2016: Head of HR Shared Services – DSM

2014-2015: Human Resources Executive.

2011-2013: Diretora de Recursos Humanos – Cushman & Wakefield.

2008-2011: Gerente Executiva Sênior de RH – Banco BNP Paribas.

2006-2008: Gerente de Recursos Humanos – Grupo Ecorodovias S.A.

2004-2006: Gerente de Recursos Humanos – Pepsico do Brasil.

2001-2003: Business Partner Sênior de RH – Avon Cosméticos.

1998-2001: Coordenadora Sênior de RH – Allergan Ind. Farmacêutica.

- **Formação**

Graduação em Administração de Empresas – Universidade Paulista – UNIP, 1995. CRA Nr. 58928.

Pós-graduação em Administração – Fundação Álvares Penteado – FAAP, 2001.

- **Família**

Esposo: Lucas Chaves Peschke.

- **Nascimento**

São Paulo/SP, em 18 de dezembro de 1973.

Quando decidi trabalhar em Recursos Humanos, o que não foi um acaso da vida, mas sim a escolha de uma profissão que eu sabia que não seria uma tarefa fácil, tinha apenas uma vontade enorme de fazer a diferença para pessoas e para mim. Minha enorme afinidade com as questões sobre as relações de trabalho, bem como meu interesse em conhecer os direitos e os deveres de empregados e empregadores, me fascinava. Discutir tais direitos e deveres para mim era algo complexo e exigia uma tecnicidade que eu almejava. Estava em busca do alinhamento da minha vontade, mais sabedoria e um conhecimento amplo para minha profissão com maestria. Uma tarefa difícil. Naquela época, ainda não tinha a visibilidade e experiência a respeito de tal complexidade, pois não sabia que ajudar outras pessoas na sua busca pelo sucesso também faria parte do desafio.

Logo de início, dei-me conta da dificuldade de alinhar os interesses das pessoas às necessidades da empresa.

Decidi, então, agregar mais valor ao meu trabalho aumentando meus conhecimentos técnicos, com o intuito de apoiar minhas decisões e orientações junto aos meus colegas, subordinados, pares e superiores. Fui atrás de me tornar uma verdadeira conhecedora dos assuntos de recursos humanos, não apenas me preocupando com a parte política das conversas de corredores, cafezinhos, entregas de relatórios e reuniões de alinhamento. Sabia que poderia ser mais do que minha função exigia naquela época. Agregar valor ao meu trabalho com o devido conhecimento das leis, regras e procedimentos. Isso ajudou muito, mas também trouxe alguns conflitos com meus amigos do Jurídico e, às vezes, do Financeiro, que não aceitavam que alguém do RH pudesse "dar palpites" em questões trabalhistas, contábeis, provisões, *budget* etc.

De fato, uma profunda onda de frustação me acometeu. Durante um tempo, tornei-me alguém contra o sistema e, mesmo dependendo dele, sobrevivia quando projetos mais afortunados me propiciavam promover o alinhamento da vontade e do saber exercendo um papel de vida mais altruísta e efetivo.

As frustrações continuaram pela convivência com profissionais que não tinham nem propósito, nem saber e que, às vezes, eram guiados por poucas e pequenas vontades, como ascender à carreira internacional, virar chefe, ganhar um bônus melhor para pagar as contas e, no pior cenário, cumprir o expediente e ir para casa.

Tornei-me desesperada para ter uma oportunidade que pudesse mudar este cenário, pois acreditava na possibilidade do sucesso através do alinhamento da tríade vontade – saber – papel de vida. Segui o padrão imposto de crescer hierarquicamente na tentativa de que, com um pouco mais de poder, pudesse promover mudanças. Ledo engano. Quanto mais ascendia profissionalmente, mais longe ficava dos projetos, das realizações, permanecendo apenas no mundo da política corporativa, dos cafezinhos, dos relatórios e apresentações, das reuniões que tanto rejeitei e critiquei. Foi então que acordei.

Percebi que todo aquele cenário era necessário para manter um sistema de aparências corporativas para mascarar por vezes a ineficiência do processo ou proteger vontades individuais – como ganhar dinheiro, ser promovido, manter o emprego de alguns ou de um grupo, manter investidores e acionistas felizes.

Basicamente, comecei a entender que o papel de Recursos Humanos precisava ir além da folha de pagamento, da admissão ou demissão, do programa de sucessão e desenvolvimento ou do famoso plano de carreira tão almejado. Entendi que sem produtividade não haveria salvação e que a produtividade passa pela vontade, pelo saber e pelo propósito.

Assim mesmo, ainda me faltava um item de como conectar tudo isso com meu propósito individual. O que realmente eu queria fazer em Recursos Humanos? Era Recursos Humanos o meu caminho? O que fazer com a grande miopia no cenário corporativo rondando diariamente a todos com quem convivia? Desistir ou seguir em frente?

> *"Óbvio que, naquele momento não cogitei desistir, pois não aceitava o cenário de que o sistema havia prevalecido sobre a competência e a vontade de fazer o certo."*

Segui trabalhando e durante algum tempo nenhum projeto era tão desafiador quanto lidar com as pessoas e suas vontades. A gestão de crise com pessoas se tornou uma marca registrada na minha história, como uma flor de lis tatuada nas costas.

Mas nenhuma crise é tão difícil de gerenciar quanto a crise de valores dentro de uma organização onde profissionais interpretam as leis e as políticas internas vigentes para atender aos seus interesses individuais. As questões de entendimento e condução dos negócios, bem como tomadas de decisões, sempre passam pela análise de risco. E pareceres jurídicos, o que é comum nas organizações. O problema é quando tais análises pendiam para agradar a um grupo seleto de executivos e suas práticas seculares de gestão e de trabalho. Fortuitamente, eu me encontrava neste cenário, que enriqueceu minha sabedoria e minha senioridade no mais alto grau como executiva.

A história que relato a seguir – apesar de breve – foi apenas uma entre as muitas experiências vividas, mas que trouxe grande conhecimento dos meus limites e potencialidades, fazendo-me rever valores que ainda não havia experimentado anteriormente.

Estava inserida em um cenário entre auditorias, juristas *experts* em legislação trabalhista e pressões para soluções dos problemas oriundos dos acionistas, quando fui absorvida por uma onda de opiniões e direcionamentos contrários ao meu entendimento como executiva a respeito de determinados assuntos relacionados a várias áreas de responsabilidade. Tais assuntos afetavam diretamente os empregados e colocavam a organização em risco.

Depois de muitos meses em busca de estabelecer um mapa dos riscos, além de discutir a respeito deles, com o apoio da minha equipe e de algumas pessoas de confiança, tracei uma estratégia de gestão, acreditando estarem alinhadas com a melhor prática de mercado, protegendo tanto o empregador quanto os empregados. Segui na preparação do projeto de mudança organizacional acoplado ao plano de ação trabalhando arduamente junto aos meus interlocutores.

Entretanto, uma dúvida pairava no ar. Como fazer para contrapor os grandes juristas, a vontade de um grupo seleto contrário e alheio a realizar uma mudança positiva, bem como uma auditoria externa que não se posicionava sobre o que fazer passando o bastão para a empresa?

Durante algumas semanas, debruçada sobre os estudos de algumas saídas para implementar a mudança para uma nova prática de gestão, revendo políticas internas e administração de custos com pessoal, alguns membros mais antigos da minha equipe me diziam para eu não comprar aquela briga, porque seria prejudicial para o meu futuro na empresa. Sem contar outros comentários que surgiam aos sussurros de que eu deveria apenas "empurrar com a barriga", até que alguém me dissesse o que fazer ou tomasse uma decisão por mim, pois assim eu poderia me eximir de qualquer responsabilidade em caso de insucesso.

Foi então que me lembrei do meu propósito de estar ali para fazer o certo, e não simplesmente deixar as coisas acontecerem. Lembrei do começo da minha carreira, coloquei-me no lugar das centenas de funcionários que seriam afetados negativamente e pensei que a empresa poderia sofrer sanções futuras prejudicando ainda mais o negócio. Cenário que poderia gerar demissões e redução de postos de trabalho no futuro, sem contar que aquela seria uma conta a ser paga através de litígio certo entre empresa e empregados.

Estava certa da sabatina de perguntas sobre o aumento de alguns custos, porque mexer em time que está ganhando, e o sindicato, quando, onde, porquês.

Todavia, independentemente da pressão, os argumentos lógicos me possuíam e levei a luta pelo certo. Porém, apenas a minha coragem me fez seguir em frente sem pestanejar. Apresentei o projeto de mudança de gestão e estratégia para todas as práticas equivocadas existentes até aquele momento na organização. A proposta de trabalho continha ações de curto, médio e longo prazos, respeitando as limitações financeiras do negócio e, obviamente, não obtive a aprovação unânime dos executivos da empresa, mas efetivamente fui ouvida e alguns me questionavam: "Você sabe mesmo o que está propondo?".

E eu respondia: "Sim. Porque é o certo a se fazer pensando no futuro de mudanças governamentais com um controle mais rígido pelos órgãos legais. Este é o certo a se fazer".

Acreditei em mim, na competência e na minha equipe que queria fazer o certo também.

As discussões sobre os detalhes do projeto levaram ainda algumas semanas até a aprovação final. Confesso que não consegui 100% do que eu esperava, mas sinceramente segui 100% daquilo que eu acreditava ser o certo.

Alguns meses se passaram e as ações de curto prazo foram concluídas e, confesso, não foi nada fácil encarar os olhares contrários das pessoas que não concordavam com as mudanças. Foi muita pressão. Sem contar os vários boicotes com a intenção de fazer o plano naufragar.

O plano passou por uma segunda revisão logo após o término da primeira fase, pois no ano seguinte, a empresa precisou rever os dados financeiros e readequar os custos do projeto que envolviam investimento em pessoas e infraestrutura para gestão dos dados.

Obviamente, priorizamos todos os aspectos legais e obrigações trabalhistas na primeira fase com algumas ações menos impactantes para a segunda, mitigando riscos e focando as prioridades de manutenção do negócio. Foram postergadas as ações de desenvolvimento com pessoas que ficaram para a terceira fase do plano no longo prazo.

Neste momento, senti como se tivesse refazendo o projeto, buscando forças para não desistir diante dos meus opositores. Confesso que já estava cansada de tanta argumentação. Então, apelei para a famosa coragem. A coragem é uma competência pouco valorizada e explorada nas organizações.

Na busca pelo êxito, você precisa de coragem para desbravar um mundo desconhecido, superar seus medos, bem como enfrentar os desafios de completar todo o trajeto até que o objetivo seja concluído. Satisfação. Realização. E mais coragem do que tudo para transformar a vida em algo que valha a pena, pois afinal de contas passei 80% do meu tempo me dedicando àquele projeto. Precisava valer a pena.

> *"Não importa se é na empresa ou em casa, precisamos ter coragem para enfrentar os opostos, as diferenças, a diversidade, o preconceito e o juízo de valores sobre as questões éticas. E voltando a falar em ética, adoro esta definição: 'Ética é um substantivo feminino, sinônimo do conjunto de regras e preceitos de ordem valorativa e moral de um indivíduo, de um grupo social ou de uma sociedade'."*

Na filosofia, a ética não se resume à moral, que geralmente é entendida como costume, ou hábito, mas busca a fundamentação teórica para encontrar o melhor modo de viver; a busca do melhor estilo de vida. A ética abrange diversos campos, como antropologia, psicologia, sociologia, economia, pedagogia, política e, até mesmo, educação física e dietética.

Para Aristóteles, "toda a racionalidade prática visa a um fim ou um bem, e a ética tem como propósito estabelecer a finalidade suprema que está acima e justifica todas as outras, e qual a maneira de alcançá-la. Essa finalidade suprema é a felicidade, e não se trata dos prazeres, riquezas, honras, e sim de uma vida virtuosa, sendo que essa virtude se encontra entre os extremos e só é alcançada por alguém que demonstre prudência". A obra aristotélica de origem dessa citação foi muito importante para a história da filosofia, uma vez que foi o primeiro tratado sobre o agir humano da história.

E é aqui que a minha história encontra seu alicerce – o agir humano. Em um mundo globalizado onde questões socioeconômicas pressionam empresas e pessoas, por que tantos não prosperam eticamente? Racionalize sobre a inépcia para encontrar sua resposta.

Na esfera nacional, o Brasil vive a histórica crise moral e ética que rodeia as esferas sociais e empresariais. Somos fundamentados na obediência aos costumes ou mandamentos culturais, hierárquicos e religiosos, mas a ética busca fundamentar um modo de viver pelo pensamento justo baseado nas leis humanas.

Atualmente, os conflitos da ética estão em evidência por meio dos crimes cometidos por autoridades, empresários e até por pessoas comuns. Porém, estou convicta de que fazer o correto com base legal ainda é o caminho. E muitas vezes no contrafluxo cultural do "país do jeitinho", aqueles que tiveram coragem para a mudança talvez não sejam os mais bem-sucedidos na visão de muitos, mas com certeza os mais afortunados pela vivência de uma finalidade suprema, a qual Aristóteles definiu como "felicidade".

O processo ético para a uma mudança não deve se valer de desculpas para o insucesso, mas sim vir acompanhado das experiências de acertos e erros na busca do bem comum, em uma sociedade comprometida com os melhores costumes, práticas e hábitos, objetivando um melhor estilo de viver.

> *"Meu sucesso está muito mais em acreditar nos propósitos que me levaram às decisões que tomei, do que ter atingido uma meta corporativa que para mim foi mera consequência."*

Atingir a suprema finalidade me guiou até aqui, pois a ética é um ativo intangível e indispensável às pessoas jurídicas e físicas. Ela enriquece o patrimônio, transformando uma simples história em um legado. Transformar a realidade diária empresarial e pessoal é o próprio legado. Este que defendo muito mais voltado às práticas adotadas, isto é, ao meio como as coisas acontecem, do que efetiva ou exclusivamente ao seu fim. Como já disse anteriormente, o fim é mera consequência.

Viver a ética para trabalhar, estudar ou simplesmente pagar uma conta no banco ou pegar a fila do supermercado pode parecer um simples processo rotineiro, mas, em nosso País, ainda é um processo de aprendizado. Ser ético requer coragem nos dias atuais.

Sucesso para mim é a busca incessante de uma finalidade suprema para estar vivo.

ARTURO PIÑEIRO

Presidente e CEO da BMW of Manhattan

Liderança Transformacional

Ao longo de mais de duas décadas atuando na BMW, posso considerar que me sinto como um membro de suma importância dentro da organização, uma das mais importantes e prestigiadas do setor automobilístico. Todo mundo reconhece o tamanho e o poder da marca de uma das montadoras mais poderosas do mercado, mas o que torna isso ainda mais relevante para mim é o fato de que um latino pode, enfim, estar conduzindo o grupo na condição de Presidente e CEO da companhia do Brasil. É um orgulho muito grande ter o meu trabalho reconhecido, e sei que fui merecedor desta honra, por conta de todo o esforço e trabalho que empreguei até o momento, depois de desempenhar inúmeras funções dentro da companhia.

Posso dizer que meu desempenho ímpar sempre me auxiliou no crescimento dentro da BMW, uma empresa de origem alemã e, portanto, com uma cultura diferente da qual estamos acostumados. Contudo, minha capacidade permitiu que eu pudesse "passear" por diferentes áreas dentro da empresa e, dessa forma, aventurar-me em segmentos diversos, conhecendo todo o processo necessário para me tornar um executivo completo. Sou um empreendedor nato e

▪ Carreira

Desde 2016: Presidente e CEO – BMW of Manhattan.

2013-2016: Presidente e CEO – BMW Brasil.

Desde 2001: Partner and President of the Board – Scamadrid SA.

2010-2013: Vice-Presidente, Western Region – BMW – BMW of North America, LLC.

2009-2010: Vice-Presidente, Central Region – BMW of North America, LLC.

2007-2009: CEO of BMW Central and South America and President of BMW Group Argentina – BMW Group Argentina.

2004-2007: Vice-Presidente, Motorrad – BMW of North America, LLC.

2000-2003: President – BMW Financial Sercices Iberica EFC SA.

2000: Marketing Director – BMW Iberica SA.

1999-2000: Managing Director – Rover España SA – BMW Group.

1995-1999: Manager, Motorrad Division – BMW Iberica SA – BMW Group.

▪ Formação

Faculdade de Economia São Luís, 1982-1987.

um líder natural, mas tais características só puderam ser forjadas através de outros predicados, adquiridos ao longo do tempo. Costumo dizer que a experiência e o alto poder de observação são determinantes para poder seguir em alta como profissional neste ramo.

Basicamente, posso afirmar que minha história de vida se confunde com a da BMW, especialmente pelo tempo de casa que tenho. Sou formado em Ciências Econômicas pela Faculdade São Luís (São Paulo) e desde cedo me entrosei com extrema facilidade no mundo dos negócios, por meio de estratégias de vendas e de minha natureza como empreendedor. Sou focado e determinado, características que abriram portas importantes para mim dentro da empresa. A partir do momento em que desempenho meu trabalho com a devida ousadia, com o planejamento correto, posso considerar que estou apto a melhorar as condições da instituição. Tenho um *know-how* excelente para solucionar crises e possuo um aproveitamento muito alto em minhas atribuições, o que, no decorrer do tempo, rendeu-me seguidas promoções.

Fui o Presidente da BMW e CEO da BMW Brasil durante três anos, e agora assumi um cargo extremamente importante nos Estados Unidos. Isso está longe de me garantir uma vida tranquila, de um executivo acomodado – estou sempre na ponte área, preparado para "apagar" as labaredas, em tempos de uma forte crise econômica, que se estende por todo o mundo, conforme vou abordar mais adiante. Não é uma situação que ocorre somente no Brasil, por conta das falhas de nossos políticos, como muitos pensam, mas também por todas as dificuldades que os países europeus têm enfrentado em termos de recessão, com as crises migratórias e outros problemas geopolíticos de regiões distintas. Por encarar desafios dessa natureza o tempo todo, tenho facilidade para me adaptar diante de situações adversas, proporcionando mais tranquilidade para que a empresa não fique à deriva em caso de um cenário desfavorável.

Tanto que não apenas a empresa vislumbrou esse meu potencial ousado, de "partir para cima" da concorrência, com lealdade, como também a mídia especializada e o consumidor final – obviamente, o fator mais importante em todo esse processo. Nesse período, conseguimos construir uma fábrica – localizada em Araquari, em Santa Catarina – e lideramos o segmento de veículos *premium*. Apesar de ser um executivo de carreira – são mais de duas décadas correndo junto com a BMW –, o fato de ser um estrategista mercadológico e um líder forte me tornaram apto a assumir tais responsabilidades. Com o tempo, o vínculo de confiança cresce e ele se renova a partir do momento em que você se compromete a se integrar ainda mais com a companhia.

Sei que novos desafios virão, como já ocorreu no passado. Isso é de fato muito interessante, especialmente por evitar que eu caia em uma zona de conforto. Este é um dos principais motivos que levam altos executivos a serem demitidos ou relegados a cargos inferiores do que aqueles que ocuparam em tempos de bonança outrora. Os desafios para a indústria automobilística são bastante evidentes, ainda mais quando estamos falando de automóveis de luxo. Por isso, preciso ser muito hábil e ter traquejo ao realizar manobras mercadológicas, mantendo assim a BMW sempre em alta. A própria marca se ajuda, evidentemente, só pelo peso que o nome carrega. Mas os altos impostos e o recuo do poder aquisitivo tornam a inserção no mercado algo incerto por diversas vezes.

Quanto ao meu perfil profissional, gosto de ser bastante sincero ao apontar que possuo qualidades bem pontuais para ocupar um cargo de tamanha importância. Não me preparei ao acaso para fazer parte da organização, mas fui galgando meu espaço através de características que me diferenciam de outros executivos. Meu espírito de liderança é robusto, e isso inclui como consigo, com extrema competência, montar equipes de alto nível para planejar os projetos da companhia. Para compor um grupo unido, não basta somente delegar esta função para terceiros – mesmo sendo do alto escalão, é de suma importância que eu participe do processo todo. E utilizo de muito senso crítico e poder de observação para realizar tais ações.

Alia-se a essa questão meu poder analítico para ser um profissional imbuído de um faro muito aguçado em meu *métier*. Quando assumo responsabilidades, estou sempre pronto para desempenhar o meu melhor e realizo tais funções com uma qualidade fundamental para um CEO: o poder e a confiança de tomar decisões importantes e dentro do prazo correto, para que a situação não fuja de meu controle. Preciso analisar todos os possíveis cenários; são responsabilidades de um executivo que tem a capacidade de liderar projetos. E passo isso para meus comandados através de confiança e abrindo o caminho da comunicação direta. Assim como gosto de ser ouvido, também respeito demais o que os outros têm a dizer sobre o assunto que está em pauta. Ideias se constroem em conjunto.

Para deixar mais claro o modo como costumo conduzir meu trabalho, emprego oito princípios de conduta que considero fundamentais para que minhas metas sejam alcançadas, especialmente quando são trabalhos em equipe:

– **Vencedores trabalham aqui:** Mentalidade e atitude vencedoras são fatores-chave se quisermos ter sucesso.

– **"Walking the talk":** Nós terminamos o que começamos e entregamos o que prometemos.

– **Nós amamos nossos clientes:** Nós os escutamos, trabalhamos para eles e nos colocamos no lugar deles, com o intuito de superar suas expectativas.

– **Negócios devem ser divertidos:** Precisamos gostar do que fazemos. Transmitimos esse entusiasmo para os nossos clientes.

– **Preparação e antecipação impulsionam o sucesso:** Nós trabalhamos em um ambiente de mudanças, precisamos antecipar situações de mercado, superar as expectativas dos clientes e orientar nossas relações com nossos parceiros. Somente com uma boa preparação isso pode ser possível.

- **"One Voice":** Nós discutimos negócios abertamente, com energia e respeito. Nós consideramos todos os pontos de vista, mas uma vez decidido, é uma decisão da equipe, apoiada por todos.

- **Se não sabemos, pedimos ajuda:** Comunicação e cooperação abertas fortalecem a equipe.

- **Nós ganhamos como um time, nós jogamos como um time:** Apenas como uma equipe, nós poderemos ter sucesso.

Ser latino sempre me auxiliou a romper com algumas fronteiras inerentes ao mundo corporativo. O latino, por natureza, é detentor de uma personalidade mais "quente" e extrovertida, mas, evidentemente, sem que isso deixe o senso de responsabilidade ser descartado. Talvez minha personalidade "pulsante" tenha exercido algum papel importante neste processo de ter sido muito bem aceito dentro de um poderoso conglomerado alemão. Por outro lado, não posso deixar de forma alguma que a intempestividade interfira em minhas decisões. Pode parecer contraditório, mas sei como poucos aliar pulso firme com rara sensibilidade na tomada de decisões.

Não à toa, cheguei aonde estou com a credibilidade em alta e dentro do seleto grupo dos duzentos executivos mais gabaritados de todo o mundo - sendo que sou o único representante da América Latina nesta lista. E me orgulho ainda mais pelo fato de ser brasileiro. Obtive tais feitos sabendo ter coerência ao realizar negócios com os diferentes nichos culturais. Eventualmente, é necessário atuar com mais frieza, em outros casos, é preciso saber lidar com o seu interlocutor, agindo com um pouco mais de firmeza. Volto a citar o fato de ser um exímio observador, junto com a experiência de quem tem a confiança devida para colocar em ação o que a companhia pede.

O momento transformador: Rover e o projeto na Espanha

Considero que o meu *turning point* ocorreu em 1999, quando estava na Espanha, conduzindo os negócios referentes ao Rover, que fora adquirido pela BMW em 1994. Fui nomeado presidente do grupo naquele país para tentar solucionar problemas sérios de mercado que acometiam a empresa por conta do momento de baixa do mercado. O período não era bom para o segmento e precisávamos apresentar soluções imediatas para que a montadora acreditasse no projeto que estávamos elaborando.

Realizamos uma ação que trouxe resultados satisfatórios, mas era uma situação muito difícil para se reverter com o cenário daquele momento na Europa, especialmente com o que estava acontecendo na Inglaterra. A BMW, portanto, tomou a atitude de passar parte da Rover para a Ford, em 2000. Apesar disso, meu trabalho e o da equipe foram devidamente reconhecidos, e passei a integrar divisões mais importantes do grupo, especialmente no que se refere às finanças e outras partes da empresa sobre as quais comecei a me inteirar com afinco.

Durante meu período como presidente da Rover da Espanha, desenvolvi o projeto de *turnaround* utilizando exatamente meus pontos fortes, como o de ser um grande líder e que tem o foco voltado aos indivíduos. Através de caminhos motivacionais, com exemplos positivos, consigo transmitir a confiança necessária para o grupo que estou comandando, ajudando, assim, na tomada de decisões para que a companhia obtenha os resultados esperados. Portanto, sinto uma enorme satisfação quando observo que membros de minha equipe conseguem se destacar profissionalmente, dentro da empresa, ou em outras empreitadas que realizam em suas atividades profissionais.

No caso específico de quando assumi a presidência da Rover da Espanha, estabeleci um plano de ação extremamente bem elaborado, pautado em uma forte gestão financeira. Montei um time do zero, substituí toda a direção, trouxe *experts* da área bancária e realmente conseguimos resultados em tempo recorde, ganhando muito dinheiro. Isso se deu não apenas me rodeando de pessoas capacitadas, mas também me preparando com um plano estratégico bem estabelecido para poder me situar quanto à situação que teria de enfrentar. Precisei fazer uma engenharia comercial e financeira, além de fazer a análise de risco para aquele projeto.

Mesmo com a decisão da BMW de se desfazer de parte da Rover - que era dividida em várias marcas -, sempre tive bastante sucesso dentro do conglomerado. Nessa época, eu era o responsável por esse processo de desmembramento da Rover. Portanto, após o encerramento das operações na Espanha, a empresa valorizou o meu trabalho, pois recebi excelentes oportunidades após a empreitada. Sem dúvida foi o trabalho que me deu mais satisfação. Fiquei mais quatro anos entre Espanha e Portugal, antes de ser deslocado para os Estados Unidos - onde assumi a posição de vice-presidente da Motorrad, voltada para o mercado de motocicletas. Mais quatro anos se passaram e me tornei o CEO na Argentina, e das Américas Central e do Sul, no período compreendido entre dezembro de 2007 e abril de 2009.

Posteriormente, depois de algumas adequações de cargos, enfim cheguei ao posto de presidente e CEO da BMW Brasil, em abril de 2013, até ser deslocado mais uma vez para os Estados Unidos, em 2016. Houve um processo natural na troca da presidência do grupo no Brasil, muito em função da crise que assolou o País. No momento, minha função é administrar outra empresa em Manhattan, em Nova York. Fui designado para este cargo por ter essa condição de ser um líder muito competente, de conseguir mover montanhas. Sou uma pessoa que acredita muito em condutas corretas e cobro isso de quem está dentro de minha equipe.

Felizmente, até hoje, fui bastante afortunado por, na maioria das vezes, ter conseguido trabalhar com pessoas muito competentes, que contribuíram para que as metas fossem alcançadas.

A liderança, nos dias de hoje, valoriza os indivíduos, e consegui estabelecer esses padrões de maneira bem vigorosa dentro da BMW, ao longo desses 22 anos de empresa. A liderança, no passado, era muito transacional, bastante focada em resultados imediatistas, e hoje ela é transformacional, com o intuito de estimular os indivíduos envolvidos nas operações na busca pelo crescimento. Sempre fui muito transformacional, dando valor às pessoas que trabalham comigo. Para tanto, existe um procedimento para que uma pessoa de confiança tome a frente desse projeto de expansão a partir de 2016. É mais um desafio para mim, já que estamos falando de um nicho bastante complexo a ser explorado pelas montadoras atualmente.

Trata-se de um projeto que tem como função primordial implementar a rede de concessionárias da linha BMW, ou seja, não estou mais vinculado ao mercado brasileiro, mas sim ao norte-americano, desta vez na Costa Leste, em Manhattan, no coração de Nova York. A montadora está desenvolvendo esse plano de expansão, do qual serei responsável por todas as etapas do processo, desde as atribuições financeiras, passando por gestão, estratégias de marketing e vendas, formação da equipe etc. A questão é colocar a distribuição agora nas mãos da fabricante, no caso a BMW, com a intenção de fazer esse plano de *turnaround* e expansão, no qual sou especialista, conforme minhas atribuições comprovam com os seguidos sucessos obtidos no decorrer de minha carreira, da qual me orgulho muito.

Crises do Brasil e o panorama global

Obviamente, o que acontece na economia brasileira é um nítido reflexo do que vem ocorrendo no cenário político dos últimos anos. Mas não podemos atribuir somente esse aspecto aos maus resultados coletados nas temporadas recentes. A partir de um determinado momento, o Brasil passou a "vender" uma ideia, um projeto marqueteiro de fundo inconsequente e populista. A economia funciona quando as *commodities* estão em alta, e uma situação artificial acabou sendo criada na qual dependemos de outros mercados, como o da China. Isso sem contar as taxas diabólicas, os juros brutais e os impostos descabidos que são aplicados no País. Isso afugenta as empresas e o impacto imediato é o desemprego e a falta de investimento.

No exterior, também precisamos estar atentos às crises que pululam frequentemente, com ataques terroristas, como observamos recentemente na França e Bélgica, além de imbróglios quanto aos refugiados e imigrantes clandestinos que tentam uma nova vida na Europa e da questão da Coreia do Norte... É o mundo em ebulição, em que qualquer movimento em falso pode causar prejuízos irremediáveis. O planeta não está sofrendo somente com questões nos âmbitos político e econômico, mas também nas esferas social, religiosa e cultural.

O presidente de uma grande empresa precisa estar atento não somente ao que se passa dentro do mercado de seu país e das nações parceiras, mas ter um panorama geral de como uma crise em um local distante pode gerar um tsunami que traga prejuízos para os seus negócios. Por eu ter saído muito cedo do Brasil e ter trabalhado em vários países, eu possuo uma capacidade ímpar de pontuar onde pode eclodir um evento desagradável para a empresa. É tudo uma questão de antever e de se prevenir de possíveis danos, sejam eles diretos ou colaterais.

CARLOS A. RIVERA

CEO – MRI Network Latin America e Membro de Conselho de Administração

Desafio para Tornar-se um Líder Global Diante de um Cenário Altamente Incerto

Desde o começo, minha carreira foi permeada por desafios. Ainda quando criança, ingressei em uma das escolas mais exigentes do México, a Deutsche Schule Alexander von Humboldt, com o ensino voltado para o alemão, sem sequer conhecer uma palavra do idioma. Entretanto, eu consegui "sobreviver" aos primeiros sete anos de estudos, apesar da minha limitada habilidade com a língua alemã. Porém, sempre fui muito dedicado e não me deixei abater diante dessa primeira adversidade. Caso contrário, como poderia alçar voos mais altos e atingir metas mais importantes em minha vida?

A única solução encontrada para resolver essa questão foi me enviarem para a Alemanha, quando completei onze anos de idade, para realizar uma temporada de estudos em Munique. Sem dúvida alguma, foi uma experiência que fez toda a diferença em termos de crescimento pessoal e, obviamente, no âmbito de compreender melhor a língua e a cultura germânica. Foi um processo essencial para que eu pudesse concluir com êxito os anos restantes na escola alemã e, depois de quinze anos de estudos, fui agraciado com o Deutsches Sprachdiplom, um dos certifica-

- **Carreira**

Desde 2014: Membro como Alumni Representative no IMD Foundation Board – IMD Business School. Lausanne, Suíça.

Desde 2007: CEO – MRI Network Latin America MRINetwork Cidade do México, México.

Desde 2003: Director no MRINetwork Global Search. MRINetwork. Cidade do México, México e São Paulo, Brasil.

Desde 2014: Membro do Conselho de Administração no El Aguila Compañía de Seguros Subsidiaria da Great American Insurance, USA. Cidade do México, México.

- **Formação**

IMD (International Institute for Management Development) – MBA, 1983. Lausanne, Suíça.

Universidad Anáhuac – Bachelor of Science (BSc), Ciencias Atuariais, 1976-1980. Mexico City, Mexico. Logro Especial: Prêmio Nacional de Atuaria, outorgado pelo Colégio de Atuários do México.

Deutsche Schule Alexander von Humboldt – Bacharelado, 1962-1976. Mexico City, Mexico. Logro Especial: Deutsches Sparchdiplom.

dos mais importantes, o qual garante minha proficiência no idioma alemão. Uma grande lição para mim para continuar me dedicando, dando o melhor de mim, para aprender mais e mais a cada dia.

Posteriormente, por iniciativa própria, resolvi me dedicar a um novo e complicado desafio, denominado "Estudos Atuariais". Trata-se de uma área muito específica, com ênfase em técnicas de análises de riscos financeiros afins. Felizmente, fui capaz de concluir a universidade, sendo que a minha tese de conclusão foi pautada exatamente em Gestão de Riscos e apresentada na Faculdade do México, onde ganhei uma Menção Honrosa no Primeiro Prêmio Nacional de Atuária do País.

Já formado, depois de superar os severos obstáculos mencionados, considerei importante complementar os meus estudos no exterior e realizar um Master of Business Administration (MBA) no IMD (International Institute for Management Development). Aceito no instituto, mudei-me para a Suíça em 1983, algo que foi de suma importância para a minha carreira, com o intuito de me dedicar a essa nova experiência.

Essa decisão teve um impacto altamente positivo, agregando muito valor à minha carreira profissional, ainda mais considerando tratar-se de uma instituição considerada como uma das principais escolas de negócios em todo o mundo. Ou seja, até aquele ponto, estava me preparando da melhor maneira possível para desbravar o forte mercado de trabalho executivo com o qual me depararia nos anos seguintes. No início, minha carreira foi muito desafiadora, auxiliando-me a desenvolver a confiança necessária para enfrentar novos desafios nesse mundo complexo dos negócios.

Profissionalmente, comecei a minha carreira desenvolvendo modelos atuariais com uma especialização em analisar, avaliar e administrar riscos, o que resultou em muitas noites sem dormir. Sentindo-me mais confiante, decidi expandir os horizontes buscando oportunidades em empresas globais em diversos campos e em empresas renomadas. Fui contratado pela McKinsey & Co., onde interagi com mentes brilhantes e inovadores modelos de negócios. Estar em contato com profissionais excepcionais foi um verdadeiro presente neste começo da minha jornada como profissional do segmento da consultoria de alta direção.

Naquela época, eu tinha como chefe o senhor Nick Shreiber, que anos mais tarde, converteu-se no CEO da Tetra Pak Mundial. Agradeço por ele ter exigido o máximo de mim, já que foi um grande "maestro". Portanto, não posso me queixar de falta de oportunidades que tive ao conviver com profissionais tão gabaritados, cuja importância como chefes e mentores - assim como Nick - foi fundamental para o meu crescimento nessa fase.

Após concluir meu MBA no IMD, quis seguir com as minhas experiências pessoais realizando uma carreira internacional. E, para tal, lancei-me ao mercado global: fui contratado pela Ciba-Geigy, hoje Novartis, na Suíça. Essa iniciativa me auxiliou bastante em ganhar experiência, já que pude trabalhar não somente naquele país, mas também na Espanha e no Reino Unido, atuando em diversas funções e finalmente sendo promovido como gerente de marketing da empresa na subsidiária do México.

Depois desse período fantástico na Europa, regressei ao México e trabalhei, inicialmente, em conselhos de *joint ventures* de um conglomerado mexicano composto por empresas muito conhecidas e conceituadas, com sócios tais como ABB, Mitsubishi, Mercedes-Benz e General Electric. Isso me deu uma nova perspectiva levando em consideração o ponto de vista dos acionistas.

Com toda essa bagagem e respeito adquirido, tive a oportunidade de abrir um novo mercado para a GE Capital, o braço financeiro do grupo General Electric no segmento de seguros. Foi uma grande experiência por ter ficado encarregado do desenvolvimento de negócios, o que significava que necessariamente eu precisava elaborar estratégias para entrar no mercado mexicano e para a posterior execução dos planos de negócios.

Posso citar dois exemplos para explicar melhor como se desenvolveu essa experiência única:

- A primeira foi ter apresentado ao conselho da GE Capital, com a presença do CEO da GE, o senhor Jack Welch, a aquisição de uma companhia asseguradora, para a aprovação do conselho.
- O segundo exemplo foi ter criado uma nova empresa da GE Capital especializada em fundos privados de pensões a partir do zero, em tempo recorde, com a contratação de mais de quinhentas pessoas.

Atualmente, tenho a honra de continuar participando de vários conselhos de administração, sendo que um deles é o Seguros El Aguila, uma subsidiária da American Financial Group. Também posso exaltar com muito orgulho o fato de ser membro do Conselho no IMD Foundation Board, atuando como Representante dos Alumni. Tenho o dever de representar cem mil alunos do IMD de todo o mundo nesse conselho, sempre ressaltando que o IMD é uma das principais instituições de educação executiva do mundo.

Toda essa ampla experiência adquirida impulsionou o meu desejo e me deu a oportunidade de me preparar e ter a coragem necessária para outro grande desafio em minha vida: iniciar uma carreira como empresário e empreendedor. De imediato, resolvi investir em um negócio com um escritório localizado na Cidade do México, afiliado à MRINetwork, uma das empresas líderes em recrutamento executivo e de profissionais com mais de cinquenta anos de experiência e atuação em cerca de trinta países.

Após alguns anos de um favorável e saudável crescimento, surgiu a oportunidade de expandir a participação e a presença da organização pela América Latina.

Percebi o potencial econômico e de negócios dessa região e, através de um modelo de franquia máster, desenvolvemos o mercado almejado. Atualmente, a MRINetwork Latin América está presente em nove países da região.

Descobri que a minha verdadeira vocação é prover ideias, *insights*, criar e executar projetos complexos para servir e agregar valor às corporações globais mais exigentes. Realizar essa função de procurar os melhores executivos do mercado é uma atividade muito exigente, mas ao mesmo tempo é um trabalho extremamente gratificante, justo por auxiliar as empresas a obter os talentos mais destacados do mercado.

Você tem um impacto direto sobre a vida de executivos e profissionais diversos e, ao realizar isso, tem a oportunidade incrível de aprender muito sobre diferentes empresas, culturas, regiões e mentalidades distintas. Certamente, essa é uma das minhas paixões profissionais mais gratificantes.

Acredito que a transição de um mundo corporativo seguro para uma mentalidade empreendedora é um dos maiores desafios que se pode ter na carreira. Adaptar-se e competir em novos ambientes de negócios exige estar disposto a assumir os riscos associados a uma mudança tão ousada, provavelmente algo que eu nunca teria pensado em meus primeiros anos como profissional. O mundo mudou e hoje encorajo cada pessoa a tentar esse caminho o quanto antes em sua carreira.

Certamente, enfrentei tempos difíceis quando me deparei com meus primeiros erros, tanto no âmbito acadêmico quanto no profissional. As lições que aproveitei com o que não deu certo retratam o fato de que, quando você está situado em mundo de sobrevivência real, o único futuro é o dia de hoje – e a única coisa que você pode fazer é tomar o controle do seu próprio destino, realizando o melhor possível. Pouco a pouco, passo a passo, etapa após etapa, você vai se sentir satisfeito e orgulhoso de superar essas situações e aprender as lições para utilizá-las no futuro.

Cenário do Brasil

Acredito que, no momento, o Brasil está sendo confrontado por uma perfeita tempestade, com os cenários econômico, político e social e até mesmo a questão da saúde alinhados de forma negativa. Isso representa, sobretudo, uma oportunidade única para capitalizar sobre um país que voltará com força, após esse momento de crise. Aqueles que acreditam no Brasil e se preparam estarão melhor posicionados para aproveitar as generosas oportunidades que certamente surgirão.

Cenário global

A grande maioria das empresas está experimentando concorrer em um entorno conhecido como o ambiente "VUCA" (em português, "VICA", que podemos classificar como **volatilidade, incerteza, complexidade e ambiguidade**). O termo basicamente diz respeito aos componentes relacionados aos fatores de risco. Portanto, são exatamente itens que estão em pauta no atual cenário da economia global.

Além disso, estamos observando em diversas partes do mundo alguns eventos únicos que adicionam outros fatores que geram um mundo mais **contraditório, polarizado, irracional e até explosivo**. Como exemplo, posso citar o "Brexit" (a decisão dos cidadãos pela saída do Reino Unido da União Europeia, em junho de 2016), a eleição presidencial dos Estados Unidos no fim de 2016 e movimentos separatistas regionais. No caso do "Brexit", a grande questão a ser abordada é como a economia europeia reagirá diante do impacto causado pela decisão dos britânicos. A Alemanha e a França, outros pilares econômicos do Velho Continente, precisarão adotar medidas para conter futuras crises que possam abalar toda a zona do euro.

A expectativa de vida de uma empresa que na década de 1970 chegava a até 50 anos diminuiu drasticamente para 30 anos neste século. De fato, isso vai impor enormes desafios para o futuro crescimento e a sobrevivência de empresas rentáveis e sustentáveis.

As estratégias futuras e as opções para as companhias serão moldadas da seguinte maneira:

- Alterar a mentalidade do *Inside-Out* para o *Outside-In.*
- Inovação para lidar com o rompimento dos modelos de negócio existentes.
- Ecossistemas impondo-se sobre indústrias tradicionais, criando demandas para novos mercados.
- Motivar as pessoas através do compartilhamento de valores, com o intuito de trazer propósitos comuns para as empresas e os indivíduos.

Para definir um futuro sustentável, empresas-modelo precisarão avaliar todas essas forças para moldar os seus respectivos cenários competitivos.

Importantes lições aprendidas:

Essas questões estão criando a necessidade de contarmos com líderes globais, que terão de lidar com todos esses formidáveis desafios. Assim, será necessário que eles estejam aptos a preparar e orientar suas empresas, com a expectativa de enfrentar e superar com êxito essas novas tendências.

O principal desafio que enxergo atualmente é demonstrar que, para se tornar um líder global, é necessário avaliar todos os desafios desse momento. Ou seja, tudo precisa ser levado em consideração para ajudar as pessoas e as empresas a lidar com esse ambiente extremamente complexo.

KLAUS SCHERER

Managing Director

As 4 Disciplinas de Execução©: Implantação Prática de uma Nova Metodologia

Os primeiros passos

Havia um sentimento de culpa em 2015. Após quatro anos de implementação de uma unidade industrial de uma empresa de autopeças, ainda não havíamos atingido resultados positivos. Era cada vez mais difícil explicar a situação para a nossa matriz na Alemanha, para a unidade de negócios das Américas e ao meu chefe, alocado nos Estados Unidos. Tínhamos seis plantas nos Estados Unidos e somente uma no Brasil. Os norte-americanos estavam preocupados com problemas de capacidade para atender à demanda aquecida, mas por aqui os volumes diminuíam cada vez mais com a crise. Obviamente, uma das saídas para essa situação era ganhar novos projetos, crescimento orgânico com novos itens. Apesar do sucesso na área comercial, isso não traria resultados positivos em curto prazo.

No ramo automotivo, você fecha um pedido hoje, para então começar a desenvolver a peça, testá-la e aprová-la. Neste ínterim, você prepara a produção com máquinas e equipamentos, chama o seu cliente para liberar o processo de produção, para só depois começar a produzir e faturar a peça nova. Este processo demora geralmente entre um ano e meio a três

▪ Carreira

Desde 2016: Sócio-Diretor – Consultoria KS Consult.

2010-2015: CEO – Eberspaecher Tecnologia de Exaustão Ltda.

1999-2009: General Manager – Eberspaecher-Tuper Sistemas de Exaustão Ltda.

1996-1998: Gerente Comercial – Teflex Indústria e Comércio S/A.

1995-1996: Gerente Comercial – Chocolates Prink S/A.

▪ Formação

Programa PAEX – Programa de Administração por Excelência.

Fundação Dom Cabral (FDC) – Brasil, 2003.

Universität Hagen, Alemanha – Economia, 2001.

IHK Wiesbaden – Alemanha – Bürokaufmann.

Administração Comercial, 1986.

Schulze Delitsch Professional School.

Administração de empresas, 1986.

▪ Nascimento

Lahr, Alemanha, em 28 de janeiro de 1964.

anos. Durante esse tempo, o novo projeto tem o efeito contrário sobre a operação. Você precisa reforçar o seu time e liberar recursos, investir alto em máquinas e ferramentas. O custo sobe enquanto não fatura. Enfrentamos essa situação de 2012 até 2015, e pode ocorrer também no futuro, mas com um impacto muito menor.

O cenário econômico também não ajudava. Inflação indo novamente para dois dígitos, projetos atrasados ou cancelados e volumes prometidos pelos clientes de longe não atingidos. Eu sabia que tinha de fazer alguma coisa, mas não tinha nenhuma receita. No início do ano, recebi do nosso vice-presidente de operações nas Américas a indicação de um livro. Ele já tinha feito recomendações de livros sobre Excelência Operacional ou *Lean Manufacturing* e sempre eram livros bons, dos quais podíamos aplicar material útil na operação, mas desta vez o assunto era geral, sobre disciplinas de execução. Achei o livro eletrônico e o comprei.

Comecei a ler naquele mesmo dia e demorou pouco até que a genialidade do conceito me chamasse a atenção. Não é nada que a gente não viu, mas o conjunto é o que faz toda a diferença.

Incentivados pelo vice-presidente de operações, todos os gestores leram o livro, mas ninguém o levou muito a sério. Pensei: a ideia é boa, porém, como posso implementar isso? Tentei através de telefonemas com o VP, mas não resolveu. Tudo que apareceu foram incentivos de ir para frente, o que foi aprovado – mas nada de concreto sobre a prática. O conceito parecia simples, mas na prática as coisas nunca são tão simples.

Continuei lendo o livro e comecei a filosofar: como seria se a empresa fosse lá nos Estados Unidos e tivéssemos os recursos de primeiro mundo à disposição? Ah! O livro era da Franklin Covey, uma empresa americana muito renomada, já tinha lido outros livros do Stephen R. Covey e sabia que tratava-se de um grande escritor e pesquisador. De repente, pensei: "e se eu tentar contato com eles?". Eles talvez pudessem me ajudar! Imediatamente falei com o Márcio, nosso encarregado do CIP – *Continuous Improvement Process*. Obviamente ele gostou da ideia e pedi para descobrir se a Franklin Covey estava presente no Brasil e com quem eu poderia falar. Apenas dois dias depois, o Márcio voltou e trouxe boas informações. A Franklin Covey tinha uma operação em São Paulo, e mais, existia uma versão nacional do livro, a qual tem um coautor brasileiro. Consegui marcar uma reunião com o Bill Moraes, o coautor do livro, que me explicou que a Franklin Covey já tinha implementado o conceito no Brasil. Achei a reunião fantástica e saí ainda mais empolgado. O Bill ficou de conversar com a empresa do *case* dele e marcar uma reunião com o presidente, para eu ver de perto os resultados gerados.

Encontramos o presidente da empresa em São Paulo e ele se dispôs a falar sobre o que eu quisesse saber – o meu interesse era nos resultados e nas dificuldades. Ele me contou que havia feito duas tentativas. A primeira falhou após um ano e meio por falta de acompanhamento e de disciplina da alta direção, mas felizmente ele não deixou de acreditar. Na segunda vez, ele chamou a Franklin Covey para ajudar a implementar e então deu certo. Os resultados vieram com prazo menor do que o esperado e superando as metas. Quando falamos, o sistema já estava incorporado na gestão da empresa e os resultados continuavam a aparecer. Era tudo que eu precisava saber. A partir daquele momento, solicitei a proposta de implementação para analisar a viabilidade.

Duas semanas depois, eu estava com a proposta na mão - não era muito barato - mas me surpreendeu, porque até então era apenas um sonho. Finalmente comecei a ver uma possibilidade real. O valor era viável e tinha bastante flexibilidade. Aí, surgiu o que sempre surge em um projeto como aquele - ninguém planeja dinheiro extra no *budget*. Mas, como o próprio Bill me assegurou, o projeto tem de se pagar. A redução de custo e a melhoria de eficiência têm de gerar recursos suficientes para garantir o *payback* em curto prazo. Comecei a montar um *business case* para convencer meu chefe, o Presidente das Américas, a liberar os recursos e seguir adiante.

Apresentei meu *business case* em um *board meeting* nos EUA, em abril. Eu tinha até arranjado um espaço na agenda e estavam todos presentes, até o CEO e dois dos donos. Estava convencido de que tinha a argumentação certa e ia conseguir os recursos. Afinal, o valor que estava pedindo era quase irrisório, se comparado aos projetos que estavam em andamento no resto do mundo. A reunião começou e andou, andou, andou, com muitas discussões e, quando chegou a minha vez, a ordem era apenas confirmar rapidamente os números, não havia mais tempo. Viajei milhares de quilômetros e perdi a minha chance de apresentar. Parece familiar? Falei com alguns colegas ao longo dos últimos anos e isto é uma situação bastante comum. Infelizmente, a nossa operação significava menos de 2% do faturamento do grupo. Bom, voltei para casa com meu projeto embaixo do braço.

Pensei, "preciso achar outra maneira para conseguir a atenção". Comecei então a embutir o *business case* nos números do orçamento, mas era impossível obter um *payback* no mesmo período. Pedir aumento de recursos sem obter resultados era uma rua sem saída. Em vários telefonemas com meu chefe expliquei o projeto, mas novamente não obtive sucesso. Ele nem tinha lido o livro, como poderia entender a minha empolgação? O nosso *headcount* era tão enxuto que também não tinha alguém que pudesse ser o gerente de um projeto assim. Precisava da ajuda da Franklin Covey, não queria que essa fosse só mais uma ideia e depois morresse, silenciosamente, em uma gaveta.

Tinha de ser paciente para esperar outra oportunidade. E ela chegou, através de um resultado com um lote extra de protótipos. Estava ali o dinheiro que faltava. Como estávamos no meio do *budget* de 2016, revisei o meu *business* e projetamos os resultados esperados para dentro do *budget* de 2016. Eu não tinha custos em 2016, mas tinha todo o resultado.

Aproveitei a conversa seguinte com o meu chefe e mostrei meu novo *case*. Após explicar mais uma vez a metodologia e os resultados, combinamos que a minha unidade seria então o piloto e, se tudo desse certo, poderíamos implementar o sistema nas Américas. Então gostei, projeto-piloto é comigo mesmo.

A implementação

Agora vamos conhecer um pouco da metodologia. Tenho de apresentá-la para explicar o funcionamento do projeto. Vou falar um pouco sobre as 4 disciplinas.

A primeira disciplina é sobre definir uma meta que chamamos de crucialmente importante. Por quê? Porque tem que ser aquela meta capaz de mudar tudo ao ser atingida. Quando pensamos em metas, pensamos em resultados. Existem resultados que podemos controlar e os que não podemos controlar – focamos sempre os que podemos controlar. Estes podem ter dois caminhos de solução: um é a execução direta e outro são ações planejadas, estratégicas. Quando falamos de estratégia, existem novamente dois caminhos – um que chamamos de canetada, que são aquelas ações definidas e ordenadas por um chefe, mas isso não costuma ser eficaz. A maioria das ações necessita de uma mudança de comportamento. Segundo Franklin Covey, existem cinco estágios de estratégias, baseados no comportamento. Tudo começa com a necessidade de uma melhoria. A partir desta, é preciso ênfase de liderança. O próximo passo é a prestação de contas da equipe. E depois vem a posse individual dessa meta, que por último vira um hábito.

Sempre quando queremos trabalhar em uma meta específica, ela concorre com todas as outras tarefas do dia a dia. Este é o grande problema nas organizações. O que chamamos de redemoinho é o que acontece diariamente e consideramos urgente, consumindo o nosso tempo disponível e não sobrando nada para o que é realmente importante. Aí, entra uma questão de planejamento, temos de reservar um tempo, toda semana, para trabalhar exclusivamente no que importa – na Meta Crucialmente Importante (MCI). Preciso definir esta meta com toda clareza, de *x* para *y*, até o prazo.

A segunda disciplina é atuar sobre as medidas de direção. O que é medida de direção? O exemplo simples pode ser tirado do cotidiano. Quero perder peso – neste caso, preciso pensar no que vou fazer para que isso ocorra. Por exemplo, escolhi correr 5 km por dia, e se eu medir essas corridas, o meu foco fica na execução e na medida de direção, por que sei que se eu correr vou ter êxito no final, o que vai alterar a meta principal. Os 5 km se tornam medida de direção para perder peso. Se eu quero mais faturamento, o meu foco pode ser entrar em contato todos os dias com três novos clientes. Se eu conseguir isso, naturalmente o meu faturamento vai aumentar. Então o foco tem de estar na medida de direção. Se essa medida não mexer na MCI, então devo substituí-la. Posso ter várias medidas de direção porque posso ter várias ações que me levam a um resultado positivo. Precisamos lembrar que a medida de direção tem de ter duas características: preditiva e influenciável.

A terceira disciplina trata de uma parte extremamente importante – o placar, que podemos considerar vital para qualquer atividade. Quando pensamos em um jogo, por exemplo, se não tiver um placar, depois de pouco tempo ninguém mais sabe quem está ganhando ou perdendo. Se você não sabe se o seu time está ganhando ou perdendo, você perde a motivação. A regra da Franklin Covey vai além: o placar deve ser desenvolvido pelos jogadores, pela equipe. Não estamos falando daqueles gráficos ou planilhas gerenciais que muitos trabalhadores de fábrica não sabem ler. Estamos falando de um placar deles; da engenharia, do TI, da célula de produção. Eles têm de se identificar com este placar que, portanto, necessita ser simples, altamente visível, ter as corretas medidas históricas e de direção, enfim mostrar imediatamente se estamos ganhando ou perdendo.

Vamos para a quarta disciplina. Não adianta ter metas e ações, se não há uma cadência de responsabilidade. É crucial termos uma reunião semanal de MCIs. Sendo uma reunião de 15 a 20 minutos, com rapidez e eficiência. Nessas reuniões, todos os membros da equipe têm de assumir um compromisso para a próxima semana e relatar seus feitos da semana anterior. Essa é a verdadeira disciplina da execução. A pergunta para a equipe é: que ações (uma ou duas) podemos realizar nesta semana para promover o desempenho da equipe no placar? Essas reuniões precisam ser feitas todas as semanas. Se alguém não fez as ações que assumiu, vai ter de assumir estas e mais outras da semana seguinte. Não seria justo simplesmente aceitar uma nova data de realização. Essa metodologia rapidamente identifica pessoas que não jogam pelo time e o próprio time vai corrigir essas atitudes ou escalar o assunto.

É claro que todo o sistema é mais complexo do que este relato, não posso substituir um livro inteiro por algumas páginas, mas temos aqui a noção das quatro disciplinas.

O processo de implementação começou com uma reunião da equipe da Franklin Covey com a equipe gerencial. Eu tinha uma equipe de cinco gerentes e um diretor. Eram as seguintes áreas: Qualidade, Industrial, *Supply Chain* (Compras e Logística), RH, Controladoria e Finanças e *Customer Service* (Comercial e Gerenciamento de Programas). Era de suma importância convencer o meu time sobre a metodologia, de que essa iniciativa devia mudar a nossa vida, entrar no dia a dia, fazer parte do sistema de gestão. Os membros mais inovadores entenderam o conceito rapidamente, outros demoraram um pouco, mas consegui convencer a todos. O que ajudou foi a presença do Bill, afinal não é sempre que você tem um autor de sucesso na empresa. Bem, saímos com mais da metade da equipe convencida e marcamos novamente para definição da MCI principal e das MCIs de cada departamento. Dessa vez, para evitar ruídos, aluguei uma sala num hotel da cidade, afinal havíamos planejado uma reunião de seis a oito horas. Se fizéssemos na empresa o redemoinho pegaria.

Nessa reunião conseguimos definir que a principal MCI da empresa era a melhora do EBITDA, fundamental para sair do prejuízo operacional. Definimos um valor que tinha que melhorar o resultado antes da depreciação e amortização. Sem EBITDA negativo significava sem mais recursos da matriz para financiar a operação. Consequentemente, todos os departamentos tiveram que focar melhorias de resultados ou redução de custos.

Surgiram excelentes ideias. A Qualidade estabeleceu uma MCI sobre o custo da não qualidade reduzindo de 0,79% para 0,61% do faturamento. A Manutenção definiu uma MCI de kW gasto por peça produzida de 1,38 para 1,17 kW. O *Customer Service* decidiu como meta eliminar atraso na implementação de EC (*Engineering Change* - Mudança de Engenharia), que resulta em *savings* ou em valor agregado. A Controladoria definiu MCI ao reduzir erros de lançamentos em SPEDs fiscais, diminuir sucata, aumentar a produtividade por funcionário da fábrica, reduzir o custo de materiais diretos e outros.

Muitas dessas MCIs até são metas comuns em outras empresas ou já existiam antes, mas aí foram definidas pelos times; as metas agora eram deles, e isso faz toda a diferença. Os departamentos de suporte também definiram metas, por exemplo, o RH definiu aumentar a satisfação interna, porque isto gera mais produtividade, e o TI definiu reduzir o número das chamadas em mais da metade, porque isto, além de melhorar a produtividade, evita reincidências. O mais importante nisso é a mudança de atitude, do modo de pensar. A consciência de que todos são peças importantes, que podem fazer diferença, são consultados, são respeitados e valorizados. Agora o jogo era deles!

Uma parte que adotamos foi o *software* da Franklin Covey - My 4DX, porque é uma grande ferramenta de controle. Foi desenvolvido para acompanhar as reuniões, as MCIs e os compromissos assumidos. O *software* até manda e-mails de lembrete. Assim fica muito mais fácil o controle e a adesão ao sistema. Sempre lembrando que não adianta de nada ter a melhor ferramenta se não houver a disciplina de uso. Para garantir isso, defini um Super Coach, o Márcio, a minha mão direita, que supervisionava a implementação e cobrava as ações de todos.

Impressionante é a criatividade das pessoas em fazer um *Scoreboard*. Pudemos ver temas que vão de "Procurando Nemo" até "O Chamado" ou "Equipe Blackout". A empolgação dos times em trabalhar e fazer a diferença é realmente contagiante. Dá para perceber que os times mais empolgados contagiam os outros.

Neste momento, não foram atingidas todas as metas ainda, mas o resultado já estava acima do esperado. Um dos fatores determinantes é o compromisso da alta direção da empresa. O CEO tem de fazer as reuniões semanais com tanta disciplina quanto o *team leader* na produção. Especialmente em tempos de crise como agora, ferramentas e sistemas como o aqui abordado são muito bem-vindos. Temos que melhorar sempre! Todo dia um pouco!

> *"O maior inimigo do sistema é o redemoinho, o dia a dia. A constante luta entre urgente e importante. Por várias vezes diferentes times queriam empurrar a implementação, atrasar as reuniões ou compromissos assumidos. Nesta hora cabe aos gerentes ou diretores uma mão firme para não deixar acontecer isto. Se começa a abrir mão disto, o sistema começa a ruir. A chave é a disciplina!".*

CAROL SCHOLZ

Vice-Presidente & Consultora de Marketing

Mulher e Intuição em Cena

Falar sobre marketing para mim é trazer a experiência integrada para o cliente e aproximá-lo criando um elo através da vivência. Não existe nada mais forte e atual do que isso hoje em dia. O público em geral tem buscado mais sentido em uma compra. Com tantas coisas e com o excesso de estímulo neste mundo pra lá de moderno, algo fica martelando na cabeça de quem ainda está a fim de fazer alguma coisa realmente com diferencial, como tornar o produto especial e imprescindível na vida das pessoas.

É importante cada vez mais o Marketing de Experiência e levar até o consumidor a ação de experiência com todas as formas integradas de exposição do produto. Sempre agregando, é claro, uma forte pitada de valor emocional, com isso a gente consegue conservar a impressão dentro do consumidor e gerar uma forte experiência vivida. E se conseguir fazer algo que agregue o fabuloso 360 integrado de todas as áreas de comunicação, então você vai transformar o consumidor em um fã e não existe nada mais forte que isso na cadeia de consumo. Esses tipos de ação conseguem agregar uma ferramenta muito valiosa na comunicação, que é o conteúdo promocional, gerando assim um impacto mais profundo na mente do público. Dupla infalível é igual ao marketing de experiência mais conteúdo promocional. Essa parceria entre os dois gera o famoso sucesso e a garantia de continuidade que toda empresa busca. O melhor ainda é que, a meu ver, podemos usar esta dupla para qualquer produto ou empresa, de qualquer porte ou segmento. Alguns pensam que isso é só para entretenimento, mas é necessário ampliar um pouco a mente.

- **Carreira**

Desde 2008: Vice-presidente de Marketing – Fox International Channels.

2005-2008: Gerente de Marketing – Playarte Pictures (New Line Cinema).

- **Formação**

Escola São Paulo de Cultura Contemporânea – Marketing & Produção.

New York University – Business & Management.

New York University – Screenplay.

Universidade Mackenzie – Marketing, Publicidade & Criação.

Tudo que for adaptado de maneira correta para o produto central pode levar a mesma poderosa força de venda. A questão é que as pessoas não têm conseguido pensar "fora da caixa" ultimamente, porque tudo é pra ontem. Então, quando você vir que apareceu aquela oportunidade, faça a sua própria experiência e veja os resultados.

Hoje em dia, os *budgets* são cada vez mais reduzidos, as metas são maiores, mais produtos no portfólio, redução de pessoal e aquele velho jargão de "fazer mais com menos", nada mais ultrapassado. Como falo, sei fazer mágica, mas milagre não dá. Uma das mágicas que realizei foi lançar um produto com forte impacto e baixo investimento. A gente começa pequeno e depois vai aperfeiçoando a receita. Agora cada caso tem que ter seu toque especial e levar autenticidade. Sem isso, a coisa cai no lugar comum. Então, como buscar a essência verdadeira de cada produto? No meu caso, vou contar alguns caminhos que escolhi seguir.

A famosa Copa do Mundo no Brasil, algo esperado por tantos, a maioria homens, é claro, cujo gostinho chegou para todos de ter o maior evento de futebol do mundo em nosso País. Ainda mais esse esporte em que nos consideram os melhores do mundo. Então, o canal de esportes, com apenas dois anos, deveria trazer o mesmo poder de comunicação que os concorrentes, que tinham mais de vinte anos de mercado consolidado. O canal que era "baby", como eu gostava de falar, deveria competir por igual. Confesso que gostei do desafio, ainda mais porque eu era a única mulher dentre o grupo de líderes homens com mais de 45 anos. Mulher, jovem, que nunca tinha trabalhado com esporte... Imagine só. Competir com a concorrência gigante era algo bem insano, outros diriam até que poderia parecer arrogante, mas eu resolvi pensar – vamos pelo menos tentar.

Eu, mãe de primeira viagem, sentia na pele o que era encarar uma grande empreitada à primeira vista. Usei a ferramenta máster que tem o poder de fogo incrível – a intuição profunda. Algo que só nós, mulheres, podemos usar com tanta classe, o resto a gente aprende. No fundo, sempre o que deve valer é a tentativa acompanhada de grande dedicação e intenção de fazer o melhor com o que se tem em mãos. Lá fui eu e meu minúsculo time de marketing esportivo de dois homens. Eu pensei que a melhor forma seria sair na frente e fazer algo antes de todos, então calculei que uma ação *teaser*, elaborada sete meses antes do evento, seria certeira.

Isso fez com que o trabalho que eu teria oito meses para pensar e realizar se tornasse algo para ser executado em três meses – e que venha a maldita pressão! Fiz muita pesquisa pessoal para investigar o que os outros canais estavam pensando ou tentando fazer, o que as outras marcas de esporte faziam, ou o que tinham feito nos outros eventos e como atuavam em grandes momentos esportivos etc. Buscava entender o que ficava de fora na fórmula deles. Eram campanhas plasticamente perfeitas, com *casting* estelar, investimentos estrondosos, mas sem nada para tocar, literalmente. Já tinha feito muita ação de experiência, mas, em um grande evento como aquele, isso seria clichê, assim eu considerava.

Percebi que para ser grande basta ser tocante, e nada melhor do que possuir um bom conteúdo emocional para levar à população, que, em sua maioria, nunca vivenciou a experiência de receber no País o esporte em que éramos considerados os melhores. A força da primeira vez para muitas gerações. Então, percebi que tudo que fosse feito teria um impacto gigantesco sobre o público. O fator decisivo seria ter uma ação antes de todos e eu queria que fosse de experiência. Muitas reuniões de *briefing* com parceiros importantes, uma seleção dos melhores projetos, mas não vinha nada suficientemente bom, nada que me fizesse vislumbrar o potencial que buscava.

Confesso a minha grande decepção no começo. Como que ninguém tem uma super sacada para esse grande evento? Eram quase as mesmas ideias vindas de lugares diferentes, como se o inconsciente coletivo estivesse travado no mesmo ponto. Eu aspirava a mais, assim retrabalhava e caminhava junto garimpando e mostrando o que não servia para o meu time. Guiava "vamos por aqui e por ali", o famoso *pushhhh*. Em um *job* tão importante como este, é vital ter uma gestão colaborativa e estar presente nos detalhes, pois faz a diferença. E também o que adianta gerar uma campanha de experiência se o seu próprio time não viver isso internamente desde o primeiro passo? Isso faz com que o trabalho em equipe seja repleto de engajamento, e assim com melhores resultados de sucesso.

Sempre falo para a minha equipe qual *job* vou participar *full*, o que significa que vou acompanhar muito de perto e aprovar os menores detalhes, sendo assim a gente se entende sobre como trabalhar e até que nível cada um vai se envolver e se responsabilizar. Assim temos realmente um trabalho em equipe, em que a confiança e o comprometimento são fundamentais para o melhor resultado. Colaboração e amizade são o que eu exijo no meu departamento e sempre nos ajudamos quando precisamos, apesar de cada um ter a sua especialidade. Descobri ao longo da minha carreira que é a forma mais efetiva e lucrativa de liderança para colher ótimos frutos.

Foi quando chegou a proposta da agência, que era apenas a foto de um vagão revestido como se fosse um estádio de futebol, entre tantas outras propostas, e eu falei "é isso!". O pessoal nem ficou muito empolgado na hora e até gostavam mais de outras propostas, mas vi ali o potencial que poderia ser construído em cima daquilo e que nos levaria aonde eu queria. Primeiro passo concluído, que alívio. A parte mais difícil é sempre encontrar algo sobre o qual realmente valha a pena colocar muita energia. Porque sabemos, quem faz comunicação, marketing ou publicidade, que nem sempre você vai se deparar com as coisas redondas, como a gente sempre tem a expectativa genuína de que um dia irá encontrar. Ou que aquele parceiro X, este sim vai trazer tudo amarrado. Acho que isso é utopia ainda.

Então, a grande sacada do marketing atualmente tem sido *linkar* tudo e todos. Sempre ter o conhecimento interno do que funcionará ou como pode ser potencializado. Seria o fabuloso *maître d'*, e isso requer muito talento em observação e identificar como potencializar as coisas e principalmente as pessoas. Se você não tiver a equipe certa, no lugar certo, ou o parceiro específico, isso causará impacto no seu resultado. Às vezes, buscamos a grande ideia, contudo, se não tiver as pessoas certas para executar, com certeza terá apenas um ensaio medíocre do que poderia ter sido uma grande campanha.

Voltando à construção da campanha, tivemos que burilar junto com o parceiro cada detalhe e rever nos mínimos ajustes as etapas, como seria o impacto e como integrar todas as possibilidades de comunicação. Colocamos por 15 dias em novembro um vagão customizado de estádio de futebol que deu a sensação de "sentir-se lá" em uma das maiores estações de metrô de São Paulo, com um fluxo imenso de pessoas do nosso target. O revestimento do vagão ficou incrível e teve todos os detalhes, como gol, banco de reservas, gramado, simulação de torcida e televisores passando nosso conteúdo sobre o evento. O mais legal também, as pessoas interagindo e performando espontaneamente na ação. O público participando ativamente e muito alegre. Impagável. Inclusive houve muita cobertura da imprensa local, nacional e até de outros países, por ser um evento de porte internacional. Geramos muito conteúdo, ainda mais digital e que teve alcance nacional, com nosso material e principalmente do público que criava o seu próprio conteúdo pessoal exclusivo em suas plataformas de redes sociais.

No portfólio, com mais de nove canais, reverberamos o conteúdo gravado com o público e também no ambiente digital. Foram milhões de pessoas impactadas através da experiência do conteúdo, vivendo localmente de fato ou vivendo pelo entretenimento nos outros canais de comunicação, antes de qualquer outro canal. Trata-se do famoso marketing "360 graus", totalmente integrado com todas as áreas disponíveis de uso para a ação, uma oportunidade rara de se realizar. A maioria dos brasileiros não iria ver um jogo no estádio, mas aqui conseguimos levar uma simulação singela, forte emocionalmente para um grande público, e dessa forma, conectar o coração e a mente deles diretamente com a marca. A mensagem da experiência, "Você quer ficar próximo e se sentir dentro do evento, então assista o canal", ficou gravada e compartilhada com milhares de pessoas. Um tremendo gol!

Outra campanha que gostei bastante foi quando tivemos de lançar uma nova série nacional no canal de factual do segmento de *pay TV*, com um apresentador já conhecido na televisão aberta. Pouca verba, nada no conteúdo de diferente, e com o foco em animais e o objetivo de sempre, fazer barulho. Ou seja, fazer mais uma mágica. Eu busco nesses momentos o caminho da ação BTL, porque é a forma mais eficaz de gerar mais barulho com menos. Mas só funciona se a ideia tiver aquele potencial, lembre-se disso. Tem que achar, não é fácil. Melhor ainda se tiver poder de viralização. Isso, então, é como achar uma agulha no palheiro. Quantas vezes a gente acha que vai "emplacar" e nada acontece? Ou, ao contrário, acha que vai ser modesto e explode? A diferença está em captar que a mensagem seja focada e adequada realmente ao seu público-alvo. Quantas vezes a ideia é dita como genial, todos adoram, mas você questiona quantas pessoas foram impactadas por isso mesmo? Se for só para prêmio, beleza e nada contra, mas o fundamental é entender bem o objetivo.

Eu adoro mesmo quando a ideia "super" funciona, atinge na mosca o público-alvo e ainda leva prêmios, isso sim em minha opinião é genial. Então, voltando ao meu lançamento, foquei a praça de maior ibope que é São Paulo, encontramos um lugar de alto fluxo e neste caso optamos por um shopping. Colocamos na ponta das escadas rolantes, na parte debaixo, um adesivo em 3D de um crocodilo com a boca aberta. Você vem descendo direto para a boca dele. A execução de arte deste projeto foi essencial, porque realmente dava a sensação de estar indo direto para a boca do crocodilo, e saiu tudo perfeito. O conteúdo era *wild* do canal, então nada melhor que este animal para representar isso, e quando o cartaz se aproximava via-se o rosto do apresentador. Também teve todo o aparato de imprensa, cobertura digital e a divulgação dentro do *trade*, que é o mercado publicitário e as operadoras de televisão por assinatura. Geramos o movimento de que estávamos produzindo conteúdo local de qualidade.

Outro *case* que tenho especial apreço remete ao momento em que relançamos o canal de *lifestyle*, fizemos todo o *rebrand* e o foco foi trazer a força dos talentos locais. Foi quando São Paulo estava começando a trazer o conceito de *foodtruck*, algo ainda muito pequeno dentro da cidade. Eu pensava em qual seria a forma de atingir de uma única vez o público dos assinantes, os nossos clientes publicitários e as operadoras que distribuíam os canais. Antigamente, cada coisa era feita para determinado público, e assim, no final, gastávamos muito mais e com pouca identidade unificada. Sempre achava que era possível fazer uma coisa só e atingir com a mesma qualidade e impacto de imagem todos os públicos e, ainda melhor, somar as verbas e quase sempre economizar. Chegou a oportunidade e resolvi testar. Então, teria de ser uma campanha com desdobramento para todos os *targets*, eu queria aproximar os talentos dos públicos e algo que gerasse grande impacto de mídia espontânea. Surgiu a ação do *foodtruck*, na qual selecionamos os três principais talentos na época do canal. *Chefs* de cozinha renomados e conhecidos que foram à rua levar o cardápio especial que apresentava o conceito do canal. O *truck* circulou por um mês nas principais ruas de São Paulo que tinham o *target*, nas principais agências de publicidade e nos escritórios das operadoras.

Levava os talentos e uma comida gostosa, simples e com um toque de requinte para as pessoas. Todo o roteiro foi divulgado na internet e pela imprensa, gerando um "boca a boca" grande para que, com isso, as pessoas pudessem ter a experiência dentro do conceito: "curta a vida", mesmo nos momentos mais normais, como curtir uma boa refeição despretensiosa. Eram muitas fotos que os talentos tiravam com o público, muito bate-papo e autógrafo. A mesma força da unidade também fortaleceu a mensagem entre os nossos três tipos diferentes de público, pois estava tudo na mesma linguagem. Tinha gente que ligava pedindo para ir à agência deles, ou se podia ir de novo. Na internet, o barulho foi tão grande que pessoas de outras cidades perguntavam quando seria no Rio de Janeiro ou em Belo Horizonte, tamanho foi o sucesso da ação. Por muitos meses, o pessoal ficou falando da ação de lançamento. Também geramos um conteúdo promocional diferente no qual o público "degustava" o novo canal. A popularidade dos talentos, da nova cara do canal e da marca em geral cresceu muito. Conseguimos de forma bem criativa o nosso objetivo.

É aí que entra a intuição profunda, a capacidade de ver algo e saber que aquilo será um sucesso, que irá funcionar. Ter aquele frio na barriga, ter dúvidas, mas mesmo assim ir em frente com coragem e confiança. Pensar, planejar, pesquisar, aprofundar nos detalhes, modelar e viver junto para que fique infalível, especial, diferente e com resultados marcantes. Gerar a vivência de produto é hoje uma das melhores formas de impactar o público. Fazer com que o consumidor esteja integrado no processo de comunicação. Ideias que possam propor acolhimento, suavidade, inclusão, paixão e assim gerar compreensão sobre a marca. Uma vez sentido e marcado, ele será um fã do seu produto. Mas para tornar o cliente um fã, e mantê-lo assim para sempre, isso é outra parte da história.

OLIVER SEITZ

CFO

(Finance and Administration Director, Supervisory Director)

O Desafio da Liderança nos Tempos de Hoje

O entendimento de minha história requer uma reflexão sobre como trabalhamos e como criamos carreiras de sucesso. Você já teve a oportunidade de se perguntar como é que algumas decisões, justamente aquelas de poder transformador, foram tomadas e por você? Pois é: você estava lá, no lugar certo, na hora certa, e melhor ainda, com a ideia certa. O que levou você até ali? Talvez tenha sido a inteligência, a experiência, o estilo inovador, o gosto por riscos, a capacidade de análise, o planejamento. Mas, acima de tudo, algo mobilizador, dentro de você, fez com que suas virtudes se transformassem em sucesso. Seria sorte?

Vou começar apresentando um exemplo que vivenciei em minha trajetória. Tínhamos um prazo de aproximadamente um ano para finalizar um projeto de magnitude para o mercado, para os concorrentes, bem como internamente. Para iniciar um projeto grande, era necessário estruturar com detalhes cada etapa a ser percorrida, subdividi-la em grupos, para gerenciar os riscos inerentes, bem como ter uma visão clara dos objetivos, dos pontos importantes. Consegui isto focando o resultado final e adequando a circunstância ao projeto. O que quero dizer com adequação? É necessário mergulhar no

- **Carreira**

2004-2015: CFO (Finance and Administration Director, Supervisory Director) – Munich Re (Group).

2002-2004: CFO and Group Representative for Brazil – Arinso Internationl (NGA Human Resources).

1999-2001: Group Controller and Board Assistant Thyssen Sudamerica – Grupo thyssenkrupp.

- **Formação**

Deutsche Bank Trainee, 1988.

Pre-Certificate in Statistics – Würzburg University – Germany, 1992.

Business Management and Political Sciences – Würzburg University – Germany, 1995.

IMD LAUSANNE (Switzerland) – Advanced course in Strategic Business Planning.

Harvard Business School (Boston, United States) – Advanced course in Extraordinary Customer Services – Customer Focus.

- **Família**

Casado. Duas filhas.

cenário atual, por mais que nos deparemos com enormes instabilidades e riscos, sejam eles quais forem. Quero dizer com base neste exemplo que é fundamental imergir em cada etapa e processos envolvidos, apontando todos e quaisquer tópicos, mesmo que possam parecer irrelevantes à primeira vista.

De fato, vivemos hoje em um cenário de instabilidades, provavelmente muito maior que há três anos. Quando formatamos o projeto, tive uma ideia que era inusitada até então. Como ela surgiu, como foi possível ter este *insight*? Pois bem, esteja certo de que em todas as situações de extrema importância, o fato de assumir a responsabilidade e tomar para si a liderança de fazer acontecer sempre foi de crucial importância. Planejar e detalhar, estruturar e deixar as ideias fluírem. Somente assim você terá como liderar e motivar sua equipe a fazer parte do projeto.

Gosto de lembrar uma situação na qual, com uma simples ideia de reorganização e reestruturação, conseguimos finalizar o projeto em menos de dois meses. A estruturação em tempo recorde e a liderança foram a chave para o sucesso. A chance de poder tomar a iniciativa e ir a fundo a cada detalhe, aliado à experiência de pensar fora dos moldes-padrão ("assim que sempre foi feito", "não vai dar certo", "isso nunca foi experimentado dessa maneira"), fatalmente é a chave para o sucesso, de colocar em prática algo novo. As decisões que tiveram de ser tomadas incluíam análises aprofundadas das empresas, dos concorrentes, bem como a montagem de diversos cenários diante de um quadro de incertezas econômicas e políticas. O ponto central para se tomar as decisões adequadas em momentos como esses, quando você tem a chance de liderar, é composto pelos seguintes pilares: estruturação, planejamento, questionamento e simulação de diversos modelos alternativos ao *status quo*.

Para que você possa ter a segurança necessária e pessoas dispostas a lhe apoiar, destaco que devemos dar valor também ao *feeling* que a experiência nos traz. Em inúmeras situações tive de decidir pelo *feeling*. Não confundir com "achômetro". Na tomada de decisão, busquei embasar com fatos a decisão e novamente tive muita sorte, pois as decisões se mostraram ajustadas *a posteriori*. É como em uma entrevista para um candidato a uma posição de diretor. Alguns especialistas em *assessment* e eu estávamos diante de dois finalistas para a vaga. Cada um tinha todos os quesitos para assumir a posição. Ao final, com apenas segundos para decidir, fizemos a escolha que anos depois se mostrou acertada. Arrisco a concluir que a sabedoria, aliada aos anos de experiência, deram-me a sorte necessária nesta e em várias outras passagens de minha carreira!

No caso mencionado acima, além de construir uma equipe coesa (com um líder, e não um chefe), foi fundamental a arrumação da casa antes, com a preparação das pessoas, revisão dos modelos, reformulações das estruturas e processos, estando atento às evoluções e, principalmente, sanando todos os tópicos que poderiam trazer riscos, convencendo parceiros de negócios e fornecedores de que a solução através daquela "ideia" inusitada surtiria efeito, focando sempre a solução. Chamo isso de Governança. Problemas são inerentes ao dia a dia. Ataque os mesmos e tire-os da frente; mantenha o foco no resultado. Neste exemplo acima, tivemos o projeto encerrado em tempo recorde, porque conseguimos aliar a inovação ao meu estilo de liderança, formatando e reformatando sempre que necessário, com perseverança. Inovando.

Em outra ocasião, o desafio era promover a adequação de preços no mercado. Havia a iminência de que algo poderia mudar. Quero destacar como o estilo de liderança, a perseverança e a incessante busca por resultados, e por aprimorar tudo, sempre fizeram a diferença. O estilo da liderança deve ser pautado em entusiasmar cada membro do processo, convencer por fatos e não aos gritos nem por emoções, utilizando-se do mais amplo cenário e superando os limites. No exemplo a seguir, relato como superei os limites com minha atitude e estilo de liderança, tendo novamente uma ideia não ortodoxa àquele momento da economia, com incertezas jurídicas, tributárias, ambiente econômico instável e flutuação drástica da moeda local frente ao dólar norte-americano. Em qualquer tarefa, seja da simples análise de concorrentes ou análise de cenários econômicos, é preciso tempo, comprometimento e dedicação total.

As ideias de inovação foram surgindo à medida que se confirmava a probabilidade de que os preços no mercado viriam a cair. Tive de mergulhar dentro de cada área, criando equipes para implantar diversos projetos simultaneamente, entre os quais destaco a mensuração de cenários mais adversos no futuro, evitando a probabilidade de problemas ainda maiores. Tinha de conhecer detalhadamente e identificar com a maior certeza possível os pontos de melhoria e os acertos que produzíamos. Eu destaco que somente com a imersão total você ganha uma visão que lhe pode favorecer a ter ideias inusitadas e de grande sucesso.

Em outra oportunidade dentro de minha carreira pude promover as reformulações das práticas de importação, da manutenção de estoques descentralizados, a mudança do local da produção e não incineração de produtos obsoletos. Essas ideias surgiram ao longo do tempo, nas mais variadas formas. O sucesso nessa empresa foi tornar a operação rentável, sem ter de efetivar demissões. Foram diversas reestruturações, adequações para diferentes cenários (menos favoráveis neste caso), que fizeram a situação ser um sucesso.

Foi difícil? Foi. Observando a amplitude das ações (e todos os elementos envolvidos) e antecipando o que poderia acontecer, tornei-me convicto de que as ideias apenas aparecem quando você contrapõe a situação atual diante de iminentes riscos, e encara a situação como uma oportunidade. Mantendo o enfoque naquilo que importa, as ideias surgem! Lembrar-se de utilizar a estratégia de ir a fundo no assunto, não desistir, enfrentar todos os obstáculos dia após dia, colocar-se no lugar do outro e usar de sua empatia são elementos importantíssimos para levar adiante seus projetos. Comunicação clara e assertiva é um ingrediente auxiliar, bem como utilizar questões-chave (da maneira correta) para averiguar a veracidade de informações para a tomada de decisões. Neste caso, gosto de lembrar que temos de liderar inspirados pela mudança. Em momentos de crise é que se formatam novos modelos de sucesso.

Ter coragem de assumir, com humildade, o fato de poder errar são itens igualmente importantes. A correção dos erros em um ambiente com constantes mudanças e incertezas é comum também. Se tiver preparado o caminho antes, arrumado a casa e mantido os riscos controlados, a correção dos erros se torna uma mera alteração de rumo, sem maiores encalhes.

Para conseguir resultados esperados ou até superar as expectativas, precisamos fazer com que as ideias se tornem realidade. A inovação nada mais é do que ter uma ideia no momento certo e concretizá-la. Enfatizo que liderar é bem mais amplo do que imaginamos.

E como fazê-lo? Nos dias de hoje, para executar tarefas de magnitude e impactantes, há diversos componentes no estilo de liderança que devem ser observados: na gestão, como líder, é fundamental que você se atente às sutilezas dos negócios e pessoas para perceber onde pode haver entraves, riscos maiores ou até pontos que não foram identificados até então. Daí a força mental que o líder deve ter. Sem entrar muito em detalhes em quais momentos de minha carreira isto ocorreu, digo que é fundamental parar e analisar aquelas demandas adicionais, entraves, como partes integrantes do processo. Durante minha carreira, deparei-me com muitas situações nas quais este tipo de dificuldade desmotivava pessoas, equipes, *stakeholders* e acabavam por se tornar algo que se espalhava, contaminando a todos. Liderar é uma tarefa diária em que a meta é a superação.

Apenas ideias e uma boa equipe não são suficientes para realizar tais feitos. Você deve entender as preocupações das equipes e de seus líderes, e dar o apoio necessário. Desde cedo percebi que em momentos assim eu ouvia muito mais do que falava. Como se fosse um psicólogo, um *coach*, juntando as peças de maneira clara e organizada, agindo como um facilitador. Engana-se quem acredita que dar "um tapinha nas costas" e dizer "você vai conseguir" é motivador. A motivação deve ser direcionada, precisa ser despertada e manter-se acesa como uma chama. Importante é conhecer o real problema para fazer parte dele. Somente assim a sua liderança será eficaz. Sem essas atitudes e nuanças na liderança, ficaria impossível inovar e fazer os *turnarounds* necessários.

Vejam que o enfoque das ideias inovadoras é sempre na solução, buscando baixo custo, aproveitando ao máximo os recursos disponíveis e ao mesmo tempo mitigando riscos e maximizando resultados sustentáveis.

Outro ingrediente fundamental para que ideias deem certo é a confiança. Falando em liderar com sucesso, isso significa que as suas atitudes como líder devem despertar vontades, eliminar medos e criar um ambiente salutar de confiança entre os participantes. A confiança é um grande ativo facilitador na comunicação do líder, bem como para os seus liderados. Qual esforço tive de dispensar para conquistar a confiança e atuar como líder nas diversas situações? Afirmo que nenhum. Ser apenas você mesmo, demonstrar a incessante busca pelos melhores resultados e fazer parte da equipe. Sempre digo, *estou* na posição x, mas *sou* o Oliver.

Na minha concepção, a capacidade de liderar aumenta dia após dia quando exercemos a liderança em sua plenitude – você serve como modelo. O líder inspira, ouve, guarda os sigilos e transmite serenidade. Estas são obrigações não tangíveis ao primeiro olhar, mas fundamentais para conseguir fazer com que as ideias inovadoras, aquelas que eram fruto da sorte, venham a se concretizar.

Com o meu jeito de ser consistente, minha personalidade, busquei humildemente o apoio nos pilares de liderança que havia experimentado até então. Não existe uma formula mágica para isso. Afirmo que a persistência baseada em fatos, o modo de tratar as outras pessoas, a interação dentro e fora de suas equipes, são meros auxiliadores para poder liderar nos tempos de hoje.

Dedicação total, visão global, confiança na vitória. Estes são os desafios da liderança contemporânea. Liderar com persistência significa saber se colocar diante de diversas personalidades, lidar com culturas diferentes e pontos de vista adversos, mantendo a calma e a serenidade. Inovar depende exclusivamente daquela "sorte", que você construiu ao longo de sua carreira, do mesmo modo como se constrói uma casa sólida e segura. Pilares fortes e unidos, pensamentos claros, enfim, ao longo dos anos, vão se somando às boas qualidades aprendidas e àquelas não tangíveis, frutos de uma vida de aprendizado, educação e ensinamentos primitivos que nos levaram a sermos quem somos.

Quero ampliar mais a questão de ter vivenciado experiências em que a sorte foi determinante para que minhas ideias pudessem surtir um efeito positivo e gerar resultados excepcionais. Essa sensação de sorte, talvez de fé (independentemente de crença ou padrões religiosos) sempre esteve presente, dando-me força e otimismo para seguir.

Essas situações que destaquei, com mais ou menos detalhamento, levam-me a refletir sobre o sentido da "sorte". Sim, sempre é importante contar com ela. Talvez alguns queiram chamar de positividade, destino, casualidade, coragem, mas o que vale mesmo nessa minha história é destacar a importante maneira de construir um trabalho que me permitiu gerar ideias nos momentos decisivos e saber como conduzi-las.

Que sorte eu tive nesses momentos! Os sucessos frente ao cenário e às fragilidades do ambiente corporativo ajudaram-me a compreender que o real sentido da liderança está baseado em conseguir o engajamento das pessoas nos temas decisivos, fazê-las compreender o momento e fazê-las agir em consonância com os objetivos do negócio. Tornar-me um modelo de atuação, de empenho e aplicação ao trabalho também foi decisivo e trouxe a clareza da importância que os líderes têm para superar momentos de crise. Isto representou uma enorme conquista na minha maneira de continuar atuando e estruturando minha carreira e acredito que pode ser uma das boas maneiras de se atuar nos tempos que estamos vivendo. Serve para todos os que enfrentam situações de dificuldade, para que se sintam capazes de superá-las a cada dia, sem temor pelo que virá, sem receios.

Nas diferentes empresas e situações, eu me senti e agi como se o negócio fosse meu. Com as minhas emoções bem controladas, continuei a aplicar de maneira simples e com entusiasmo, fazendo com que os colaboradores dos grandiosos projetos se sentissem todos como parte do negócio. Embora tivesse momentos e situações nada fáceis, lembrando hoje, atrevo-me a perguntar como conseguimos alcançar tanto em tão pouco tempo: foi mesmo muita "sorte". Agradeço a todos os colegas e às equipes que me auxiliaram a chegar até aqui.

Sinto que minha "sorte" esteve comigo nos momentos e exemplos de gestão de pessoas, de processos, de riscos, nas situações de apresentação das soluções desenvolvidas, inclusive para clientes, nas análises, enfim, durante toda minha trajetória e no modo como decidi fazer cada uma de minhas escolhas. Sinto que, na maioria das vezes, a tão chamada sorte está aliada *à dedicação total, a mergulhar no problema, investir tempo nas análises*, tudo isso é crucial. *Dê um passo para trás, para ver a situação com maior amplitude, o que é igualmente importante* e, muitas vezes, deixamos de fazê-lo. *Ataque o problema* de imediato. Em inúmeras situações, vi muitos líderes protelando decisões, simplesmente ficando em cima do muro. *Tome uma decisão, a visão aumenta*. Mas fique atento e, se for necessário, *corrija o rumo. Utilize o seu* feeling *e comunique com clareza* todos os fatores envolvidos. *Busque a conexão com o outro*, olhe o que realmente satisfaz seus *stakeholders* e coloque-se na situação deles. Questionar sempre o *status quo* faz parte da *liderança*, que, a meu ver, é bem diferente de apenas chefiar e fazer um *job*. Por isso, é importante não desanimar, pois momentos de crise nos inspiram e nos fazem mais fortes e produtivos. São eles que nos despertam para usar o potencial que temos. É uma dádiva, um presente para reforçar quem somos e o que somos capazes. Nunca desista! Só assim poderá ter aquela "sorte"!

LAÉRCIO SOLLA

General Manager – Votorantim Cimentos

Diferenciar-se para não Comparar-se

Iniciei a minha carreira de forma convencional em multinacionais. Sou um administrador com um aspecto diferenciado de outros profissionais que observo no mercado; considero-me mais "atirado", simplesmente pelo fato de buscar uma interação bem direta com o consumidor final. Para tal, utilizo estratégias que algumas pessoas do ramo podem considerar pouco ortodoxas na carreira de um executivo, mas, especialmente por ter alcançado posições em negócios distintos e por agora estar à frente de negócios no segmento de materiais para construção civil, creio que causo uma sensação estranha aos meus companheiros por não temer a utilização de táticas mais ousadas - conseguindo, com o decorrer do tempo, equilibrar minhas atitudes em condições de extremas cobranças, especialmente quando os resultados esperados não estavam sendo alcançados. Felizmente, não sou de esmorecer por conta de fracassos ínfimos, considerando que posso desempenhar algo muito melhor no futuro. Como qualquer outro profissional da área, precisei sofrer algumas desilusões, persistir conflitando com as frustrações que - inevitavelmente - surgem na caminhada de quem se lança na profissão com muito afinco. Passei por momentos complicados, logo após o início da trajetória, ao enfrentar a forte crise global no início dos anos 2000.

"Meu espírito aventureiro acarretou-me sim algumas adversidades,

- **Carreira**

Desde 2014: General Manager - Votorantim Cimentos.
2012-2014: Diretor de Negócios – BUN Bentonit União.
2010-2012: General Manager – Imerys.
2008-2010: Diretor de Negócios – Imerys.
2005-2008: Global Product Manager – Imerys.
2002-2005: Gerente de Supply Chain – Imerys.
2000-2002: Coordenador de Planejamento – BASF.
1998-2000: Analista de Planejamento – BASF.
1995-1997: WorkStudies – Siemens.

- **Formação**

Especializacão em Strategy – Wharton School – Pennsylvania State University – Pensilvânia – EUA, 2008.

Graduação – Administração de Empresas – São Paulo – Brasil, 2002.

- **Família**

Esposa: Leticia Regina Zaragoza Solla. Filhos: Gabriel e Manuela.

mas ao mesmo tempo despertou uma característica que me colocou em uma posição de poder, ao batalhar pelos meus ideais."

Iniciei minha experiência internacional cedo, depois de um intercâmbio no Alasca. Durante o curso de Administração de Empresas, fui para a Alemanha através do "Working Studies", e lá comecei na Siemens. Voltando ao Brasil, terminei a graduação, continuando os estudos e trabalhando pela mesma empresa. Posteriormente, fui para a BASF e realizei a especialização em "Strategic Thinking" na Wharton School, nos Estados Unidos. A primeira experiência profissional no exterior, em uma empresa alemã, resultou em um potencial de aprendizado que me ajudou a seguir pelas empresas europeias e, posteriormente, com franceses na área de mineração. No início, na área de projetos da Siemens, quando retornei ao Brasil, para infraestrutura, vivenciei meu primeiro tombo, durante a crise dos anos 90. Foi duro lidar com um mercado conturbado, ainda mais com a característica latente de ser um profissional que gosta de fazer a diferença, mesmo tratando-se de realizar o projeto de determinada responsabilidade e envolvimento.

Com momento de crise e um cenário pouco favorável diante de mim, acabei buscando um novo desafio na indústria química; tive a oportunidade de entrar na parte de gestão de planejamento, principalmente do desenvolvimento e de aquisições. Pela forma de atuação dessa companhia, aprendi que inicialmente devemos identificar valores e forma de atuação, antes de qualquer proposta de melhorias.

Considero que isso foi outro salto de qualidade em meu aprendizado: saber identificar no início de carreira as oportunidades e o que deve ser melhorado para posteriormente traçar um plano de ação.

Isso antes de sofrer o que posso considerar minha primeira derrota – era muito destemido e, por conta disso, as exposições aos riscos eram grandes Todavia, isso eu praticava em casos menores, ou seja, com resoluções limitadas. Com casos maiores, era mais "podado", eventualmente por um gestor. Isso se fazia realmente necessário, que esse ímpeto fosse contido... Escutar um conselho simples, como: "Calma, entenda melhor...". Quando você olha para trás e faz uma análise concisa, a questão de tomar uma decisão ganha um fator de responsabilidade maior: a ansiedade e a entrega não eram prioridades, e foram ensinamentos que tive de mentores. Deveria antes ter um bom entendimento da situação!

Isso agregou-me uma capacidade de identificação com as pessoas – fazer com que elas também se desenvolvessem mais. Alguns têm um perfil técnico, outros generalistas, o que permite que ao mesmo tempo se formem times excelentes.

Para tal discernimento, paciência e firmeza em minhas decisões foram elementos básicos para poder lidar com grupos variados, ao mesmo tempo em que procurei aptidão para me observar, realizando a autoavaliação das minhas condutas. Essa variada gama proporciona a possibilidade de abrir portas, a partir do momento em que você entende como as pessoas são e agem de acordo com as situações que se apresentam.

Considero-me um profissional com certa polivalência dentro de minha área de atuação, podendo entrar em um processo natural de me deslocar para além da minha zona de conforto. Acredito ser um ponto forte para um profissional com o intuito de buscar oportunidades que unam determinação e foco. Durante minha vivência internacional, trabalhando em empresas grandes, fui aos poucos adquirindo novas habilidades, primordiais para que simplesmente não "parasse no tempo", mantendo o mesmo jeito de atuar.

> *"É preciso provocar o* status quo. *Mas saber identificar qual será o primeiro momento. De imediato, buscar ter a visão de mercado e uma boa avaliação diagnóstica. Não importa o que você acha, importa o que o mercado acha...".*

Em fevereiro de 2014, quando fui para a Votorantim Cimentos, pensei um pouco e não mudei o meu discurso... "E daí? E daí que dentro da empresa saibamos disso? E o mercado, o que acha?". Estando à frente do segmento de argamassas, sempre o mercado achou e ainda acha que a melhor argamassa é a da concorrente. Simples e muito difícil de combater – uma questão de fixação de *branding* que perdura por muitos anos. Quantos exemplos desses há no mercado? São inúmeros.

Portanto, surgiu a questão de como combater o líder absoluto neste segmento. Ser um líder absoluto com um grande investimento de marketing em diversas mídias seria um grande desafio. As linhas de produtos eram boas, com ótimo DNA, de referência em qualidade no mercado, seguindo um sinônimo de confiança Votorantim. Eram ótimas notícias. Mesmo assim, como levar isso ainda mais adiante? Como a empresa poderia atingir o público e interromper a ascensão e o domínio da nossa principal concorrente?

Então, passou a tratar-se de um processo de entender como a empresa enxergava seus valores e atuava naquele mercado. Como se pode moldar ou direcionar os recursos disponíveis de uma forma diferente. Fui questionado: tínhamos um produto sem expressão no portfólio, que não se comunicava bem, não atingia o público. Busquei uma forma mais simples, uma chamada mais direcionada; afinal, identificamos que realmente estávamos sem expressão. A mensagem não era clara, não atingia o consumidor final. Os produtos eram bons, mas os nomes eram sem impacto, sem "sal", faltava uma pegada. Assim, colocamos naquele produto sem expressão um nome de impacto, bem direcionado. Escolhemos novos nomes: *Piso sobre Piso e Porcelanatos*. Quando fizemos as pesquisas de *focus groups*, com usuários e profissionais relacionados, sabíamos que todo o mercado pedia formas diretas de comunicação entre os produtos e usuários. Quando se falava em argamassas, a relevância e tradição da grande empresa de cimentos nem sequer era lembrada, mas, quando citada, sempre havia a concordância de que eram produtos bons. Ponto fundamental para "quebrar" esse preconceito, de que a outra marca embalada pela força do *branding* sempre era mais bem lembrada. E o mercado achava que possuía produtos melhores do que os nossos.

Ainda tínhamos restrições de investimentos em marketing com o início da queda de mercado em 2014, mas com o novo nome, que escolhemos como embaixador da linha Votomassa, *Piso sobre Piso e Porcelanatos*, a diferença foi gigantesca, um sucesso.

Quando criamos esse nome, em maio de 2014, ficou claro que utilizar essa marca, associada com a força da Votorantim, era sem dúvida muito maior que a própria marca de argamassas, em canais e força de vendas, e nos deram um grande avanço, juntando a dedicação e o foco da área comercial. Assim, com esse novo enfoque, conseguimos fazer o produto crescer suas vendas rapidamente em seis meses, um prazo relativamente curto. E isso realmente incomodou profundamente a concorrência, já que entramos de vez na briga por essa fatia do mercado. Mesmo em um momento de recessão no mercado brasileiro da construção civil, nossa participação de mercado seguia crescendo mês a mês, subimos rapidamente e nos consolidamos como vice-líderes. Concluímos que, mesmo com o mercado possuindo uma vasta gama de produtos, um produto múltiplo conseguiria seguir avançando sobre os demais pela sua polivalência, e com este produto comprovamos uma estratégia de fato vencedora.

Em termos estratégicos, a ideia de analisar como a companhia atua, o que ela é e quais são seus valores dá indicativos precisos do que fazer para se planejar sendo simples de se colocar em prática, sem a necessidade de realizar alterações estruturais ou mudanças de planejamento radicais. O que é a essência da companhia, quais são seus valores, as crenças e as formas de atuação? Sabíamos que a Votorantim Cimentos de imediato não iria atuar como a concorrência, por ser uma grande companhia com suas próprias características em volumes e operações, o que, por um lado, torna-a única e, por outro, representa certas dificuldades em buscar nichos. Por essas características, conseguimos fazer um produto atacar vários subsegmentos, colocando uma nova "ordem" na forma de venda. O produto ficou conhecido como o "dez em um" do mercado. Cerâmica, porcelanatos, uso externo, interno e externo, sobreposições, entre outras... Em suma, de forma que todo mundo entenda dentro de uma organização que tem seu prestígio como símbolo máximo de líder referência de bons produtos, confiáveis. Com orçamento restrito em marketing, teríamos que ser bem assertivos com os recursos disponíveis.

Em testes cegos, quando os participantes foram indagados, houve o questionamento: apontaram que tal argamassa era melhor; ledo engano: tratava-se de uma nova formulação desenvolvida pela Votorantim, com melhores características, atendendo a vários usos e ponto final; atendia muito bem. Confirmando o que inicialmente dizia quando comecei na Votorantim: se o produto é bom, e daí? Mas o que os outros acham? Antes, não conseguiam achar nada que os conectasse e gerasse interesse, mas se o produto é bom e pode ter a experiência de uso, essa é a confirmação que importa. Não deu certo só por isso. *No meu entendimento, este produto foi elaborado para se diferenciar, para não se comparar.* O que significou esse apelo para equipe comercial? Significou que um portfólio tem que ter tudo isso de uma forma fácil de entender.

> *"Parece algo simples de entender, mas nem todos entendem: entendimento se dá de fato quando se comunica de forma simples. Além, evidentemente, de colocar isto em prática com uma equipe de entendimento único. Eu vi isso dentro de casa, com minha própria família ao redor...".*

Tais percepção e observação são extremamente importantes para uma companhia. Por isso que aplicações de ferramentas de pesquisa são de extrema importância. Ter a percepção e formar um plano de implementação podem gerar preocupações. Ver as restrições de recursos de um negócio pode gerar algumas frustrações. Não tínhamos condições de colocar diversos novos produtos no mercado. Se já tínhamos um portfólio mais restrito, mas de ótima aceitação, colocamos um "para se diferenciar e não se comparar". Na estrutura e forma de atuação, a empresa tinha restrições para um portfólio complexo e para a atuação dos líderes com mais de sessenta produtos. Para a empresa, a aposta deveria ser focada em um produto de forma assertiva. Seria compreender o significado do que o mercado pede, o que o mercado entende sobre o produto e o que o seu produto tem a oferecer, podendo assim se defender. Dessa forma, ao se apresentar ao mercado, ele evita o embate direto da concorrência.

> *"O produto tem que se defender sozinho. Como você faz uma fixação? Impacto visual... Como associar a marca? Indo por outro caminho... Diferenciar-se para não comparar-se."*

O *Cola Bem* não era claro, não atingia o consumidor final. Quando levantaram a situação do produto, solicitei que não o matássemos – iniciamos com um diagnóstico preciso; o ideal era discutir uma nova estratégia antes de simplesmente enterrar o projeto. Quem usa compra de novo. Foi o que aconteceu com a família Votomassa. Na prática, eles eram melhores, trata-se de um produto da Votorantim de boa qualidade, ou seja, o consumidor reconhece o valor da marca, sua procedência e não vai pensar duas vezes.

E insisto nesta tese, pois ela ocorre com outros produtos, com todo *branding* formado em torno deles. Quem usa pela primeira vez usará de novo, vira um hábito. No caso das argamassas do grupo, ainda estamos aliando uma questão primordial, já que estamos tratando de credibilidade, algo em falta nas prateleiras atualmente. Trata-se do portfólio dos cimentos e derivados, portanto, algo que transmite confiança. Atualmente, o grupo trabalha com estes mesmos conceitos, sendo pioneiro um cimento para cada tipo de obra, comunicando-se com o que o mercado pede. Esse exercício se desdobrou e a companhia vem mudando para se diferenciar e não se comparar. Ingressei no grupo para colaborar nesse modelo de trabalho que realmente consegue buscar as grandes mudanças.

> *"Com novos preceitos, você derruba pré-conceitos formados. É o desafio da liderança nos tempos de hoje. Capacidade de adaptação e adequação. Capacidade de adequação à nova realidade."*

No início, pequei pelo excesso de ansiedade, foi algo que precisou ser podado, também através de questões de mudanças na vida pessoal. Derrubar tendências predominantes sempre foi uma coisa com a qual lidei muito na vida. Quanto aos relacionamentos, posiciono-me quase sempre bem nesta questão. Considero-me um profissional bem relacionado, entretanto, sou uma pessoa que desperta certo desconforto, isso é evidente por conta do paradoxo que trago para meu estilo de trabalhar, por ser um forte questionador do *status quo*. E daí que essa companhia é grande? E daí que o concorrente é pequeno? Mas o que ele pode se tornar?

Às vezes, meu perfil questionador passa do ponto, eu sei disso. Ainda mais quando o faço com a pessoa errada e na hora errada. Eu acredito ter um perfil diferenciado em relação aos demais corporativos. Meu grande desafio de vida é que nas grandes corporações eu consiga permear e perdurar. Enfim, fazer diferença dentro do grupo que considero essencial. Transito bem entre meus colegas, sei ouvir da mesma forma como sei opinar. Permanecer já é um maior dos meus desafios. Talvez entre na questão de eu eventualmente me aventurar demais. Entretanto, considero que consigo construir alianças sólidas, que tenho uma estrutura propícia para trabalhar muito bem em grupo e levar adiante os projetos.

> *"Quando encontro um 'mundo cinza corporativo', eu me considero colorido. Dentro de um ambiente sisudo, hermético, eu busco ser colorido no conceito de marketing, diferenciando-me, pensando de outra maneira e quebrando alguns protocolos maniqueístas. Isso muito em função da minha criatividade e de meu dinamismo."*

RENATA SPALLICCI

Diretora Executiva – Apsen Farmacêutica

Quando se Conhecer é a Chave

O ano de 2007 foi um período muito desafiador. Eu praticamente fui jogada na cova dos leões. Tinha apenas 26 anos quando assumi a área financeira da empresa da família. Descobrimos que estávamos em uma crise gigantesca nas finanças e com um fluxo de caixa muito baixo. Foi um baque! Tive de vestir uma capa de super-heroína, que talvez nem me servisse direito, e assumir o leme do navio. E, em meio a essa tempestade devastadora, vi-me sozinha, navegando em águas agitadas e desconhecidas. Esse turbilhão durou praticamente dois longos anos que me ajudaram a formar o meu caráter e a conhecer os meus limites. Era uma menina-mulher com um império nas mãos. Se não queria crescer, fui forçada a isso. Tive de ser alguém que esperavam que eu fosse. Mas, eu mesma, não sabia quem era.

Muitos de nós passamos a vida toda tentando responder a essa simples e profunda pergunta: quem sou eu? Não sabemos aonde iremos chegar, como e se estamos dispostos a passar por uma série de obstáculos para alcançar um objetivo. Uma coisa é certa: viver é um risco e se conhecer é um processo doloroso. Nem todos estão dispostos a passar por isso. Às vezes, passamos a vida toda tentando nos esconder de nós mesmos. Para mim, essa foi e tem sido uma descoberta arrasadora e ao mesmo tempo extraordinária. Crescer dói! Saber quem você é, suas qualidades e fraquezas, pontos positivos e negativos,

- **Carreira**

Desde 2010: Diretora Executiva – Apsen Farmacêutica.

2009-2010: Gerente de Assuntos Corporativos – Apsen Farmacêutica.

2006-2009: Gerente de Finanças e Administrativo – Apsen Farmacêutica.

2016: 3º lugar na competição WBFF Orlando.

- **Formação**

FGV – MBA – Formação para CEO, 2015.

FAAP – Pós-graduação – Administração Contábil e Financeira, 2006.

FAAP – Engenharia Química, 1999-2004.

- **Família**

Pais: Martha Wicks de Farias e Renato Spallicci.

- **Nascimento**

São Paulo/SP, em 3 de outubro de 1981.

não é fácil. Mas, quando você passa a entender este universo que vive dentro de você, tudo fica mais claro. É um divisor de águas, o encontro do tesouro perdido.

A Apsen é uma empresa familiar que atua há mais de 47 anos no mercado. Começou com meus avós, imigrantes italianos, Mário e Irene Spallicci, que abriram as portas do laboratório produzindo, inicialmente, insumos derivados de fontes animais para a indústria farmacêutica. Desde então, a companhia lançou produtos, expandiu seu parque fabril, aumentou o quadro de colaboradores, ganhou diversos prêmios, conquistou o mercado farmacêutico e cresceu, com solidez e constância, ao longo dos anos. Imagina só! Todo esse legado e responsabilidade em minhas mãos.

Minha entrada na Apsen Farmacêutica ocorreu de uma maneira peculiar. Hoje posso dizer, sem sombra de dúvidas, que meu pai foi muito sábio e cauteloso com o meu processo de aprendizado e preparação para a vida corporativa.

Comecei como estagiária. Estava cursando Engenharia Química na FAAP, quando cheguei toda pomposa, vestida com minha melhor roupa de executiva mirim. Estava na expectativa de caminhar pelos corredores da empresa, ao som maravilhoso dos "clacks" do meu scarpin, em direção a uma linda sala com meu nome na porta. Mas, para a minha surpresa, nem o meu salto agulha fez meu pai hesitar: fui direto para o almoxarifado, departamento onde são recebidas todas as matérias-primas da empresa. Fiquei um tanto confusa na hora. Onde foram parar a porta com meu nome, a caneta tinteiro e a cadeira de couro superconfortável e com rodinhas giratórias?

E foi assim que iniciei minha carreira. Carregando caixas. Que começo! E foi um grande começo mesmo! Não havia melhor escola para formar a pessoa que sou hoje. Tenho gratidão eterna ao meu pai, por ter tido tamanha sabedoria e cuidado ao me moldar para o que me aguardava no grande futuro.

Ao longo dos dois anos seguintes, segui um processo de *trainee*, no qual permaneci cerca de dois a três meses em cada uma das áreas da empresa. Passei por todas as áreas produtivas, incluindo recebimento de material, produção, qualidade, controle de qualidade, liberação e processos produtivos. Foi uma aventura e tanto! Fiz amigos, conheci histórias e pessoas. Aprendi de perto como a empresa funciona por dentro.

Depois das áreas produtivas, passei pelos seguintes setores: Administrativo, Comercial, Pesquisa e Desenvolvimento, Recursos Humanos, Marketing e Financeiro. Estava me formando na faculdade quando assumi as finanças da companhia. E bem nessa época a Apsen estava passando por uma fase crítica. Foi aí que o navio começou a balançar.

Como havia comentado no início, tive de deixar todos aqueles medos e inseguranças de um recém-formado e, junto dos colaboradores, trabalhar duro para alavancar e reestruturar a empresa. Tive de ter respostas firmes! Tomar decisões. Ter estratégias. Fazer cortes. Reduzir custos. Reduzir departamentos. Aumentar o número de trabalho para algumas pessoas e, ainda, motivar a equipe a não abandonar a embarcação. Fazê-los sentir que essa empresa também pertencia a eles.

Foi uma época de desafios diários. Tive de me sentir segura e, se não estivesse, precisava transparecer segurança. Esse momento também coincidiu com a escolha do que cursar após a faculdade. Decidi fazer pós-graduação em Administração Contábil e Financeira, que me proporcionaria uma base mais sólida para tomar decisões e desenvolver estratégias certeiras durante essa reestruturação. Afinal, não podíamos errar.

Equilibrando pratos em alto mar

A virada de 2007 para 2008 foi muito difícil. Vendíamos o almoço para pagar o jantar. Passamos por um momento de reestruturação financeira. Renegociamos dívidas, postergamos débitos, negociamos carência – tudo para podermos respirar. Meu pai também estava comigo, auxiliando-me nessa empreitada. Foi um período de muita contenção. Não tínhamos uma estrutura de equipe condizente que suportasse tudo o que estávamos passando. Trabalhamos em áreas que não conhecíamos, pois estávamos com o número de pessoas muito reduzido e tínhamos de dar um jeito de tocar o dia a dia.

Em 2009, conseguimos passar pela rebentação e com bom êxito. Reestabelecemos toda a parte de governança da empresa, com foco nas áreas financeira e administrativa. Um dos fatores que nos deu a possibilidade de nos mantermos de pé, durante esse vendaval, foi o crescimento que a Apsen teve no passado. Fomos até *case* de sucesso no BNDES – Banco Nacional de Desenvolvimento –, que apontou a Apsen como um exemplo de reversão da administração das finanças, o que foi motivo de muito orgulho.

Depois da tempestade...

Que alívio! A forte tempestade passou e conseguimos nos reerguer. Tripulantes que lutaram bravamente e continuaram no navio estão sãos e salvos. Entretanto, havia outras embarcações que eu precisava governar sozinha. Não mencionei, mas em meio a todo esse turbilhão de acontecimentos – crise na empresa, recém-formada, cargo novo, novos desafios, pós-graduação –, existia uma garota que, como muitas outras, carregava o sonho de menina: um casamento com tudo o que uma noiva tem direito. Em 2007 me casei. Foi então que, no meio desse inverno conturbado na Apsen, tive também de aprender a ser esposa e comandar uma casa. Abracei duas causas que necessitavam de muita atenção ao mesmo tempo. Apesar do bom êxito na reestruturação da Apsen, em 2009 percebi que não estava preparada para o casamento. Foi quando aconteceu o divórcio.

Depois de toda aquela adrenalina, quando a poeira assentou, percebi que administrar tudo aquilo tinha sido uma responsabilidade muito grande para a idade que eu tinha. Dei tudo de mim. Fiz tudo o que eu precisava fazer profissionalmente naquele momento, tudo o que estava ao meu alcance, tanto pela empresa, quanto pela minha vida pessoal. Mas algo não estava se encaixando.

A transformação da borboleta

Aos 29 anos, deparei-me com uma imagem distorcida de mim mesma. Comecei a repensar minha vida. O que havia feito de errado? Havia perdido minha identidade no meio do oceano? Comecei a pensar sobre quem eu era. Eu realmente queria ser aquela pessoa que acabei me tornando? Foi quando comecei o processo de autoconhecimento. Faltava equilíbrio na minha vida. Vi o quanto era importante zelar por esse equilíbrio.

Em 2012, ingressei no Processo Hoffman, no qual, em busca do autoconhecimento, estive oito dias imersa, focada na autoanálise, entendendo por que realizava as coisas da forma que eu fazia, qual a influência do ambiente familiar na minha vida, minha relação com as emoções, minhas reações. Foram dias muito intensos que mudaram a minha vida. Parecia que tudo estava se encaixando. Todas aquelas incertezas haviam se dissipado. Nesse curto período, o mundo lá fora mudou pouco, mas a minha vida nunca mais seria a mesma.

Como havia dito no começo deste texto, crescer é um processo dolorido. Exige perdas, alguns momentos de escuridão e muita solidão. Porque são nesses momentos, no nosso próprio escuro, que conseguimos parar em meio ao silêncio para nos escutar. Não se pode ajudar uma borboleta a sair do casulo. É neste momento único que ela, sozinha, encontra forças para sobreviver e se transformar.

A partir dessa experiência, investi muito no ato de me conhecer. Pois acredito muito que a vida é feita de equilíbrio. Dei-me conta de que precisava balancear todos os vários pontos da minha vida e diversos ângulos para que pudesse viver com qualidade e sobreviver à selva do mundo corporativo. Tudo precisa de atenção, na dose certa: família, amigos, negócios, experiências, viagens, realizações, estudos e desafios.

No autoconhecimento, muitas vezes você não sabe aonde quer chegar, como vai chegar e, até mesmo, não sabe quem você é. No entanto, quando compreende o que não quer e consegue diagnosticar o que você faz, por que você faz, como você faz e, ainda, detectar o que realmente lhe importa, já é um bom sinal. Eis aí uma luz na escuridão! A partir dessa visão, você pode organizar melhor suas prioridades, eliminar possíveis desgastes desnecessários e focar o que é essencial para sua vida naquele momento.

Recorrer ao autoconhecimento em processos de *coaching* hoje é primordial para mim. Quando preciso tomar decisões e rumos importantes na minha carreira, seja pessoal ou profissional, sempre invisto e separo tempo para esse precioso recurso.

Desconstruindo para construir

Em 2009, fiz meu primeiro *coaching* profissional. Foi um choque! Tive um *feedback* exato de como as pessoas me enxergavam. Realizei testes psicológicos e passei por avaliações 360º, em que minha equipe toda precisou me avaliar em diversos aspectos. Ali, fui apresentada a outra verdade sobre mim, e uma que ainda não conhecia. Era a Renata sob a perspectiva dos outros. Foi devastador e recompensador! Não percebia meus defeitos. Experiências como essas nos deixam expostos aos nossos piores e melhores lados, sem reservas, sem capas ou muros. É um ambiente onde estamos despidos diante de nós mesmos, quebrando nossas próprias regras e achismos.

Posso dizer que o autoconhecimento é um processo de escolha, um caminho sem volta. Digo caminho sem volta, pois – uma vez que você toma conhecimento de algo sobre si mesmo –, você se torna muito mais responsável e deve lutar todos os dias para se lembrar e buscar, da melhor forma possível, extrair a melhor parte de si mesmo. Despois de uma avaliação dessa amplitude, não há como escapar ou querer se esconder. Você sabe por que age de determinada maneira, entende quais são os seus padrões comportamentais, conhece sua personalidade.

Encaixando as peças do quebra-cabeça

A partir do momento em que descobrimos aquilo que não queremos para a nossa jornada, as escolhas tornam-se menos dolorosas. Mas não quer dizer que as incertezas serão banidas da nossa vida. Elas nos acompanharão sempre, tirarão nosso sono muitas vezes. Mas teremos mais convicções, o que torna o caminho um pouco mais leve.

O último *coaching* a que me submeti ocorreu antes de começar o meu MBA. Foram três meses de análise, preparando-me para a vida profissional e próximos desafios. Foi durante esse *coaching* que resolvi voltar a estudar. Decidi prestar MBA pela Fundação Getúlio Vargas, com foco em CEOs. Um curso com uma metodologia totalmente diferente de tudo o que havia pesquisado. Foi onde eu aprendi a importância de trocar experiências com profissionais que se encontram em posições e níveis de responsabilidade semelhantes aos meus.

Percebi que, normalmente, pessoas que estão no mesmo barco em que nos encontramos e com o mesmo grau de comprometimento entendem melhor o que estamos passando. Esses profissionais vivem as mesmas dúvidas e a mesma solidão. Porque a carreira vai se tornando um ambiente cada vez mais solitário, à medida que você cresce. Quando digo solitária, refiro-me ao ato de tomar decisões, segurar a pressão, de não poder se abrir com as pessoas ou com qualquer pessoa, pois você tem a missão de manter o clima agradável, motivado e engajado dentro do escritório. Cargos altos exigem grandes responsabilidades. Você tem de ser um exemplo o tempo todo. Precisa viver aquilo que prega. É necessário se policiar constantemente. Muitas vezes, você se encontra em um momento muito difícil, de tomada de decisão, mas precisa equilibrar as taças. O show tem de continuar.

O MBA foi uma experiência incrível por isso. Mostrou-me que não preciso ficar sozinha. E que, em momentos de explosão interna, posso recorrer a outros profissionais que, inclusive, já passaram por situações como as quais estou vivendo e conseguiram contornar, com resultados positivos e promissores. Até mesmo experiências não tão agradáveis servem de lição para nós. Tudo depende de como recebemos e aplicamos esses conselhos e informações.

Autoconhecimento e disciplina

Tenho buscado aplicar os recursos do autoconhecimento em todas as áreas da minha vida. Isso tem sido muito eficaz para que eu consiga encaixar todas as peças do quebra-cabeça, sem perdas ou danos. A autodisciplina tem sido minha aliada durante todo esse processo. Descobri que preciso focar e ter muita paixão por aquilo que eu faço.

Muitos me perguntam como é manter uma empresa familiar e se foi o que escolhi. Tenho absoluta certeza de que fui escolhida. E essa crise me deu ainda mais certeza de que foi uma missão entregue em minhas mãos. Comandar o leme foi minha melhor escola. Sou muito grata a isso! Grata ao almoxarifado!

Claro, manter uma empresa de família é um peso muito grande. É misturar – mesmo que involuntariamente – as emoções, as expectativas e a vontade eterna de que a família se dê bem sempre. Como filha, reportar-se ao pai é um desafio muito grande, já que você tem expectativas e perspectivas, de ambos os lados, tanto no aspecto executivo quanto no afetivo. Por mais que você trabalhe, estude e se esforce para separar esses mundos, para olhar com outros olhos, é natural do ser humano, em alguns momentos, misturar e confundir esses universos. É um desafio e tanto. Uma responsabilidade enorme. Costumo dizer que em uma empresa familiar a resiliência é de suma importância. Muita sabedoria, muita calma, humildade, enfim, uma série de atitudes que são fundamentais para o funcionamento, a saúde e a boa gestão da empresa.

E como precisamos focar o que amamos, preciso frisar aqui: tenha uma válvula de escape. E mais: tenha outras paixões que sejam secundárias, porém, muito necessárias. Posso dizer que investir em outros prazeres, sem a obrigatoriedade de um trabalho, traz inúmeros benefícios à vida e é um recurso que pode transformar atitudes, posturas e auxilia muito no autocontrole. Utilizo todas as formas e soluções para sobreviver dentro do universo corporativo, que muitas vezes é cruel, padronizado e muito envolto apenas em questões monetárias. Pois, apesar de números, também somos pessoas! A pressão é grande e vem de todos os lados, não importa o seu cargo! E é só você que pode pensar no seu bem-estar. Investindo nisso não é só você quem ganha, mas todos à sua volta, inclusive o seu local de trabalho.

Pratico esportes há 14 anos, e essa é a paixão que tanto prezo e da qual não abro mão. Descobri uma outra Renata. Um novo eu. Exijo de mim mesma reservar espaço para esse meu outro lado. Levo a sério! E foi no esporte que consegui exercitar minha mente, meu corpo e minha alma. Correr, por exemplo, me faz transcender. Na prática de esporte consigo exercitar a autodisciplina, o autocontrole, aprendo a ser assídua naquilo que quero e a saber esperar.

Tenha seus momentos *off*. Saiba quando é necessário se desligar do mundo. Saiba quando parar. Invista em você. Tente buscar ao máximo o seu equilíbrio e o equilíbrio do seu universo. Não é fácil, mas é necessário. Tome decisões que façam sentido para você. Desligue-se de toda intervenção externa – isso muitas vezes é necessário. É um desafio! Não posso dizer ainda que sei lidar com a pressão. Posso dizer que eu sobrevivo à pressão.

O autoconhecimento me ensinou a me enxergar, além do ponto de vista dos outros e até do meu próprio. Aprendi a investir e aprimorar meus pontos positivos, dons e aquilo que faço certo. Descobrir-se dentro desse mundo caótico é uma tarefa difícil, mas não impossível. Ter fé em si mesmo é um bom passo, rumo a grandes e maravilhosas descobertas sobre o que você pode fazer e alcançar. Conheça-se, desafie-se, levante-se, mas nunca pare de tentar, por medo do que vai descobrir. A vida é um risco. Mas quem disse que não seria?

Busque seu propósito. Deixe seu legado.

THIERRY SORET

COO – Volkswagen Serviços Financeiros

A Habilidade Multicultural como Fator de Sucesso em um Processo de Expatriação e Integração

Em um mercado altamente competitivo, as empresas têm buscado cada vez mais mecanismos de sobrevivência, e nessa busca, mais do que nunca, as alianças estratégicas têm se destacado. Na maioria das vezes nos deparamos com situações que confrontam diferentes culturas, estilos e até mesmo valores, cujo sucesso da implementação pode tanto gerar quanto destruir riquezas. A forma de integrar e gerenciar as diferentes culturas pode determinar o sucesso de uma aliança, ou não. A mobilidade de profissionais entre diversos países é hoje um fenômeno comum, com a internacionalização e globalização das empresas. O fenômeno da expatriação consiste em uma experiência de mão dupla que deve trazer benefícios não só às organizações como também à carreira dos indivíduos.

A expatriação profissional torna-se uma prática cada vez mais comum no quotidiano das grandes empresas. Ela é resultado de uma decisão ou política organizacional, e trata-se de um recurso de que as empresas lançam mão para atingir objetivos tão variados como a internacionalização de sua gestão, o aumento do repertório de conhecimentos de uma determinada equipe para desenvolver um projeto ou uma unidade específica, a formação de novos líderes, a elevação do nível de coordenação e controle de suas unidades geograficamente dispersas, a elevação da diversidade

- **Carreira**

Desde 2015: Managing Director – CCO – Volkswagen Serviços Financeiros.

2012-2015: CFO – Managing Director – VDFIN VW D'Ieteren Finance.

2010-2012: Credit Executive Sr. Manager – VW Financial Services.

- **Formação**

Institut Européen d'Administration des Affaires – AVIRA – Leadership, 2014.

Kellogg School of Management – STC Program – Business Strategy, 2011.

Fundação Dom Cabral – Pós- MBA, 2008.

Universidade de São Paulo – MBA, 2004-2005.

- **Família**

Casado. Dois filhos.

- **Nascimento**

Brasil, 5 de fevereiro de 1968.

estratégica de seus recursos humanos em face de mercados globais e a exemplificação de aspectos importantes da cultura da empresa-mãe.

Esses motivos podem atuar isoladamente ou em conjunto, mas estão normalmente na base da decisão da empresa em expatriar. Todavia, isso não significa que tal decisão seja tomada apenas pela empresa: envolve também os indivíduos em questão. Estes ponderam ganhos em relação a suas carreiras e também expectativas futuras de ascensão a cargos superiores. Pesa ainda a favor da decisão individual pela expatriação a oportunidade de oferecer aos filhos uma melhor educação, a aquisição de um novo idioma e habilidades interculturais, hoje tão exigidas no mundo corporativo.

Vamos discorrer sobre um processo de expatriação para assumir uma das Diretorias Executivas de uma nova *joint venture* na Bélgica. Trata-se da associação entre uma subsidiária do braço financeiro de uma das gigantes multinacionais do segmento automotivo e um dos maiores grupos privados do país, importador independente de todas as marcas dessa multinacional, e também com atuação global em outro segmento.

O principal objetivo do *joint venture* é combinar recursos e capital para operar uma entidade empresarial com interesses comuns de propriedade, gestão conjunta e partilha de lucros e, também, eventuais perdas. Com a tecnologia e a globalização no século XXI, esse tipo de associação se propagou rapidamente e ganhou interesse das grandes marcas, todavia, neste caso, unia uma empresa de característica familiar (o CEO do Conselho de Administração é da 7ª geração do fundador), porém com capital aberto e atuação global, e uma multinacional alemã de peso, com toda a camada de Governança e Procedimentos, sendo que ambas têm um DNA diferente: uma é muito comercial e a outra é muito financeira.

O contexto que se passa nesse país europeu de dimensões pequenas, com 10,5 milhões de habitantes, berço da Comunidade Europeia, encravado entre França, Holanda, Alemanha e Luxemburgo: é uma monarquia com parlamentarismo – aliás, estava há 400 dias sem primeiro-ministro quando cheguei, e funcionava muito bem – com três regiões distintas: Flandres, onde se fala o idioma flamenco derivado do holandês e cujos habitantes têm o perfil de comportamento dos vizinhos dos Países Baixos, Bruxelas no Centro do país com sua diversidade cultural europeia e a Walonia, que fala idioma francês, mas não quer ser comparada aos seus vizinhos. Mas não vamos esquecer de uma minoria de descendência germânica (60 mil aproximadamente) que vive na fronteira da Alemanha e se comporta como seus vizinhos, inclusive falando o idioma alemão. Ou seja, nosso caldeirão cultural começa aí, com três idiomas oficiais, uma galera com convicções separatistas (os flamencos) e outra muito convencida de sua importância histórica (os walões).

Após meses de discussões, reuniões e definições, a *joint venture* é aprovada e cada grupo precisa nomear um diretor, pois teremos uma estrutura bipolar, tal qual o modelo de um dos acionistas (alemão). Fácil para o parceiro belga, que tinha em seu *General Manager* seu homem de confiança, mas precisava de mais um, porém que pudesse se encaixar nessa equação nova, complexa e singular. Eis que surge um brasileiro, com nome francês e que nunca havia pisado na Bélgica. Não demoraram nem dez minutos para os dois grupos de colaboradores fuçarem no LinkedIn e descobrirem o nome desse aventureiro (eu mesmo). Primeira reunião para conhecer as equipes e ser apresentado, um primeiro choque: são quatro Thierrys em uma sala! Para se ter uma dimensão do que seria isso no Brasil, é como se quatro Ferraris batessem ao mesmo tempo em um cruzamento na Avenida Paulista! Começa aí uma história de sucesso.

Empresas com culturas organizacionais muito diferentes podem enfrentar diversos desafios em sua gestão, por conta dos portes dos parceiros, do processo de tomada de decisões, dos processos e das rotinas de trabalho, do histórico e dos valores. No início, a informação assimétrica aparece como uma constante nas alianças, pois os lados não possuem a mesma informação a respeito das verdadeiras intenções, crenças e valores de sua aliada e o segredo está em como gerenciar e compatibilizar eficientemente essas culturas.

O primeiro passo da fórmula de sucesso foi quebrar o conceito de grupos distintos e desfazer a desconfiança mútua, começando pelo alinhamento da alta gerência e literalmente pondo a galera para dançar junto em uma bela festa de inauguração com jantar e balada, ao estilo belga. De cara, demos uma identidade única, belga, com discurso coeso e compartilhado, somos uma nova empresa que vai construir sua própria cultura. Este processo pode ser chamado de cooptação.

1. Cooptação – A transformação de concorrentes potenciais em aliados e fornecedores de bens e serviços complementares que permitem que novos negócios se desenvolvam. Como príncipes e guerreiros observaram através dos séculos, frequentemente a forma menos dolorosa de neutralizar inimigos potenciais é reuni-los em seu próprio campo.

Segundo passo de sucesso: mesclar as equipes. A sensação de desconfiança é natural e por motivos muito claros: a empresa do parceiro belga é maior e muito tradicional no mercado local, e a parceira alemã é uma unidade pequena de pouca expressão, mas traz a sombra da matriz. Contornar esses fatores é fundamental, e integrar as equipes, mesclando colaboradores de ambos os lados, balanceando e compartilhando responsabilidades, força as partes a observarem seu parceiro com uma visão positiva, colaborativa, de tentar entender sua forma de trabalhar, relacionar e se familiarizar com os processos.

A partir daí, a base de confiança começou a ser construída, e o papel da liderança foi fundamental, pelo pacto de compartilhamento e compromisso. E aí é que entra a essência belga nessa história, minha base de educação europeia (cresci em uma família francesa) e a tão famosa flexibilidade do brasileiro. Entender a

Cultura de Compromisso, que permite a um país de culturas e idiomas tão distintos se perpetuar entre outras grandes nações e até seguir seu rumo mesmo há 400 dias sem governo oficial. A formação da cultura organizacional deve ser vista e procedida, como um processo natural, equilibrando os fatores emocionais e o desempenho empresarial da nova organização. Esse passo podemos chamar de coespecialização.

2. Coespecialização – É a criação do valor de sinergia que resulta da combinação de recursos, posições, habilidades e fontes de conhecimentos, anteriormente isolados. Os parceiros contribuem com recursos únicos e diferenciados – habilidades, marcas, relacionamentos, posições e ativos tangíveis – para o sucesso de suas alianças, e as alianças criam valor quando esses recursos são compartilhados, ou seja, tornam-se substancialmente mais valiosos quando reunidos em um esforço conjunto do que quando mantidos isoladamente.

3. O terceiro passo na base de sucesso é a Aprendizagem/Internalização – A direção se propôs a definir um modelo de atuação, baseado na aprendizagem mútua, com foco na internalização de novas habilidades e no elo entre os negócios e processos. A mensagem única de união e busca do sucesso relacional e de entregas definitivamente abafou a desconfiança, e consolidou a aliança, desenvolvendo relações de trabalho e assegurando que o pessoal de uma empresa confie na outra. É a passagem da proposta mútua para a proposta única.

Uma empresa de sucesso que se preze precisa ter um direcional estratégico muito bem definido, com objetivos claros, métricas transparentes e um conjunto de ações que permitam direcionar todos, sem exceção, para um caminho comum. Nos primeiros meses, os diretores tiveram a iniciativa de construir o mapa estratégico da nova companhia, com o corpo gerencial mesclado, tomando por base a estratégia dos dois grupos acionistas. Dessa iniciativa, além de um direcional claro, preciso e compartilhado em todos os níveis da organização, construiu-se a identidade da nova empresa. Uma empresa comercial que oferece produtos financeiros, cuja missão é ser a melhor opção para os clientes corporativos e finais. Os valores de ambos os acionistas convergem e, de forma estruturada e concreta, permeiam toda a organização. A raiz estava fincada.

Agora vem o grande desafio, que é construir as próprias, até então baseados em metodologia, ideologias e fundamentos totalmente diferentes. A conjunção de produtos, sistemas e formas de atuação precisa ser organizada, de tal forma que estes fiquem padronizados, claros e que possam enfrentar sem grandes saltos auditorias e exigências de governança. Para tanto, a grande sacada foi utilizar a maturidade do parceiro alemão, com seus métodos e processos muito bem construídos, para servir de modelo para toda a empresa. Nasce um projeto, com ajuda externa e envolvimento de todos os departamentos, em que governança deixou de ser uma obrigação para tornar-se um caminho muito bem estruturado e seguro para a transparência, compreensão e oportunidade de melhorar os processos. O negócio deixa de ser uma soma de duas entidades para ser um único e consistente modelo, partilhado por todos. Foram dois anos e meio muito intensos e gratificantes, em que, após este período de maturação, não existia mais a sensação de imposição e dúvidas nos negócios.

O passo final foi a criação da identidade da empresa, própria, definitiva, que deixou para trás as respectivas culturas das empresas controladoras e se firmou como referência em seu mercado. A junção dos valores de ambos os acionistas e um processo de fusão estruturado e bem-sucedido, permitiram criar valores próprios, uma missão e uma visão claras. Somado ao mapa estratégico da empresa, cujo principal mote é a simplicidade, a empresa conseguiu se projetar como um *player* influente no mercado, uma empresa comercial belga que oferece os melhores produtos e serviços financeiros. E se destaca dos concorrentes por apresentar uma proposta única de *one-stop shopping* para os clientes e uma cadeia de valor agregado para os parceiros de negócios.

As melhores práticas e uma integração muito forte com os acionistas tornaram-se diferenciais competitivos, sem depender da influência destes para se projetar no mercado. Conseguiu fincar sua identidade no mercado, e esse era o grande legado que, como executivo, eu buscava no início de minha missão de expatriação.

Todavia, aliado ao aspecto profissional dessa história, existe toda a dinâmica de adaptação pessoal, emocional e psicológica. A experiência registra alguns pontos de vulnerabilidade no processo de expatriação. Entre eles merece destaque especial o processo de adaptação cultural da família do profissional, particularmente o de seu cônjuge. Muitas empresas globais simplificam o compromisso com o seu profissional e, não raro, negligenciam o fato de que ele tem uma família que foi fortemente afetada por essa decisão, o que as torna em parte responsáveis por isso.

A adaptação cultural é aqui entendida, primeiro, como a construção de um novo cotidiano e, segundo, os ajustes feitos para reduzir as inseguranças e o mal-estar derivados do desconhecimento e da ignorância culturais, tal como a aceitação é uma decisão profissional e não um prêmio ou um "luxo"; terceiro, a forma como a família percebe suas responsabilidades nessa experiência e a clareza sobre os impactos imediatos na sua vida; e quarto, a atitude e a estrutura da unidade que receberá o expatriado. Algumas empresas globais contam com processos de expatriação cuidadosos e responsáveis, alguns bastante sofisticados. Todavia, não parece ser a regra no caso de muitas outras, seja porque elas ainda guardam uma arraigada postura colonialista, porque não perceberam que o mercado de trabalho altamente qualificado mudou ou porque ainda não fizeram as contas dos prejuízos com o insucesso.

O grande fator de sucesso que apoiou minha caminhada dos três primeiros anos da *joint venture* vem da própria abordagem adotada na minha vida pessoal desde a chegada à Bélgica. Viver a cultura local, integrar-se plenamente ao ambiente, afinal, nós éramos os estrangeiros, e de nada adiantava tentar adaptar o ambiente à nossa cultura. Eram duas possibilidades de integração ao novo país: adotar o ambiente da escola internacional das crianças como base, convivendo com os demais brasileiros e estrangeiros, buscando uma situação de conforto, ou a segunda, buscar a integração total com a comunidade na cidade onde morávamos, Waterloo, com seus 35 mil habitantes, costumes e rotinas locais.

Decidimos, em família, como estratégia, pela segunda opção. Dividimos nosso círculo de amizade com brasileiros expatriados ou que viviam na Bélgica há algum tempo, nós estruturamos nossa rotina na estrutura da cidade. Para a família, todas as atividades (aulas de piano, futebol, equitação, lazer, compras e restaurantes) eram efetuadas com as opções locais da comunidade. Dessa forma, integramo-nos aos hábitos locais e foi mais fácil entender a dinâmica da cultura, e no âmbito profissional, saber encaixar a melhor abordagem de acordo com a situação. Viver e praticar a cultura do compromisso foi fundamental para tornar a *joint venture* e nossa passagem pela Bélgica um sucesso.

Quanto ao profissional expatriado, que cuidados ele deveria tomar para contribuir com sua parte para o sucesso da expatriação? Em primeiro lugar, ele deve ser capaz de abrir-se ao diferente. É consenso que nem todo indivíduo está apto a viver uma expatriação e que muitos jamais sequer pensaram nessa possibilidade. No entanto, existem profissionais que almejam essa experiência, considerando-a como uma oportunidade pessoal e até familiar.

Esses indivíduos são geralmente curiosos, demonstram uma grande capacidade de lidar com o novo e o diferente, acomodam com certa tranquilidade as ambiguidades e incertezas, têm uma grande tolerância à solidão e se divertem com o gosto pela aventura. Tais pontos foram considerados relevantes nesta minha história de sucesso, combinados a uma alta resiliência para tornar a experiência única.

Concluindo, uma expatriação é bem-sucedida quando não apenas um investimento foi bem aproveitado, mas quando uma conjunção de fatores profissionais, organizacionais, sociais, pessoais e psicológicos foi bem construída. A vivência internacional exige do profissional uma abertura de espírito, o estímulo pelo desafio, curiosidade quanto ao diferente, uma genuína capacidade de observação e de leitura de cenários, bem como o respeito a uma realidade cultural e simbólica diferente.

ANDRÉ LUIZ DE SOUZA

General Plant Manager

A Nova Cultura Industrial

Esta história começa quando fui contratado para fazer parte do desafio de transformar uma empresa nacional, recém-adquirida por uma multinacional de bens de consumo, em um forte competidor em seu mercado. Havia predomínio de indústrias gigantes, mundialmente conhecidas, com tecnologia de ponta e produtos inovadores.

Minha visão era de que estávamos tecnologicamente atrasados, sem processos definidos, e com material humano sem a qualificação adequada para ter o mínimo necessário de competitividade. Havia gestores e colaboradores que atuavam há mais de uma década da mesma forma, com mesmos métodos e estrutura totalmente hierarquizada. Era nítido que existiam muitos talentos dentro dos times, porém, totalmente dependentes de um comando direto e, em sua grande maioria, sem instrução necessária para conseguir visualizar oportunidades dentro dos processos existentes.

Precisávamos dar um salto na qualidade de toda a mão de obra, oxigenar a empresa com novas ideias, sair do *status quo* e ao mesmo tempo inspirar os colaboradores antigos a buscar qualificações. Tudo isso na minha frente e muitos obstáculos para conseguir colocar em prática essas questões, afinal, a gestão antiga jamais aceitaria uma mudança de curso, o famoso "time que está ganhando não se mexe".

A empresa passava por alterações importantes e, poucos meses de-

▪ **Carreira**

Desde 2010: General Plant Manager.
1999-2010: Gerente Industrial e Gerente de Planejamento Corporativo.
1996-1999: Supervisor de Produção.
1993-1996: Chefe de Produção.
1992-1993: Engenheiro de Produção.

▪ **Formação**

MBA – Gestão Empresarial – FGV, 2007.
Pós-Graduado – Fundação Don Cabral, 2004; USP, 2000 e UNIP, 1995.
Graduação – Engenharia Industrial – Universidade Braz Cubas, 1994.

▪ **Família**

Esposa: Ana Claudia C. de Souza.
Filho: André Luiz de S. Filho.

▪ **Nascimento**

Mogi das Cruzes/SP, em 26 de março de 1970.

pois, o executivo principal da área industrial foi substituído. Entendi que aquela poderia ser a grande oportunidade de mudança cultural e defini o projeto inicial para atingir a implementação de equipes semiautônomas nas fábricas.

Chamamos a fase inicial da mudança cultural de "Projeto Dotação", que consistia em capacitar as equipes e criar métodos para que esta etapa se tornasse parte do modelo de gestão e apoiasse o desenvolvimento restante. Essa etapa teve duração de dois anos até a sua finalização, quando tivemos um crescimento orgânico nos resultados industriais de 25%. Sensação de alegria pelo sucesso iminente, porém, o grande objetivo ainda estava por vir. Precisava efetuar a mudança da gestão tradicional para semiautônoma, deixando um modelo hierarquizado de tomada de decisão e liderança, para adoção de responsabilidades e decisões compartilhadas.

Decidimos pelo apoio de uma consultoria, que havia implementado este modelo de gestão numa outra empresa multinacional e, após o diagnóstico, demos início ao projeto que nomeamos como "ETAPA – Equipes de Trabalhos Autônomas de Alta Performance". O nível de motivação estava muito elevado; era a realização de uma visão de anos atrás, prestes a se tornar realidade, com foco totalmente voltado ao resultado da empresa, tornando-a uma referência.

Apesar do esforço, dos resultados e do bom andamento, muitas mudanças precisavam acontecer também em outras plantas. Precisávamos de uma mudança consistente e geral. Diante disso, fui convidado a participar da estruturação do trabalho em uma nova fábrica, em outro estado onde passei a residir com minha família (que me apoiou desde o início). Essa unidade tinha por característica a resistência à mudança, principalmente pela presença de profissionais que bloqueavam novos conceitos. Todos diziam que eu precisaria trocar o corpo de gestão daquela fábrica, mas no meu conceito o verdadeiro gestor conseguiria resultados melhores com o mesmo time. Caso optasse pela substituição me sentiria derrotado, sem falar no tempo e *expertise* que perderíamos.

Trabalhei firme nas questões de liderança, com o objetivo de que todos conhecessem o estilo do gestor recém-chegado àquela fábrica e, a partir daquele momento, tivessem a certeza de que ali estava um ser humano e não um "chefe"; eu precisava da contribuição de todos. Aos poucos, fui conhecendo as pessoas, seus anseios e suas influências. Contei com o apoio fundamental da gestora de Recursos Humanos, pois esta área seria a parte da sustentação do futuro modelo de gestão.

Apresentei o trabalho que havíamos feito na fábrica anterior e mostrei o conteúdo do Projeto ETAPA. Tornei clara a opinião do *board* sobre os resultados daquela fábrica, responsabilizando-me por conduzi-los a um modelo promissor de gestão e a um resultado melhor. Para a minha surpresa, naquele momento todos começaram a participar, era uma vitória para mim.

Parti para a implantação do Projeto Dotação, retomando a fase inicial e com objetivo de manter a qualificação dos colaboradores no mesmo nível de outras unidades fabris. Tínhamos um ano para isso (metade do plano original). Precisei que o time acreditasse no projeto para que pudéssemos seguir, ao mesmo tempo em que eliminávamos os problemas atuais de desempenho. Precisava diminuir as pressões de fora para dentro e trabalhar com foco no que deveria ser feito realmente.

Apesar das pressões, permanecemos com total foco nas soluções dos problemas e na implementação do Projeto Dotação. O time havia comprado a ideia e estava fortalecido pelos acontecimentos, isto é, eu conseguia bloquear as pressões de fora para dentro e finalmente tínhamos uma equipe. Foram criados diversos indicadores de performance em tempo real, o que permitiu ao time verificar os problemas antes de acontecerem. Passamos a ser preventivos e, em alguns meses, nosso desempenho já se comparava com as melhores na companhia. E isso elevou o moral, trouxe tranquilidade.

Estávamos prontos para iniciar o Projeto ETAPA, exatamente um ano após eu deixar a fábrica em que iniciei a mudança do estilo de gestão.

Passamos por inúmeros percalços, desafios, dificuldades de entendimento, muito trabalho para tornar a comunicação alinhada, mas, por fim, conseguimos obter índices de avaliação pós-auditoria que mostravam nossa evolução. Aquela fábrica que havia sofrido com inseguranças e resultados baixos agora estava recebendo uma confiança da alta direção, o que nunca havia ocorrido, certamente por termos atingido resultados acima do esperado, credenciando-nos para a continuidade do trabalho. A maré de notícias ruins que predominava estava se tornando um tsunami de boas notícias (35% de satisfação para 73% em um ano), atingindo o segundo melhor resultado das seis fábricas medidas.

Após todo o planejamento feito para a continuidade do Projeto ETAPA, pensei que antes de qualquer passo teríamos de criar programas de treinamento para nossos gestores, pois atuariam como facilitadores. Tinham de conhecer o conceito do modelo de gestão. Deixariam de fazer atividades que não agregavam valor ao processo produtivo e passariam a ser mais decisivos e estratégicos, pensando no futuro e não somente no dia a dia.

O trabalho foi conduzido por mim e pela gestora de RH, traçando um modelo de atuação de cada gestor dentro dos times multifuncionais que seriam criados. Essa etapa foi realmente muito dolorosa para os gestores, pois estávamos criando um modelo que "destruía" as rotinas e tornava a assimilação difícil. Estávamos construindo o desenho com objetivo de definir tudo antes do início do novo modelo de gestão. Além disso, definimos regras para garantir que a decisão de uma unidade ou célula não infringiria nenhum procedimento da companhia e respeitaria também procedimentos legais.

Esses modelos de atuação de cada equipe de apoio foram estabelecidos de forma a incluí-los nos times multifuncionais, assim a responsabilidade de cada membro estaria definida e poderíamos construir a multifuncionalidade. Criamos então três minifábricas (geridas pela operação) com seis divisões denominadas "estrelas" de acompanhamento, sendo elas: Pessoas, Processo, Performance, Manutenção, Qualidade e Segurança.

Os objetivos do modelo de gestão eram:

- AUMENTAR: A autonomia decisória das equipes; a velocidade e qualidade das decisões; a capacitação (técnica, operacional, comportamental e de gestão).
- MELHORAR: Os resultados dos KPIs; o planejamento; o trabalho em equipe; a identificação e retenção dos talentos; a qualidade das informações.
- DIMINUIR: Níveis hierárquicos; atividades que não agregam valor.
- ELIMINAR: Barreiras entre áreas e turnos de trabalho.

Minifábricas (MF) e Células Funcionais (CF):

As minifábricas eram células e compreendiam todas as linhas de produção em um turno. Deveriam responder por todos os Indicadores de Performance e tomar decisões semiautônomas definidas.

Sistema de Autogestão das Células:

Operadores e auxiliares ocupavam as funções da autogestão.

A indicação e o mandato dessas funções eram definidos pela célula; as funções eram ocupadas por, no máximo, dois operadores por um período predeterminado.

O papel da operação era alimentar a célula de informações e indicadores de performance; buscar o apoio e o envolvimento para as iniciativas da função que estavam sob sua responsabilidade; atuar nas interfaces com outras áreas.

Núcleo de Apoio:

A célula funcional denominada "Núcleo de Apoio" era composta pelo corpo técnico da fábrica, para dar sustentação aos processos internos e apoiar as minifábricas. As demandas das MFs e CFs deveriam ser atendidas pelos processos administrados pelo Núcleo de Apoio, incluindo:

- PERFORMANCE: Produzir, Manter e Melhorar
- MÉTODOS E PROCESSOS: Desenvolver, Monitorar e Melhorar
- PESSOAS E ORGANIZAÇÃO: Reter, Desenvolver e Aprimorar

Os principais papéis do Núcleo de Apoio eram:

Dar apoio às MFs e CFs no desenvolvimento de pessoas, nas áreas de gestão, técnica e operacional para melhoria contínua dos resultados; fornecer suporte técnico-operacional na implementação das ferramentas corporativas; facilitar a prestação de serviços das áreas funcionais (qualidade, planejamento, desenvolvimento, projetos e recursos humanos).

Funcionamento do Núcleo de Apoio:

- As áreas funcionais estavam integradas de forma matricial ao Núcleo de Apoio para atender às demandas das MFs e CFs, garantindo sua *expertise* aos membros do núcleo.
- A equipe do Núcleo de Apoio se autogerenciava de acordo com suas atividades e indicadores de performance, atendendo às necessidades e demandas das MFs e CFs 24h/dia.
- As atividades do Núcleo de Apoio eram monitoradas e avaliadas através dos indicadores (KPIs) específicos do núcleo, análise de desempenho individual e indicadores (KPIs) compartilhados com as MFs e CFs.

Iniciamos a apresentação do modelo para toda a fábrica, separando grupos por funções e misturando os turnos. Tínhamos preparado diversas respostas com base nas experiências da fábrica-piloto, nosso objetivo era o entendimento do modelo. As apresentações foram feitas e as dúvidas e os comentários nos permitiram preencher lacunas de planejamento. Percebemos que ainda existiam *gaps* para solucionarmos antes da data de início (dia "D") e trabalhamos sobre eles.

Realizamos os treinamentos planejados para os times que formariam as CFs e as MFs. O Núcleo de Apoio foi de fundamental importância, pois ali detínhamos toda a *expertise* de cada etapa do processo decisório. Ao mesmo tempo, mantivemos a fábrica focada – já tínhamos vencido a etapa de baixa performance e não podíamos dar passos para trás.

Tive o prazer de ver nos olhos de cada colaborador a esperança de crescimento profissional e o orgulho de participarem de uma mudança que alteraria a forma de pensar e agir dali em diante. Nos primeiros dias os times estavam "presos" ainda, totalmente dependentes dos tomadores de decisões. Esse processo foi amadurecendo, trabalhamos forte na adequação do modelo e conseguimos criar ferramentas em que os próprios colaboradores passaram a monitorar o funcionamento, evitando desvios de conduta e ações fora das regras.

Trabalhamos na avaliação de desempenho dos times multifuncionais e em cada membro do time individualmente. O Projeto Dotação havia nos dado um sistema de captação de mão de obra operacional que nos servia como base de estruturação dos times. Os colaboradores sabiam que para crescer na companhia precisavam de aperfeiçoamento. Surgiu então a GDO (Gestão de Desempenho

Operacional), em que aproveitávamos a base existente da metodologia de medição de performance já aplicada ao pessoal administrativo. Dentro desse modelo foram criados sete pilares de medições individuais que eram realizados pelo Núcleo de Apoio:

1. Avaliação Teórica: Os colaboradores faziam testes de conhecimento dos programas que utilizavam diariamente em suas atividades.
2. Avaliação Prática: Testes de conhecimento prático das atividades realizadas.
3. Percentual de absenteísmo no período.
4. Avaliação de Segurança do Trabalho: Avaliação referente às condições físicas e segurança do trabalho.
5. Nível de escolaridade e cursos de aperfeiçoamento.
6. Medição dos principais KPIs de sua responsabilidade.
7. Avaliação 360 graus junto aos seus pares operacionais.

Enfim, havíamos acabado de criar uma ferramenta que definia padrões e permitia que cada um cuidasse de seu próprio desenvolvimento. Juntamente com os outros pré-requisitos, tínhamos também uma grade de performance individual para promoções, e uma ferramenta que nos indicava demandas de treinamento. A alteração do modelo de gestão e as avaliações individuais representavam o cumprimento de um ciclo dentro do planejamento global do projeto.

Criamos reuniões mensais com a presença de todas as áreas e representantes dos times multifuncionais para apresentar os resultados dos principais KPIs obtidos no mês, as demandas existentes e o *status* de cada projeto, tornando-os responsáveis pela resolução de cada demanda. As áreas estavam cuidando do futuro do nosso negócio, com novos projetos e inovações nos produtos, e estavam interagindo e aprendendo com o novo modelo, percebendo que uns dependiam dos outros para que os resultados fossem alcançados.

As MFs e as CFs haviam se encaixado dentro do modelo de gestão de forma muito disciplinada e os principais KPIs da fábrica se encontravam em pleno crescimento e de forma sustentável. Quando comparávamos os resultados com as fábricas dentro da região da América Latina, posicionávamo-nos entre as melhores, o que nos proporcionava visitas de executivos globais, reconhecendo-nos como uma das melhores fábricas da região.

Por outro lado, o Núcleo de Apoio (formado por antigos coordenadores, engenheiros, analistas e líderes de máquinas) ainda demonstrava alguma dificuldade de adaptação ao novo modelo. Neste momento, assumi pessoalmente o papel de *coach*. Tive que retomar todo o conceito do modelo de semiautonomia e este time passou a ser a referência, assumindo posição de destaque dentro dos times que compunham a América Latina.

Seguimos adiante e uma nova leitura da consultoria acabara de ser feita. Minha angústia com este resultado me fazia muito mal – havíamos passado por muitas mudanças, começado com um nível de satisfação em 35% e atingido 73%. Qual seria agora o verdadeiro resultado de satisfação dos colaboradores no modelo de gestão semiautônomo? Quando eu olhava para os principais KPIs eu tinha certeza de que era um modelo vencedor, pois havíamos crescido muito, mas mesmo assim pairava em minha mente a dúvida da satisfação. Dois meses se passaram e recebi a informação de que a operação sob minha responsabilidade acabara de ter o melhor resultado de satisfação de todas as fábricas, inclusive superando o resultado da 1ª colocada no GPTW no Brasil (81%). Havíamos alcançado 83%. Naquele momento, o orgulho que eu tinha da minha equipe e de todos os colaboradores daquela fábrica era muito grande.

Cinco meses depois, fui chamado para uma reunião no escritório central com o principal executivo da área industrial, juntamente com o presidente da empresa, solicitando meu retorno àquela fábrica em que tudo tinha começado – aquela que foi o piloto do projeto.

Compartilhei com meu time a decisão que a alta direção da companhia havia tomado, pois teria mais alguns dias somente antes do meu retorno. Estava dando aquela notícia de coração partido e triste, pois foram quatro anos intensos junto àquela equipe, e o ambiente que começou de forma estranha, cheio de dúvidas, tornou-se um ambiente de confiança, ajuda mútua e profissionalismo.

No meu último dia naquela operação, exatamente no horário do almoço, fui convidado para almoçarmos todos juntos e, para a minha surpresa, no momento em que entrei no restaurante estavam todos os colaboradores da fábrica, inclusive os dos turnos da tarde e da noite. Eu estava sendo recebido por aqueles que vivenciaram comigo uma mudança de modelo de gestão e que fizeram parte de minha vida, que encontraram em mim uma fonte de inspiração para mudar uma empresa, transformando um ambiente de baixa performance em uma fábrica reconhecidamente vencedora, referência nas boas práticas de gestão.

Agradeço a todos que me deram a oportunidade de vivenciar cada dia e cada momento dessa jornada e à minha família, que esteve ao meu lado todo o tempo, desde os momentos felizes, até, principalmente, os momentos difíceis de tristeza.

FABIO TIERI

Fotógrafo

Do Inferno ao Céu

A vida de um artista costuma ser construída através de pequenas observações do cotidiano e, no caso da fotografia, o olhar do fotógrafo é o diferencial para o seu *business*, pois ele precisa reunir em uma imagem todo o sentimento ou até vender um produto sem usar uma única palavra.

É comum alguns profissionais utilizarem a fotografia como segunda opção de trabalho ou até mesmo quererem mudar totalmente sua vida profissional para se dedicarem a esse hobby. Porém, o que fica claro é que para ter sucesso no ramo da fotografia você tem de ter um talento nato, além de se dedicar para adquirir conhecimentos e técnicas, como em qualquer outra profissão.

No meu caso, sempre flertei com atividades artísticas, com imenso interesse por música, teatro e outras atividades desta natureza. Definitivamente, posso dizer que a arte sempre pulsou muito forte em minhas veias.

Enfrentei muita resistência no começo. É complicado lidar com as dificuldades de querer se enveredar pelo mundo das artes, especialmente com todo o preconceito que permeia esse universo. Todavia, por conta de excelentes influências com que tive contato ainda jovem, consegui rom-

▪ Carreira

2015: Patrocinado – Atek Flash System.

2010: Início com estúdio fotográfico próprio.

2009: Membro da ISP – 1º lugar no concurso mundial de fotografia de natureza – Society of Photographers – EUA.

2008: Certificado pela Confederação Brasileira de fotografia, filiada à "Fédération Internationale de L'Art Photofraphique" – Prêmio Menção Honrosa na XXI Bienal de Arte Fotográfica Preto e Branco.

1994: Início da carreira de fotógrafo.

▪ Formação

Certificação internacional Adobe com Derick Borba, 2016.

Atualização na International Society of Photographers – NY, 2001.

Início dos cursos de fotografia na Escola Techmage, 1994.

▪ Família

Esposa: Fabiana Padilha.
Filha: Liz Padilha Forastieri.

▪ Nascimento

8 de abril de 1976.

per com essa barreira e realizar o meu sonho, com a profissão que escolhi. Obtive êxito em transformar este ofício em algo rentável – compensador também no aspecto financeiro.

Obviamente os primeiros passos não foram fáceis, tratou-se de uma jornada árdua para que eu conseguisse chegar até aqui. Porém, sempre me dediquei bastante para ser um profissional acima da média e fui atrás dos meus objetivos com afinco e muito foco. Recebi conselhos e busquei segui-los de maneira adequada, principalmente quando se referiam ao aprimoramento das minhas capacitações. Isso gerou frutos, evidenciados através do reconhecimento que recebo do mercado e dos meus clientes.

Dediquei-me aos cursos disponíveis para fotógrafo que existiam na época em que iniciei a carreira. Pois em 1994, nos meus 18 anos, não havia faculdade de fotografia. Foquei a minha especialização e com muita intensidade, por medo de não ter um futuro promissor.

Nos primeiros dois, três anos, foram somente os cursos, e posteriormente passei a realizar pequenos trabalhos. De início, fotografava a decoração de uma igreja no bairro em que eu morava, para que as noivas pudessem escolher qual decoração gostariam para o dia do casamento, e isso sem remuneração alguma, era apenas para me habituar com a nova profissão. Certo dia, eu estava fotografando a decoração e um senhor dentro da igreja me convidou para fazer as imagens de seu comércio. Era um comércio novo na região e ele queria divulgá-lo. Esse foi meu primeiro trabalho remunerado.

Com o trabalho realizado vieram outros, para variados comércios da região, e também passei a trabalhar para o jornal local. Com esses clientes iniciais consegui juntar dinheiro para comprar equipamentos e seguir investindo em cursos.

Sempre soube que precisava ter algo a mais para que eu pudesse me destacar, então, em 2001, descobri um curso em Nova York e não tive dúvidas, pois fazer algo diferenciado era fundamental. Voltei para o Brasil definitivamente mais maduro e com a mente mais aberta. Com essa especialização nos Estados Unidos, distanciei-me tecnicamente dos meus colegas, encontrava-me mais preparado em relação a eles e os clientes notaram. Além de agregar mais valor ao meu trabalho, também houve o aspecto impalpável, que é o quão importante é uma especialização fora do Brasil aos olhos de quem contrata um profissional. Tornando-me para o cliente um visionário, ou seja, estava íntimo das tendências do mercado de primeiro mundo.

Depois de alguns anos no mercado, conquistando clientes como grandes empresas multinacionais no Brasil, percebi que havia construído um nome e já havia criado uma carteira de clientes respeitável. Minha carreira começou a deslanchar. Tudo o que as companhias precisavam em termos de imagem eu fornecia. Só não trabalhava o suficiente na área de publicidade, o que já era um sonho bastante acalentado por mim. Decidi então me dedicar a essa área.

Publicidade é um nicho de trabalho onde o profissional é muito bem remunerado. De olho nisso, passei a me estruturar para ter um espaço próprio, visando, além de realizar esse desejo pessoal, poder construir um nome conceituado no mercado. Tecnicamente, eu já me sentia devidamente preparado para conseguir dar conta do recado nesse segmento, mas precisava de um local físico.

Em 2010, adquiri o imóvel onde conseguimos construir o estúdio fotográfico, isso depois de 16 anos de batalha. Dediquei-me para que esse espaço fosse diferenciado de outros estúdios que eu já havia conhecido e utilizado. Criei um ambiente confortável e acolhedor, pois em uma grande produção, o cliente fica dentro do estúdio o dia todo, e gostaria que meus clientes se sentissem à vontade. Hoje nos posicionamos como alfaiates da fotografia, desenvolvendo um trabalho ajustado aos desejos do cliente.

Na mosca! Após a inauguração do estúdio sofremos até um susto, pois devido às técnicas adquiridas, o olhar diferenciado e o espaço inovador, o negócio cresceu vertiginosamente. Com o crescimento, fiz uma proposta para que minha esposa Fabiana se tornasse minha sócia. Ela era gerente de marketing da América Latina de uma empresa alemã há mais de 15 anos, e sua experiência e seu conhecimento em marketing seriam fundamentais para que a empresa crescesse ainda mais.

Com a cultura de uma empesa multinacional, implantamos processos na área de marketing e na área administrativa. Nessa primeira temporada deu tudo certo, já havíamos amealhado um valor que era mais do que suficiente para considerar um projeto de extremo sucesso. E vivemos dessa forma - em alta no mercado, até 2013 - quando passamos a enfrentar uma dura crise nos negócios.

Abruptamente, devido ao início da crise econômica, os projetos pararam. Os clientes ficaram apreensivos em investir em publicidade, porém as contas mensais continuaram a chegar, e com isso adquirimos muitas dívidas, com empréstimos bancários em diversas bandeiras para poder pagar as contas. Aliás, mergulhamos profundamente em uma bola de neve em dívidas que só cresciam. Não conseguíamos gerar quase nada em trabalhos e ao mesmo tempo tentávamos desesperadamente pedir mais empréstimos para pagar as contas. Infelizmente desligamos pessoas e pensávamos que somente um milagre nos tiraria daquela situação.

Foi um processo duro ter que encarar essa situação, simplesmente não conseguíamos fechar as contas, e não entendíamos muito bem o que estava ocorrendo. Chegou um momento em que o faturamento mensal não cobria os custos dos juros das dívidas adquiridas. Passamos a considerar seriamente a possibilidade de encerrarmos as atividades.

O fato de a casa que abriga o estúdio ser própria ajudou muito, pois não havia a preocupação com o aluguel. De qualquer forma, com a redução do número de trabalhos dos nossos clientes, precisávamos realizar um novo planejamento, para ver o que aconteceria dali em diante. Foram dois anos difíceis, mesmo com uma vasta carta de clientes que havíamos adquirido ao longo de muitos anos de trabalho.

No final de 2014, decidimos ir embora do Brasil, com o intuito de morar em Londres para tentar algo novo. Ficaríamos morando de favor, e já estava em processo de busca de escola para a minha filha. Foi então que tive um *insight*. Achei mais adequado esperar virar o ano, analisar, fazer uma reformulação e ver o que aconteceria. Foi a decisão mais acertada que poderíamos ter tomado depois da derrocada. Percebi que estava deprimido, sem força de reação... Há quase dois anos com um sentimento derrotista, um péssimo astral, em minha mente só via números negativos o tempo todo, não conseguia pensar em algo bom por duros dois anos, mesmo com todo o potencial que tinha.

Não me entreguei, e aquela frase de efeito "não vou morrer na praia" pairou dentro da minha cabeça, foi um *mindset*. Pensei: tenho que sair dessa depressão; amo o que faço, não o faço por obrigação, mas por amor verdadeiro, e tem que dar certo. Iniciando assim, o processo de reestruturação, partindo de uma profunda análise dos erros cometidos que nos fizeram perder terreno. Foi um período de reflexão totalmente necessário para reinserirmos nossa empresa no mercado.

Até então, tínhamos apenas um produto na empresa: a fotografia. E com a queda no mercado fotográfico, chegou o momento em que pensei: preciso me reinventar!

Foi aí que percebi que os profissionais de vídeo estavam aprendendo fotografia para entender uma nova linguagem de vídeo que utiliza a fotografia como um estilo novo e diferenciado de imagem. Para mim seria muito mais fácil me adaptar às novas tendências, do que os profissionais de vídeo aprenderem o olhar fotográfico, partindo praticamente do zero. Era tudo uma questão de continuar assimilando novas técnicas, e esse foi o divisor de águas.

Criamos, então, mais um produto para a empresa.

Estudei e me senti apto para ir ao mercado oferecendo um trabalho diferenciado e de qualidade. Utilizei o olhar da fotografia para os novos trabalhos de vídeo que estávamos buscando.

Com meus contatos e devidamente estruturado, tornou-se uma questão de tempo para que eu me reerguesse. Não tenho medo de enfrentar desafios e acredito que o perfil de um empreendedor é realizar e enxergar que em momentos de crise existem mais oportunidades do que podemos perceber.

Percebi também que, como a crise no País só crescia, além de ter um novo produto para oferecer, tinha que me adequar à realidade dos nossos clientes. Avaliamos nossas propostas e devido a vários fatores, sendo um deles ter o próprio imóvel do estúdio, conseguimos oferecer os trabalhos de imagem com um valor justo.

Pronto! Oferecemos todo o serviço de imagem para os clientes – fotos, vídeos publicitários e institucionais das empresas ou dos produtos – entregues com qualidade, prazo e valor diferenciado do mercado. A receita parece simples, mas só consegui enxergar no momento de crise.

O mercado estava voltando a se abrir. Em 2015, já era evidente que havia readquirido confiança em meu trabalho, apostando no meu talento. E foi essa tomada de decisão, com uma mudança de postura, que me fez acreditar que ainda era possível reverter aquele cenário até então totalmente desfavorável dos últimos anos.

Começamos a atender nossos clientes habituais, com trabalhos de vídeos corporativos, colhendo depoimentos bem simples, e com isso começamos a nos sentir confiantes. Desse momento em diante passamos a fazer vídeos institucionais para os mesmos e para novos clientes, logo após passamos para as campanhas publicitárias que tanto desejávamos e assim surgiu o nosso primeiro trabalho para TV aberta que foi em forma de um *merchandising*.

O maior deles foi uma campanha nacional de um comercial de 30 segundos para a empresa Sam's Club no Brasil, o primeiro deles no Brasil, exibido nas três maiores emissoras do País. Trabalho este que agregou muito ao nosso portfólio e nos deixou muito felizes, pois além do excelente resultado técnico que obtivemos, a campanha rendeu ao nosso cliente um ótimo resultado.

Já no segundo semestre de 2015, nosso crescimento foi de 400% em relação ao último faturamento positivo da empresa. Deixamos aquela "página negra" para trás, conseguimos nos reerguer. Colhemos os frutos de utilizar estratégias ousadas, pautadas em novos conceitos. Ao término de 2015, já havíamos quitado todas as dívidas e posso dizer que estávamos no céu.

Ainda assim, vi que poderia crescer mais, e no início de 2016 abri a terceira empresa voltada para ministrar *workshop* de foto e vídeo para profissionais da área.

Com as três empresas funcionando a pleno vapor, nosso desafio foi concretizado. Voltei a pensar no ano de 2013 quando "quebrei", e percebi que dei aquela famosa última braçada para não desistir de um sonho de uma vida toda.

Já com o nome consolidado no mercado da fotografia e bons trabalhos de vídeo, recebi o convite de uma empresa brasileira de flashes, a maior e mais antiga no ramo, para ser patrocinado por ela. Com esse patrocínio, a procura pelo *workshop* aumentou absurdamente, devido à grande visibilidade.

O patrocínio foi decisivo para esse novo projeto voltado para *workshop* de fotografia. Um *business* muito bem integrado às atividades já realizadas. A partir de então, passei a contar com os três empreendimentos e com uma equipe capacitada para atender os desígnios de meus clientes.

Hoje estamos com a estrutura adequada para que as três empresas funcionem solidamente. A equipe está coesa e em sintonia para compreender a complexidade de cada projeto, e cada membro está exercendo funções definidas. Contamos ainda com apoios "flutuantes", profissionais específicos na área de vídeo, tendo a retaguarda necessária para entregar o que foi solicitado, com a devida qualidade e dentro do prazo estabelecido – algo a que a maioria das empresas do ramo não dá a devida importância.

Aproveitamos a boa fase, contratamos um profissional para realizar uma consultoria voltada a processos. A maioria dos profissionais da área de fotografia não se preocupa com esse tema e, mais uma vez, encontrei a oportunidade de me diferenciar. Com toda essa mudança, nosso processo estava obsoleto, encontramos algumas falhas. Ao final da consultoria, nossos clientes perceberam a mudança e que nos tornamos uma empresa séria, com processos, e isso dá mais confiabilidade aos trabalhos. Quando somos contratados, já estamos preparados para entregar o esperado com processos do início até o final. Ou seja, alinhamos capacidade técnica e criativa, com coerência administrativa.

Posso considerar que ter construído uma carreira sólida ao longo de mais de vinte anos de trabalho duro me trouxe recompensas inexoráveis. A principal delas – fora do contexto de ter constituído três empresas a partir do meu estúdio – foi ter conquistado um importante prêmio internacional de fotografia, o que me colocou na vitrine global. Essa visibilidade é vital para que eu mantenha contatos com artistas e trabalhos fora do Brasil, mantendo-me sempre conectado com as novas tendências, para não desperdiçar as oportunidades que surgem e correr o risco de "sair de cena".

Curiosamente, mesmo sendo um artista do ramo da fotografia, consegui aliar esse lado da sensibilidade com o do empreendedor, o que não é fácil. Talvez, muito em função do momento de baixa que se abateu sobre o estúdio. Precisei repensar várias coisas e melhorar a minha organização. Não deixei de focar o meu aprimoramento profissional, mas aprendi, a duras penas, que necessitava ter mais acuidade também, diante dos compromissos burocráticos e novos produtos, para não perder o foco no caso de uma nova crise.

De agora em diante, em um período ascendente, também não podemos nos deixar levar tão somente pela empolgação, exatamente para não cometer os mesmos erros do passado. Estamos organizando o espaço interno, criando mais infraestrutura para atender à demanda dos três empreendimentos que colocamos em prática, especialmente em relação ao estúdio e à produtora de vídeos.

Considero que, hoje em dia, caso ocorra um processo de encolhimento de uma das empresas, as outras estarão suficientemente fortes para nos mantermos de pé. Ao montar toda essa infraestrutura, não apenas ganhamos em termos de mercado, como também estamos protegidos de possíveis crises, já que esse tripé que foi formado impediria o desmanche das empresas.

O estúdio e a produtora ainda podem gerar muito mais conteúdo do que estão fazendo agora, entretanto, é um fato claro a necessidade de saber manter o alinhamento entre a questão artística e a administrativa. Abrimos mais o nosso leque dentro do nosso métier e a ascensão tem sido meteórica, ter enfrentado uma crise serviu para sair da zona de conforto, de dentro da caixa. Querendo ou não, passar por dificuldades me fez ser mais criativo.

Com a questão de abordar minha história de vida no livro, surgiu uma quarta concepção do que iremos lançar no mercado. Por conta desse projeto, vou iniciar um trabalho também com palestras para empresas. Através de um roteiro muito bem estilizado, pretendemos realizar uma espécie de "show". Sob o conceito de que a maioria das pessoas gosta de fotografias e a tem como *hobby*, então, pensamos em apresentar nossos conceitos, utilizando a nossa trajetória como fator motivacional e paralelamente fazendo um mini *workshop* com um estúdio fotográfico montado no palco, com modelos. Enfim, fazer um ensaio fotográfico na palestra e apresentamos técnicas fotográficas.

Pretendo ainda no futuro próximo capacitar pessoas de baixa renda para que tenham uma profissão, assim como a arte da fotografia me tornou um empreendedor e mudou minha vida, pretendo passar meu legado para as pessoas, levar conhecimento adiante e aprimorar as condições de outros e dar voz às minorias através da arte das imagens.

MARCELO WEBER

Sócio-diretor do Traffô e proprietário da MWEBER

A Importância de ser um Gestor Carismático e Transformador

Um executivo diferenciado, criativo e ousado. São tantas as denominações que podem ser aplicadas ao meu perfil que elas se confundem com minha própria essência como empreendedor. Eu sou um empresário que atua pelas mais diversas vertentes que se oferecem para mim e das que corro atrás, para me sentir mais completo, um profissional que não admite ficar deitado no divã da zona de conforto, conforme vou explicar nesta minha breve história.

Talvez o perfil mais correto para me definir seria o de uma pessoa extremamente criativa e paradoxal. Isso pelo fato de estar sempre procurando aguçar a minha vida com novas experimentações, com o projeto de ser o mais inovador possível nos projetos que me proponho a desempenhar. Consigo encontrar soluções práticas e modernas para implementar em meus empreendimentos.

▪ **Carreira**

Desde 2009: Sócio-fundador – MWEBER.
Desde 2011: Sócio – Traffô.
2005-2010: Sócio-fundador – Traffô.
2004-2005: Editora Superbacana.
1994-2014: ETEMA Engenharia – Administração.
1992-1994: MegaFly Informática.
1989-1992: ETEMA Engenharia – Obras.

▪ **Formação**

MBA – Marketing, 2005 – FEA-USP.
Engenharia, 1987 e Administração, 1996 – FAAP.

▪ **Família**

Esposa: Paola Biganti. Filhos: Flora Weber e Enzo Weber.

▪ **Nascimento**

São Paulo/SP, em 28 de setembro de 1963.

Dessa forma, nasceu o Espaço Traffô, uma das mais importantes e celebradas casas, com variados tipos de eventos, situada na cidade de São Paulo. Minha concepção de aliar um ambiente acolhedor, interagindo com a natureza, é propositalmente uma estratégia para fugir do lugar comum. Realizei dois sonhos, ao alimentar minha veia artística, ao mesmo tempo em que coloquei para funcionar uma empresa de renome, que hoje em dia é sinônimo de prestígio e bom gosto.

Inicialmente, vou abordar um pouco como comecei a idealizar minha vida como empreendedor e também no âmbito pessoal, algo que levo bastante a sério com meu modo leve de ser. Apesar de ter uma admiração e uma interação muito grande com a natureza, optei por estudar Engenharia na FAAP, em São Paulo. Entretanto, dentro da faculdade, eu mantinha mais contato com o pessoal de Humanas. Não sou técnico, mas tenho um aguçado senso lógico, o que me ajudou, por conseguinte, a ser um bom empresário.

Obviamente, com toda essa inquietude que me é peculiar, jamais concluiria o curso e já me lançaria ao mercado de trabalho, sem ter mais experimentações para fazer. Trata-se de uma questão de aprimorar o meu lado sensorial, abrir a mente para novas experiências e, dessa forma, fazer com que a criatividade invada meus poros e me traga benefícios no futuro. Comigo, essa estratégia funcionou super bem.

Com o diploma em mãos, considerei que o mais adequado seria viajar o mundo. A partir de então, circulei por países e regiões distintos, com destaque para uma jornada que incluiu uma viagem para Londres, onde permaneci por seis meses, trabalhando como garçom e gerente de lavanderia de luxo. Na sequência, me aventurei pela Ásia, de mochila.

Embora já tivesse acumulado experiências em viagens pelo Brasil, América do Sul e Europa, foi um período transcendental com muitas aventuras e experimentos durante um ano na Ásia, onde, inclusive, cheguei a organizar as primeiras *raves* do mundo. Permaneci três meses no *kibutz* em Israel como voluntário, depois segui para o Egito e posteriormente passei seis meses na Índia e no Nepal, e três meses na Tailândia.

Precisaria de um livro para contar as aventuras, os casos e fatos desse ano asiático sabático.

Voltei ao Brasil no final de 1989 e logo decidi ser independente. Se for para trabalhar em um projeto de Exatas, eu vou ser um pouco de Humanas, e vice-versa. Sou uma pessoa que entra em qualquer cultura e se adapta. Convivo bem com todas as diferenças e vertentes. Sou um cara que precisa atuar em várias áreas para se sentir completo.

Enfim, quando voltei da minha jornada, ingressei na profissão como engenheiro de obras industriais e comerciais de grande porte. Uma das maiores pelas quais fui responsável foi a instalação hidráulica e do sistema de combate a incêndio de um grande *shopping center* de São Paulo. Além de ter atuado em várias obras pelo Brasil, por quatro anos. Mas faltava um pouco de arte. Saí da empresa por conta disso.

Queria trabalhar como publicitário ou com turismo. Fiquei por um período em uma agência de viagem, mas depois quis empreender em um novo negócio.

Abri uma empresa de informática. Passados dois anos retornei para a companhia de engenharia, atuando nos setores financeiro, administrativo e de importação. Voltei para a FAAP, fiz uma pós-graduação em Administração, credenciando-me a ser diretor da empresa, na filial da Argentina.

Depois de oito anos na administração da empresa, resolvi mudar novamente para servir meus anseios criativos em outras áreas. Cursei um MBA em Marketing, com ênfase em Serviço. Sou racional e criativo, mas preciso também do ócio; é funcional comigo.

A partir de 2004, passei a trabalhar meio período na empresa de engenharia, o que me deu liberdade para desenvolver outras frentes.

Durante o curso de MBA, montei uma editora para o lançamento de uma revista com um conteúdo inusitado; era uma revista gay feminina de luxo. Como era muito ousado para a época, o projeto não teve continuidade.

Resolvi abrir um espaço para realizar eventos. Adoro receber e ser um bom anfitrião. Junto com um grupo de amigos, abrimos o Traffô no bairro da Vila Olímpia. Tive um insight, que este nome teria o significado de "transformador", utilizei a numerologia e coloquei uma letra hebraica no final, que parece um acento. É uma questão de vibração. Visto que o projeto ganhou forma e trabalhando meio-período na empresa de engenharia pela manhã, ou seja, tive de conciliar as atividades. Até 2015, eu trabalhei dessa forma.

Sou considerado um anfitrião natural e divertido e, ao mesmo tempo, elegante. Achamos um local com área aberta, onde os convidados pudessem desfrutar dos mais diversos ambientes, dar mais mobilidade para conversar etc. Inauguramos em 2006, na rua São Thomé, e foi um sucesso. As pessoas entravam, viam aquele espaço lindo e adoravam. Não era um período de crise, realizamos muitos eventos sociais, casamentos, lançamentos de produtos, *workshops*, celebrações corporativas, experiências enogastronômicos e eventos beneficentes etc.

Como eu era o relações públicas do Traffô, no primeiro ano fui a todos os eventos, algo em torno de 120 na temporada inaugural. Eu curtia isso, o ambiente era maravilhoso.

Em 2006 e 2007, o Traffô foi eleito o melhor espaço pelo prêmio Caio, concedido pela prestigiada Revista Eventos, e que é considerado o "Oscar" nesta categoria. Em janeiro de 2010, infelizmente, o proprietário não renovou o contrato. Ele mudou de ideia, percebendo a valorização da área. Entretanto, pudemos celebrar nesses cinco anos o reconhecimento do público e da mídia especializada.

Com o encerramento do contrato, fiquei apreensivo, um vazio tomou conta de mim. Três meses depois, um grupo de investidores do ramo de entretenimento veio com a proposta de comprar a marca Traffô. Gostaria que o novo empreendimento fosse realizado na Vila Olímpia e com área externa, para ficar caracterizado, conforme a casa anterior. Isso aconteceu em abril de 2010... Foi muito bom para mim, já que não precisei passar pelo "processo do luto" depois do rompimento do contrato na rua São Thomé. Fechamos o negócio e segui como sócio.

No segundo semestre iniciamos as obras do segundo Traffô, localizado na rua Gomes de Carvalho, 560, no coração da Vila Olímpia. Após as reformas necessárias, inauguramos o espaço em março de 2011. Obviamente, o mercado já havia se alterado bastante neste período, com as crises econômicas e políticas.

O projeto foi um sucesso, porque consegui vender uma marca, um espaço que dei o nome e virou algo maior. Claro que a minha participação era menor, entretanto, não tinha como não comemorar o êxito da operação. Eu sempre me mantive à frente do Traffô, como relações públicas, fizemos o reposicionamento da marca, visto sermos vários sócios.

O mercado mudara, a concorrência era forte. Isso sem falar na situação econômica do País. Entretanto, o espaço é excelente, diferenciado. Neste novo Traffô, conseguimos realizar uma integração boa de eventos, distribuídos na mesma proporção entre corporativos e sociais. Realizamos também eventos beneficentes diferenciados, um destes marcou o reencontro da banda Ira!, um evento lotado, com várias personalidades e convidados.

Como a empresa de engenharia parou de operar em fevereiro de 2015, fiquei com o tempo mais flexível para *produzir e desenvolver novos projetos.*

Por ser o representante do Traffô, frequento muitos eventos externos, para levar a marca - sou uma pessoa bem posicionada nesse meio, que não é um mercado fácil. Decidimos que precisávamos agregar mais possibilidades ao espaço Traffô. Oferecendo uma conjunção harmônica, de espaço, *buffet*, ambientação e outros serviços e produtos, ou seja, a questão de customizar uma festa inteira.

Nesses últimos anos, criei a marca MWEBER, que é uma empresa voltada para consultoria, assessoria, produção de eventos artísticos, sociais, corporativos e *wedding destination*, na Itália. Sendo minha esposa uma artista local da Umbria, passei a viajar muito para lá. Realizei uma exposição de arte, num castelo da família Biganti, nesta linda região do país. Posteriormente, fizemos nosso casamento na Itália, organizada pela MWEBER.

O momento econômico atual é difícil, porém o mercado de casamento segue sempre crescendo, e os eventos corporativos são as melhores ferramentas de marketing das empresas, apesar da crise.

Com esses novos projetos, eu continuo me reinventando, estimulando a minha criatividade. É algo que necessito para me motivar. Essa questão de me envolver com exposições de artes, procurar novas vertentes culturais, também serve para me manter atualizado no mercado. A região da Umbria é muito rica em sua beleza... Para se ter uma ideia, o "camaleônico" David Bowie já queria comprar um castelo na região. E, assim como ele, estou sempre tentando me transformar.

A MWEBER tem se desenvolvido bem. Além do meu próprio casamento na Itália, fiz outros por lá, e foram eventos bem-sucedidos. São excelentes atrativos que precisarão ser mais bem explorados pela indústria do casamento. Talvez seja uma tendência minha investir nisso com mais ênfase daqui a algum tempo.

Trabalho com diversas locações na Umbria, entre casas, castelos e vinícolas maravilhosos. Você acomoda os seus convidados em grupos pequenos ou grandes em ambientes medievais. É um conceito totalmente diferenciado. É uma região que permite realizar atividades diversas, como cavalgadas pelas relvas, caça a tartufos, *trekking*, degustação de vinhos etc. Com intimidade entre as pessoas e não meramente algo turístico. A Umbria é uma região muito preservada.

A MWEBER com os seus projetos diferenciados não é uma empresa hermética. Ela trata os seus clientes de forma pessoal e flexível, não se restringindo ao mercado brasileiro. O Wedding Destination e o turismo peculiar proporcionados pela empresa – com exclusividade na Umbria – é aberto para os clientes de todas as partes do mundo –, com destaque para a presença de britânicos, russos, norte-americanos, asiáticos e de outras localidades. A MWEBER atua também em outros locais da Itália, além de estar representada no Chile e no Brasil, com abertura para os demais mercados mundo afora.

Além do Wedding, a empresa realiza essas experimentações também para o mercado corporativo.

De uma forma descontraída, através de eventos culturais, viagens para regiões privilegiadas, com um projeto elaborado exclusivamente para atender a esse público sofisticado, a MWEBER é uma assessoria de eventos.

O Traffô é a base; entretanto, vislumbro a possibilidade de que a MWEBER possa vir a se tornar meu legado também, visto que está realizando assessorias e consultorias de eventos para diversos segmentos.

Eu sou um conciliador e tenho um padrão de adaptação muito forte. Gosto de compartilhar o movimento que me proporcionam o Traffô e a MWEBER.

A minha inquietude – encarando-a por um ângulo positivo – tem a função de me manter criativo e não ficar estacionado no tempo, conformado com o que já construí até o momento. Toda essa inspiração de ter viajado o mundo, de ter explorado minha criatividade a fundo são alguns dos pontos que me ajudaram a conceber o Traffô. Ao mesmo tempo, tive os pés no chão quando necessário e tive uma formação muito sólida. Misturando essas características com o carisma natural e transformador.

Temos de sair do quadrado, assim você enxerga melhor as coisas. Os grandes *insights* saem dessa forma. O Traffô é um sucesso, com onze anos na ativa; a MWEBER está se desenvolvendo bem. O sucesso dentro de uma empresa é respeitar as diferenças entre as pessoas.

> *"Limitações são fronteiras criadas apenas pelas nossas mentes. Feliz a pessoa que percorre os mais diversos ambientes sem perder a si mesma."*
>
> (Autor desconhecido)

THIAGO ZAMBOTTI

Vice-Presidente Finance South America – Global Supply Chain

Formando Talentos em um Contexto Multicultural

O mês de janeiro de 2016 ficará marcado na minha vida como a época da realização de um sonho, mas primeiramente será preciso entender os caminhos, desafios, as alegrias e frustrações que me levaram até essa conquista.

Lembro-me do meu primeiro ano de faculdade, quando um professor de Empreendedorismo, ex-diretor de marketing de um grupo automotivo, disse: "Se vocês entraram na faculdade pensando em tornarem-se executivos de empresa, estão equivocados... Vocês precisam empreender, porque possivelmente somente um de vocês conseguirá ser um alto executivo em um grupo internacional."

Estava lançado o meu desafio profissional. Era claro que seria preciso empreender, ser criativo, orientado ao mercado e às necessidades dos clientes, mas eu queria ser esse aluno que se tornaria um executivo de sucesso.

Queria? Sim, essa é a palavra! Para tudo na vida é preciso querer, sonhar, planejar, mas o mais importante é estar disposto a doar-se ao máximo. Muitos olharão e dirão: "Desista, isso não é possível!". Aprendi que tudo é possível! Mas o que me diferenciaria de tantos outros profissionais?

Em 2000, fui contratado como *trainee* em uma multinacional norte-americana de bens de consumo e ali encontrei ótimos líderes – e outros nem tanto. Mas os anos me ensinaram que, para ser um grande líder, seria necessário aprender todos os dias – quem nunca teve um chefe di-

- **Carreira**

Desde 2016: CFO, Vice-presidente Financeiro América do Sul – Schneider Electric.

2012-2015: CFO, Vice-presidente Financeiro Zona Andina – Schneider Electric.

2009-2011: Gerente Sênior Auditoria Interna – Schneider Electric.

2006-2008: Gerente Controladoria (São Paulo, Brasil) – Schneider Electric.

2004-2006: Analista Controladoria Sênior – Schneider Electric.

- **Formação**

Pós-graduação – Planejamento e Controle Empresarial – FAAP, 2007.

- **Família**

Esposa: Daniele Freitas. Filhos: Enzo e Giovanna.

- **Nascimento**

São Paulo/SP, em 28 de outubro de 1982.

fícil? Como absorver e em algumas situações até copiar bons hábitos dos líderes? E como não cometer os mesmos equívocos daqueles que nós mesmos criticamos nas organizações? Nessa empresa, conheci um dos melhores líderes com quem já trabalhei – ele possuía um caráter forte, diretivo, para alguns até certo ponto arrogante, mas estava disposto a ensinar e propor desafios ambiciosos. Ele era orientado para resultados, sem perder o foco no desenvolvimento da equipe, e conseguia criar um ambiente agradável para trabalhar.

Três anos se passaram e me ofereceram uma oportunidade em outra fábrica do grupo. Sentia que todo o esforço tinha valido a pena. Nesse momento, conheci outro estilo de liderança: centralizador, defensivo e com dificuldade para delegar. Esse líder de quem falo estava sempre ocupado, trabalhava 14 horas por dia, mesmo tendo na equipe dois jovens potenciais com muita vontade e pouca carga de trabalho.

Ele prometia toda semana que nos ensinaria a preparar o *budget* trimestral, mas mantinha-se ocupado demais. Resolvemos investir o nosso tempo em treinamentos on-line para aperfeiçoamento técnico. Oito meses se passaram e a tão esperada "próxima semana" nunca chegou. Foi então que um ex-gestor (sim, aquele mesmo inspirador), que agora trabalhava em uma multinacional francesa, convidou-me para fazer parte de sua nova equipe. Não pensei duas vezes – era o momento de vivenciar novas experiências.

Ainda hoje é comum encontrar líderes com perfil controlador. Esteja preparado para aprender com eles, mas, ao mesmo tempo, lembre-se de que você é o dono da sua carreira e pode decidir onde e com qual perfil trabalhar. Tome decisões e persiga seus objetivos.

Em 2004, comecei a atuar como analista de planejamento financeiro em uma empresa francesa líder mundial no gerenciamento de energia. Quanta mudança! As culturas organizacionais de empresas americanas e francesas são absolutamente distintas! Segunda aprendizagem: não bastariam as experiências do passado; seria necessário adaptar-me, aceitar as diferenças e extrair o melhor de cada cultura, estilo de liderança e gestão de negócios. Aprendi que não existia o bom ou ruim e que cada empresa tinha suas fortalezas e debilidades.

Apesar dos desafios, eu estava feliz, entregando resultados e ganhando projeção. Foram anos de muita dedicação, alternando os estudos da pós-graduação, aulas de inglês e energia total para entregar resultados. Não me limitava às tarefas que eram impostas pelo cargo – era necessário buscar "aquele algo a mais" que me diferenciaria dos outros. Na área de Controladoria, havia acesso a muitas informações e isso me possibilitava navegar por todas as áreas. Ganhei credibilidade e passei a ser envolvido em assuntos transversais. Tinha exposição com o comitê diretivo e a aprendizagem era constante: técnica, comportamental, de liderança e comunicação.

Ao fazer um paralelo com os dias atuais, deixo aqui três recomendações:

- Vá além dos limites do seu cargo, pense a cada dia sobre como você pode gerar valor dentro da organização, assuma responsabilidades e demonstre que está aberto a desafios.
- Se você quer acelerar o seu desenvolvimento, busque relacionar-se com pessoas de um nível intelectual cada vez maior, não se intimide por níveis hierárquicos e espelhe-se nos melhores.
- A melhor maneira de desenvolver um talento é através da experiência, seguido pela exposição. Treinamentos – apesar de muito importantes – são apenas 10% da formação e, na maioria das vezes, liderar um projeto complexo lhe ensinará muito mais do que um treinamento de liderança.

Em 2007 fui promovido a Gerente de Controladoria. Passei a ter uma equipe de seis analistas, quatro deles mais experientes que eu. A liderança exercida antes de tornar-me oficialmente o gerente do grupo facilitou a tomada do controle. Porém, descobri como é desafiador liderar pessoas, como é difícil controlar a ansiedade de fazer em trinta minutos algo que consumiria uma hora ensinando, e outros trinta minutos revisando. Confesso que um dos meus defeitos era buscar a perfeição, mas como manter o mesmo nível de qualidade com o trabalho delegado? Como liberar tempo para reuniões, ensinar, revisar e entregar os resultados esperados?

Nesse período, cometi meu primeiro erro como gestor. Um dos analistas era uma excelente pessoa, porém tinha dificuldades técnicas e falta de atenção, cometia erros e ocupava meu tempo em revisão e retrabalhos. Eu já havia identificado o problema, mas me faltava experiência para dar um *feedback* claro, definir um plano de melhoria e tomar a decisão sobre se era a pessoa adequada para aquele posto. Eu acreditava que transferir a ele essa pressão o faria fracassar e, assim, tentava ajudá-lo a evoluir. Foi então que necessitei fazer uma viagem à China para um treinamento, ausentei-me por três semanas, e quando voltei os problemas tinham se intensificado. Recebi um ultimato do meu diretor, eu tinha de tomar uma decisão.

Confesso que não foi fácil. Reuni-me com esse colaborador e disse-lhe que não havia notado melhora nos últimos meses e que estava tomando a decisão de substituí-lo. Ele, com muita serenidade, disse: "Por que você não me deu esse *feedback* antes? Eu tentaria mudar". Aquilo me impactou profundamente, eu pensava que o estava blindando e na realidade nunca lhe permiti conhecer os pontos de melhoria e não contribuí para seu desenvolvimento.

Quantas vezes em nossa carreira nos deparamos com situações como essa? Reflita sobre a performance da sua equipe, identifique aspectos positivos e pontos de melhorias. Quantas vezes por ano você organiza um tempo com cada colaborador para discutir a carreira, áreas de desenvolvimento e retroalimentação sobre a atuação individual? Não me refiro à reunião de *follow-up*, refiro-me ao foco no desenvolvimento. Essa também é uma grande oportunidade para solicitar e escutar *feedbacks* da equipe e identificar como você pode ajustar seu perfil de liderança.

A situação descrita anteriormente foi um duro *feedback*. Eu poderia ter me justificado, mas, na verdade, aquilo era um presente que estava recebendo. Passei a fazer reuniões trimestrais com foco no desenvolvimento de cada um e o resultado refletiu-se na satisfação da equipe e na performance. A companhia estava crescendo; era necessário adaptar o estilo da equipe, aumentar o potencial e preparar meu plano de sucessão. Precisei realizar outras duas mudanças por performance, de forma mais planejada e natural. Montei uma equipe com diversidade de gênero, conhecimento em diferentes mercados e senioridade, passei a ter mais tempo para planejar e já não precisava participar do cotidiano.

Durante a crise financeira de 2008, tive o desafio de elaborar e conduzir o plano de reestruturação. O ano seguinte foi de grande turbulência internacional. Os países maduros estavam sofrendo, e as novas economias voando com o alto preço das *commodities*. Foi nesse cenário de altas expectativas para o Brasil que recebi uma oferta de expatriação para trabalhar na área de auditoria interna do grupo com base em Paris (viajaria de 50% a 60% do meu tempo). Isso pode ser um sonho para muitos, mas confesso que a decisão não é fácil. Investir na carreira significava viver longe da família, dos amigos, dos costumes locais e sair da zona de conforto. Pedi a minha noiva em casamento e mudamos em maio de 2009 para Paris.

Foram os três melhores anos da minha vida profissional; éramos 15 auditores de 8 nacionalidades diferentes e falávamos no total 11 idiomas. Cada missão durava cinco semanas e a liderança era alternada – isso significava muita versatilidade para tomar a frente quando necessário e ser um bom *team player* quando requerido. Liderei auditorias nas áreas Financeira, RH, Marketing, *Supply Chain*, Industrial e Comercial, mas o maior desafio estava na liderança de equipes multiculturais. Eu dedicava uma semana ao planejamento de equipe, identificava as competências, definia as responsabilidades e fazia sessões semanais de acompanhamento e *feedback*. A pressão por resultado e tempo era imensa, cada auditoria era apresentada a C-levels no grupo e não havia espaço para erros. Consequentemente, o equilíbrio entre a vida pessoal e o trabalho não era fácil. Essa era uma das minhas principais preocupações – como controlar as emoções e o estresse em um cenário de pressão?

Havia um auditor de Cingapura, especialista em Tecnologia da Informação, com dificuldades para entender as especificidades das outras áreas, mas que estava sempre disposto a ajudar, não reclamava, estava sempre sorrindo e tinha um humor refinado. Sempre que podia o selecionava para fazer parte da equipe, pois ele tinha as competências que eu precisava para fazer daqueles momentos de pressão algo divertido e prazeroso, tanto dentro quanto fora do escritório. Eu sabia que ele tinha a capacidade de descontrair a todos, ajudava a quebrar o gelo e era orientado a pessoas... Conseguia identificar quem precisava de apoio.

Isso demonstra a importância da diversidade dentro das equipes, saber extrair o máximo de cada um. Particularmente, não acredito em equipes formadas 100% por *high potentials*, às vezes, é necessário entrar no problema, "pôr a mão na massa", para buscar uma solução imediata. E o mais importante: respeitar e saber trabalhar em equipe. Sabe qual a melhor maneira de fazer isso? Perguntando o que as pessoas gostam e não gostam de fazer. A melhor função é aquela que apaixona e que nos faz levantar todas as manhãs e ir felizes para o escritório. Confie, defina objetivos claros e desafiadores e esteja preparado para ensinar e remover *roadblocks* quando algum funcionário estiver enfrentando dificuldades.

Essa experiência foi essencial para lidar com a globalização que está cada vez mais presente na nossa vida. Precisamos nos preparar para trabalhar em São Paulo, ter um chefe em Hong Kong e uma equipe espalhada pela América do Sul; compreender o modelo de organização matricial e fazer com que essa engrenagem funcione. Para isso, é necessário versatilidade, respeitar os valores de cada cultura, sem perder a essência do seu estilo de liderança.

Visitei 28 países, dos Estados Unidos às Filipinas, em três anos, e possivelmente poderia escrever um livro somente com as aprendizagens culturais. As bases e informações do início da carreira permitiram obter resultados satisfatórios, a qualidade das auditorias e das recomendações para o grupo era cada vez mais apreciada pelo *top management*, mas, como disse no primeiro parágrafo, a vida não é feita só por alegrias e realizações. A primeira expatriação é sempre difícil, sentia falta de muitas coisas do Brasil, da família, dos amigos e por diversas vezes pensava: "O que estou fazendo aqui? Vale a pena tudo isso?" No início você só percebe o que "perdeu ou deixou para trás" e não tem noção do que está ganhando, mas quando consegue parar de sofrer com o passado e decide viver o presente, começa a fazer coisas que nunca faria no seu país. Quando entendi isso, experimentei coisas novas como: tênis na França, golfe na Colômbia, mergulho no Caribe, esqui na Suíça, *sliding* do alto das muralhas da China, metrô em Tóquio e quatro horas nas estradas indianas para chegar ao Taj Mahal. A partir desse momento, você chega à conclusão de que vale totalmente o esforço, e quando regressar, descobrirá que seu país não mudou quase nada, mas você é uma nova pessoa.

No início de 2012, estava novamente em mobilidade internacional – era o momento de voltar ao *business*. Assumi a função de CFO Andean Zone (Colômbia, Equador e Venezuela). Antes de sair da França, meu antigo gestor me aconselhou: "Dedique tempo revisando a qualidade da equipe, você possui ótimos conhecimentos técnicos, *networking* e *soft skills*, mas o principal risco está na performance da equipe."

Passei a liderar uma equipe de 8 gerentes diretos, 3 gerentes funcionais e 50 colaboradores indiretos. O contexto não era fácil, pois havíamos acabado de passar por uma implementação de ERP, existiam muitos problemas de processos e o moral da equipe estava baixo. Encarávamos uma forte crise econômica na Venezuela e foi necessário alternar longas jornadas para entender o negócio, a equipe, o modelo venezuelano, para entrar de cabeça nos problemas mais críticos.

Após meu *assessment*, identifiquei que não eram somente problemas de processos, existiam questões estruturais, conflitos entre colombianos e venezuelanos, entre áreas e problemas de execução. Ao longo de seis meses, efetuei as principais mudanças: mutualização entre as áreas, substituição de *low performers*, promoção de pessoas com alto potencial e aumento da diversidade, formando uma equipe que contava com líderes venezuelanos e equatorianos. Essas alterações levaram a excelentes resultados; o índice de satisfação de colaboradores aumentou de 25% para 80% em quatro anos, alcançamos o *turnaround* na Venezuela e mantivemos um alto nível de performance.

Faço parte da geração Y e acreditava, em 2009, que já estava pronto para assumir uma posição desse calibre. Possivelmente teria sido um grande equívoco, pois, no melhor cenário, não teria conseguido entregar o mesmo nível de performance. Atualmente entendo que é preciso construir uma carreira consistente e que acelerar algumas etapas pode colocar em risco o seu próprio futuro.

Eu resumiria que o maior esforço de um líder deve estar na formação de uma equipe de alta performance, alinhada, diversificada e com capacidade para encarar os momentos de turbulência. Vivemos momentos difíceis no Brasil e precisamos de pessoas capazes de fazer a diferença, de inspirar os colaboradores, de encontrar oportunidades, mesmo que o cenário econômico seja assustador. Podemos encarar a crise de maneira negativa, com temores e sofrimentos, mas lhes garanto que somente trará malefícios à organização. É necessário tomar decisões, encarar a situação, manter a motivação e, o mais importante, comunicar com transparência o porquê às nossas equipes. Se entenderem a razão do que está por trás de cada decisão e o que estamos buscando, a transformação e os resultados serão alcançados com mais rapidez e menos gasto de energia.

Em janeiro de 2016, regressei com a minha família ao Brasil e assumi a posição de Vice-Presidente Financeiro Global Supply Chain para a América do Sul, ou seja, uma nova fase de adaptação, novas funções, nova equipe, mais aprendizagem e experiência.

Lembram-se de que minha história começava com um sonho? Em janeiro de 2016, nasceu nosso segundo filho, Enzo, e iniciamos os preparativos para o aniversário de quatro anos da nossa pequena Giovanna. Dessa maneira, realizei meu sonho de construir uma família maravilhosa, com harmonia e encontrando o equilíbrio entre os objetivos profissionais e pessoais.

Dedico este depoimento à minha mãe Angelina e ao meu irmão Dhiego, que sempre me incentivaram, motivaram, e com muita união me deram forças para superar os momentos difíceis. A todos os meus antigos e atuais gestores, que contribuíram para meu desenvolvimento, a todas as equipes que trabalharam comigo ao longo desses 16 anos, e à minha esposa Daniele, que proporcionou a realização do meu sonho com dois filhos fantásticos, pelos nove anos de companheirismo, aventuras, celebrações e por tornar-se a minha *coach* e principal consultora de carreira.

PARCEIROS

ESPAÇO TRAFFÔ

O Espaço Traffô realiza eventos sociais e corporativos que atendem com rara capacidade à expectativa de seus clientes. Concebido por Marcelo Weber e mais quatro amigos, o Traffô se destaca pela arquitetura ousada e o atendimento diferenciado.

O Espaço aposta na transparência dos espaços, com pé-direito alto, salões amplos, valorizando a natureza viva. É um verdadeiro "oásis" na Vila Olímpia, zona nobre de São Paulo, com capacidade para até 900 pessoas.

A filosofia do espaço é proporcionar aos seus frequentadores bem-estar, conforto, harmonia e elegância para a realização de eventos como festas sociais, beneficentes, encontros corporativos e culturais.

O Traffô é um espaço eclético e moderno. Através da natureza, você transforma o seu evento em uma obra de arte.

MWEBER

Idealizada por Marcelo Weber, a MWEBER surgiu em 2009 e vem se consolidando no mercado desde então. A empresa é responsável pela organização, consultoria, assessoria e produção de eventos, sempre dando ênfase aos desígnios do cliente.

O intercâmbio cultural com a região da Umbria, na Itália, é o destaque da companhia, com a promoção de casamentos, desfiles e atividades culturais. A intenção é entregar ao cliente o que ele almeja, prestando-lhe a devida consultoria.

A MWEBER elabora serviços de *weddding destinations*, turismo e exposições de arte em um dos locais mais belos e exóticos da Europa, proporcionando ao seu público o poder de dar um "toque especial" dentro do próprio evento.

CRIS BARBOSA – DECORAÇÃO PARA EVENTOS

A decoradora Cris Barbosa é uma das profissionais mais conceituadas dentro de seu ramo de atividade em todo o Brasil. Como ela própria gosta de definir, aprendeu a arte de incrementar espaços, para os mais diversos tipos de eventos, por conta de um poder criativo ímpar. Ao se envolver em um projeto, Cris Barbosa considera que o mais importante é entregar ao seu cliente a oportunidade de realizar um sonho, empregando todo o seu talento inato, com o conceito de utilizar elementos culturais que estejam de acordo com o evento em questão. A artista, em poucas palavras, resume bem o que se pode esperar de uma celebração com a sua assinatura: "A criatividade está dentro de você. Não há escolas para o que faço".

SABOR E SABER - ESCOLA DE GASTRONOMIA E CULINÁRIA

Desde 1982, a Escola Sabor e Saber Gastronomia, tendo à frente a Chef Dra. Ana Tomazoni, busca constante atualização nas mais conceituadas e tradicionais gastronomias do mundo. Com três cozinhas perfeitamente equipadas para a prática voltada para alimentos saudáveis, uma boa diversificação de cursos para Infantil, Dia Gourmet e profissionalizante , conquistou respeito no mercado.

O objetivo sempre foi de encantar os amantes da gastronomia, levando conhecimento para sucesso profissional, satisfação pessoal dos alunos, contribuindo para descoberta de novos talentos, melhoria dos serviços e surgimento de novos aromas saberes e sabores.

Chefs participantes do evento de lançamento do livro: Hermes Tomazoni, Ana Maria Ruiz Tomazoni, Melissa Massura, Vanuza Salkys, Antonio Xavier, Gilberto Gerssiano, Fabio Garcia, Antonio Chiaritti, Eder Rogério Bressani, Brunno Mei P. Simões, Luzinete Cordeiro da Silva.

PARCEIROS

Carol Siqueira Beauty Studio

Personal Stylist - Renata Vieira

Fernando Younis - DJ